微物證據會說話，鑑識生態學家帶你進入案發現場

每具屍體都會留下痕跡

THE NATURE OF LIFE AND DEATH

EVERY BODY LEAVES A TRACE

Patricia Wiltshire

派翠西亞・威爾特希——著

吳國慶——譯

謹將本書獻給我最親愛的外婆，
維拉・梅・泰利（尼・高）（Vera May Tiley〔nee Gow〕），
她給了我太多的愛，並教會我如何在逆境時勇敢面對。

目錄

第一章　序曲　011

犯罪現場不一定都能找到指紋，而DNA證據也不像大家所想的那樣無所不能或無所不在。不過，若還有其他痕跡足以證明事件經過確實是某個版本而非其他版本，而且如果這種痕跡到處都是，能讓最具法證常識的細心罪犯也無所遁形呢？

第二章　搜與尋　025

我接下來要說的話，聽起來應該非常不可思議，但我確定這是真的。「她應該沒有被完全埋在地下。」突然一片靜默，我可以感受到對方有某種程度的疑惑，但他靜靜地聽我說下去：「她在靠近路邊的一個小凹洞裡，身上被白樺樹枝葉覆蓋著。」我停在關於喬安安息之地的最後這段描述上，這是我所看到最清晰的圖像。

第三章 過去的代言人 045

站在這裡，這個屍體會逐漸被大自然分解的樹籬邊，我經歷了自己的頓悟時刻，亦即「每次接觸都會留下痕跡」。我原先以為自己對自然界有相當的瞭解，但事實上我只勉強接觸到皮毛而已。雖然我學習過的事物很多，但對這個充滿奇蹟的世界，只覺得更陌生但也更美好。

第四章 表面之下 073

我很快就意識到，土壤在短短距離內就已經變化無窮。它不只是一堆棕色的東西，也是一個有很多帶著腿的小東西所組成的小世界。

第五章 衝突與解決 091

男孩和女孩共度傍晚後走入夜色。這對小情人說他們牽手、接吻，也許更進一步。但當男孩強迫她親熱時，她拒絕了，故事的說法就從這裡開始分歧。事件有兩種不同版本：第一種是男孩和女孩分開後，各走各的路回家；另一種則是男孩把女孩往後推倒，壓在廣場上充滿刺的玫瑰叢裡，脫下她的衣服，然後壓在她身上。到底真相是什麼？

第六章 「我相信你曾經出現在這裡」 113

你衣服、鞋類、頭髮、園藝鏟叉或車輛上的斑點和碎片，都是所屬環境的替代性指標。它們是能在特定時間裡，將你連接到某個地方的痕跡證據。花粉和孢子的微小，讓這類看不見的替代性指標別具價值，因為肉眼看不見，因此嫌犯無法看到它們而加以擦除。即使你知道它們的存在，也很難擺脫它們。

第七章 蜘蛛網 141

頭髮、皮草和羽毛都是非常好的採集載體，它們是由高抗性蛋白角質所構成。頭髮的堅韌程度不輸給一般天然纖維，而且對於那些希望將顆粒黏附在其表面的植物來說，頭髮簡直是一大福音。

第八章 死亡之美 167

她失蹤的那一天，可能是覺得這種生活不值得活下去，於是爬進閣樓躺下，吞下很多藥丸。空藥瓶就在她旁邊，應該是她的手開始癱軟後落下的。小心放在她旁邊的是一個老式的寬頸牛奶瓶，儘管過了二十年，裡面看起來依然渾濁。

第九章　朋友與敵人

直到最近，鑑識科學界還認為，真菌在調查中的唯一用途是幫助辨識在中毒或非法使用迷幻（hallucinogenic）藥物的案例。但事實上，真菌本身是豐富的訊息暫存區。真菌的生長方式、生長速度、生長模式等等都可以被記錄與解釋，協助敏銳的觀察者估算，自受害者停止呼吸以來已過了多久，以便確定實際的死亡原因。

189

第十章　最後一口氣

只消看一眼窗戶流瀉下來的陽光，就會發現空氣中佈滿了小微粒，而我們鼻子黏膜的主要功能之一，便是捕獲這些微量異物，以防它們滲透太深進入了鼻竇和肺部。這些微量異物會長久停留在我們的鼻腔內膜上，尤其是會覆蓋「鼻甲」骨上的黏膜。觀察到鼻甲上的花粉負荷量已逐漸為病理學家在屍檢過程中所接受，這些被我們身體意外捕獲的東西，可以揭露犯罪並伸張正義。

207

第十一章　「一具空軀殼」

經歷最後一刻的快速跳動時，他重喘了一口氣，並且凝視著我。隨著這最後一口氣，所有的生命活力都離他遠去了。這個變化讓我迷惑。他是一位父親，也是一具屍體。事情發生在一瞬間，我從未見過這樣的死亡場景，這讓我意識到他的精神已經離開了，只留下一具空軀殼。

229

第十二章　毒藥

那位薩滿巫師後來被判處短暫的監禁，不久便出獄了。我最後一次聽到他的事，是他仍在舉行這類儀式，調製他的致幻啤酒，並為那些來到他身邊、渴望「靈魂出竅」體驗的人，打開通往「其他世界」的大門。然而，人們想離開自己的現實去體驗另一個世界，讓我覺得感傷……

249

第十三章　蹤跡

孢粉學、植物學和土壤學被拿來當成呈堂證據，完全超出法官的經驗。我的法庭舉證技巧是因為在法庭上屢屢遭受質疑與打擊，才逐漸磨練出來的，而且還必須鍛鍊心靈來對抗聰明律師的各種心理戰術……

275

第十四章　結局　301

我經常被問到，那麼頻繁接觸死亡、強暴和其他犯罪案件的經歷，是否會影響到我？我得承認，儘管停屍間桌上的身體對我來說可能沒有多大意義，但對其他人卻很重要，我始終牢記這一點。你要保持客觀，否則很難完成有用的工作，但一定不能忘記屍體曾是一個真正活過的人。

致謝　317

第一章：序曲

想像一下，你正走進冬日的森林。地面踩起來輕軟，但突然有個東西吸引你的注意力，一個意外又不太自然的東西，出現在小徑旁的凹陷地面上。或許你正在遛狗（這是很多故事常用的開頭），狗兒衝進灌木叢裡嗚嗚叫著，當你好不容易撥開荊棘抵達後，突然有種不祥的預感，然後你往下看，終於瞭解狗為何吠叫。狗兒在你面前瘋狂地挖土，讓那隻埋在土裡、毫無生氣的手露了出來，它的僵硬蒼白跟旁邊的黑色腐殖土，形成強烈對比。

在還不算太久以前，若要將這類罪犯繩之以法，只能靠證人的證詞或被告的自白才能定罪。然而人的記憶有限，在沒有任何身分線索、也無法連結到任何潛在嫌疑人的情況下，淺土堆裡發現的屍體可能永遠會是個謎。不過隨著時間推移，鑑識科學（Forensic Science）這個領域正在加速發展。

我們都熟悉指紋的概念，甚至在史前陶器上也可找到證明。例如古代中國人和亞述人用指紋來建立黏土文物的所有權，後來甚至被應用在文件上。一八五八年，威廉・赫雪爾（William Herschel）爵士在印度擔任英國行政官時，便堅決要求在民事合約上同時留下指紋和簽名。指紋分析在十九世紀末確立；一八八二年，法國人類學家阿方斯・貝蒂榮（Alphonse Bertillon）在他對人類變異的學術研究中，將指紋記錄在卡片上。而在一八九一年，阿根廷警方已開始對罪犯採集指紋。這個領域迅速發展，在一九一一年時，美國法院已開始接受指紋是識別個人的可靠方法。快轉到一九八〇年，英國和美國建立了第一個電腦指紋數據庫NAFIS（National Automated Fingerprint Identification System）——國家自動指紋識別系統。

八十年後，隨著DNA分析技術的開發進展，鑑識科學又取得一次重大進步。就像之前的指紋辨識一樣，DNA也能捕捉到個體的獨特印記，而且只要採集血液、精液、體細胞或髮根樣本即可。這項發展也改變了鑑識偵查的世界，讓辨識未知受害者（例如我們在冬日森林裡看到的屍體）或將犯人與犯罪現場關連起來變得更加容易。毫無疑問，這些都是鑑識偵查史上的震撼時刻。由於這些進展，讓原本可能逍遙法外的殺人犯被關進監獄，原先可能再犯的強暴犯被捕入獄，受到不公正指控的無辜當事人也得以無罪釋放。在一步步排除路途上的大量阻礙後，警察的工作變得更貼近事實。

然而，犯罪現場並不一定都能找到指紋，尤其遇上罪犯具有法證常識、知道要戴手套，甚至知道要掩飾留下的所有痕跡時。而且DNA證據並不像大家所想的那樣無所不能或無所不在；罪犯在犯罪現場很可能根本沒留下任何痕跡，沒有頭髮、血液或精液，也沒有任何其他體液或細胞組織，完全無法有效地建立罪犯的遺傳學特徵。

不過，如果有另一種方式可以把人和地方聯繫起來，排除無辜者，並明確指出某人的罪證呢？如果除了指紋和DNA證據之外，還有其他痕跡足以證明事件經過確實是某個版本，而非其他的推論版本呢？如果這種痕跡處處都是，能讓最具法證常識的細心罪犯也無所遁形呢？

請想像一下，你又回到了同樣一個冬日森林裡。當你穿過荊棘與樹木伸出的枝條看到屍體時，你外套的袖子輕輕摩擦到橡樹，沾黏了樹皮裂縫裡擠滿的微小孢子和花粉。而當你爬下斜坡後，靴子沾上了土壤汙漬和碎屑，裡面有最近和過去這一帶森林下雨時匯集的花粉和孢子。土壤裡也包含大量在其中生活的微生物，甚至曾經在泥土裡生活過的生物屍體碎片。

當你蹲下來仔細確定眼前所見事物時，你的頭髮可能擦過了懸在屍體正上方的樹枝和樹葉，沾黏到落在它們表面上的花粉、孢子和其他微細物質。你在環境四周留下的痕跡、踏過的腳印、掉落的頭髮和纖維，或許很容易被遮擋或忽視，但是環境留在你身上的諸般痕跡呢？如果有人能從留在你身上和衣服上的印記，取下並辨識出這些微觀痕跡，因而找到這個地方，或者甚至能循跡追蹤到更偏僻的野外呢？

現在請想像你就是凶手。你離開受害者後，隨身帶走了環境中的哪些痕跡呢，而且你還毫不知情？

這就是我入行的關鍵點，也是我個人故事跟鑑識偵查史相互吻合之處。一九九四年，我原本是倫敦大學學院（University College London）的環境考古學家。後來，一切都改變了。

從我正式開始研究植物世界以來，已經超過四十五年。雖然這是事實，但我對自然世界的熱愛遠遠不只這些。當我還是個小女孩的時候，無論我閱讀了多少關於自然世界的內容，卻總會想要知道得更多。我想瞭解的東西多不可數，直到現在依然如此。這有點令人沮喪，因為你永遠無法攻頂。不僅辦不到，攀登的過程也非常艱苦，路永遠沒有盡頭。

我把大部分的工作時間都花在駝著背看顯微鏡，一個接一個地觀察樣本，試圖確定孢子型態的混合物，亦即分辨包括花粉粒和真菌孢子等微小顆粒。它們已被染成紅色，嵌入膠凍並塗在我的載玻片上。對於非專業的觀察者來說，我看到的只不過像是混亂、不同形狀的斑點和裂縫，但對於研究花粉和其他孢子型態的孢子學家來說，這些形狀代表了來自不同範圍的自然界元素。

透過高倍顯微鏡的鏡頭觀看花粉粒，大家多半會對展現在眼前的微小世界那種奇異又複雜的美麗感到讚歎。一顆花粉粒可能是一個帶有小孔的球體，另一顆可能形狀像啞鈴，花粉壁上有像相機光圈一樣漸變的小孔。除了不同種類和組合的孔洞與溝槽，它們也會有不同尺寸和形狀，花粉粒的細胞壁表面可能有複雜隆起的漩渦、條紋或皺摺，或者有小柱狀的網格布滿表面。也可能是簡單的突起，或者像刺一樣，甚至那些刺上面也可能帶著更小的刺。靠著這些在形式或刻紋上簡單或複雜的樣式，我們能辨識並分類這些微細之物到底是來自針葉樹上的雄毬果，還是來自開花植物雄蕊上的花藥。

這些微粒對物種的延續相當重要，你可能會讚歎它們的細小美麗，甚至可能神遊在某些浪漫旖旎的幻想之中。不過，讓我那位也非常浪漫的丈夫懊惱的是：我是個相當務實而腳踏實地的人。我會為自己「見山是山」的看法感到自豪，並且會嘗試在解釋我所看到的內容之同時，消除任何認知偏差。這是因為在我的專業裡，這些微粒不僅是植物或真菌生命週期裡的某個階段，也是我為警察解開故事謎團的基礎。因為它們就是那些能揭露事實的跡象，讓你知道事情並非你所想的那樣。它們也像在低聲告訴我說，罪犯說了謊或是扭曲了真相。它們是被共同編織在一起的線索，會針對「事件、地點、誰以及如何」，做出一個合理的解釋。當犯罪發生時，我的角色便是觀察並呈現由花粉、真菌、地衣及微生物所取得的「微物證據」，並且要嘗試拼湊出自然界的真相。

過去，我會把自己描述成專業的解謎者，這個比喻與事實相去不遠。在這個行業裡，精確是最重要的，但要能正確分辨一顆花粉粒或孢子卻是一件相當痛苦的事。因為人們總希望能得到最精確的結果，如果有任何疑點，就必須使用參考材料來正確識別出植物的種類。辨識如果有誤，很可能就會導致某人因這個錯誤而失去（或保住）自由。因此在我的人生當中，我花了很長的時間來研究這個無窮盡的微物世界，試圖區分每個微粒，而這絕不是件簡單的工作。

例如薔薇科（玫瑰家族）這樣古老的植物家族，花粉粒上總帶有三道溝槽、三個毛孔和具條紋輪生的表面。一個物種的圖案也可能會疊併成另一個物種，因此很難確定你手上的是懸鉤子、玫瑰或山楂。雖然我們很容易地就能將薔薇科群組與含有黑刺李、李子和櫻桃的群組分開，因為後者的條紋輪生更分明、更容易判別；不過，當一個犯罪現場可能發生在櫻桃園時，你絕不會發誓說顯微鏡下的花粉真的來自櫻桃樹，因為它跟黑刺李花粉的差異實在太小。較「低等」的植物（如苔蘚）的孢子，其決定性的差異特徵更少、更難以區分。比苔蘚晚演化的植物如蕨類及其親友植物們，相較於苔蘚有更多的分化特徵，但比針葉樹要少一些。繼續看下來，針葉樹又比開花植物特徵更少。因此，這是一個複雜難辨、可能性無窮的世界。但不論如何，我們都必須找到出路。

你可能沒遇過，甚至沒聽過從事我這種職業的人，因為在四十年以前這種職業並不存在。世界上大多數國家裡，也仍然沒有這種職業。雖然有時候別人是以其他稱呼來認識我，例如我現在想到的綽號是「鼻涕女士」（the snot lady）——這個稱號來自我所開發的方法，也就是從死者的鼻腔採集花粉粒。

我是個「鑑識生態學家」（forensic ecologist），也就是利用並解釋自然界的各個層面，來幫助警方解決犯罪事務。如果屍體被發現埋在淺林地的土壙裡，或是在郊區的煤窖中縮成木乃伊，或是從河沼裡挖出來，我就會被請來調查自然環境，以提供線索說明在那些命中注定的日子裡可能發生了什麼事。如果凶手認罪卻遍尋不到屍體，我的任務就是辨識出留在凶手衣服、鞋子、工具和車上的自然界痕跡，以找出受害者被埋藏之處或是被粗略掩蓋的棄屍地點。在發生暴力或性侵的地方，我被要求調查自然界的證據線索，如花粉、真菌孢子、土壤、微生物等。藉由將受害者或嫌犯放在某個特定環境或其他環境中，來協助指認嫌犯是無辜或有罪。儘管我不是第一個利用植物和動物科學來幫助警方定罪的人，但自從一九九四年那個值得紀念的日子以來，我的終身職志便是在英國開拓這個領域，將其推向新的方向，並為有志從事的新人定義出最佳的實踐準則。

所以，這就是我的領地——我在罪犯和自然界交會的界面上執行作業。

由於電視上有大量的犯罪探討節目，讓許多人對死亡有濃厚的興趣並且似乎有相當多的知識。他們在螢幕上看過幾百具假屍體，或許對屍體已經視覺麻痺。然而，若你經常與死亡接觸，你永遠不可能真的感覺麻痺，因為大部分的電視製作都太膚淺、太愚蠢，而且在各方面都不正確。

在我看來，很多人都有一種荒謬的假設，認為死亡只是我們永恆靈魂漫長旅途裡的另一個中繼站，但我個人並不這麼認為。在還不算太久遠之前的年代，在我還記得的浸信會童年時期，我就已經非常清楚，人們需要這類信仰來幫助他們面對最偉大的真理，亦即我們的身體只是由礦物質、能量和水所組成，而在一切事情結束的最後，能量、生命力都將停止流動。我們的身體（包含我們之所以是我們的所有思想和記憶），都將分解成其組成成分，落回自然元素的大熔爐中，和所有生命結合在一起。多數人都不願意承認，甚至可能不曾想過，就是這些東西構成了我們身體和思想的組成成分。這些形成我們的基本事物，也曾經屬於其他事物，而且在我們走後也會被放入其他用途中。但是這並不會讓我感到壓抑或困擾。對我來說，它是最終的回收利用，因此就是輪迴。無論你是否有宗教信仰，它都將發生在所有人身上。這就是大自然（其中有更多的美，雖然也有人可能覺得冷酷無情），而非任何幻想，也不是「從此以後」那種永遠無法被證明的故事。

死後唯一能夠留存的生命，便是身體的組成成分，它們會從我們的死亡中釋放到世界上，以便能一次又一次地循環使用。可以把你的身體想像成一個從水庫中抽水的噴泉。然後想像一下，水噴出的型態是由噴泉的噴嘴壓力和形狀所維持的。噴泉是你的身體、你的生命本身；一旦失去壓力，水便會掉落，回到水庫。水就像是你所消耗的食物和液體，提供能量並賦予你外在形式。但這種形式是短暫的，在短暫而輝煌的噴灑後，它可能會旋轉或只是滴落，但終究不可避免地會再次流入水庫。如果改變噴嘴形狀、製作出不同範本，便會形成不同的「生命」。而我們的身體就像噴泉的形狀一樣，能量和材料流進入流出，但建立起我們的「水」，總是會流回水庫裡。

不，我認為死後並沒有生命，但在死亡裡總是會有生命。當你還活著的時候，你的身體就是一組美麗平衡的生態系統，死亡時也是一樣。你的屍體是個豐富而充滿活力的微生物天堂，也是食腐類昆蟲、鳥類、嚙齒類和其他動物的豐富獎賞。有些動物會到你的遺體身邊飽餐一頓，有些會像工匠和商人一樣，利用這場「淘金熱」，捕食這些食腐者。這點對鑑識生態學家來說非常重要，也就是身體分解的方式、為它而來的食腐類以及牠們以多快的速度跑來等等，都能提供「誰、什麼、哪裡及如何」的重要線索拼圖。包括蛆和食腐甲蟲、肉蠅及黃蜂；大小老鼠、食腐鳥類如渡鴉及烏鴉；狐狸及獾、蚯蚓、蛞蝓及蝸牛。這些動物都能在我的工作故事裡發揮牠們角色的作用。

應該是繼續前進的時候了，不過我們要先談談未來的旅程。

這本書並不是生活故事，因為我們的生活本質上太龐大複雜，無法容納在一本書的篇幅內。這也不是一本教你如何成為鑑識生態學家的教科書。鑑識生態學的範圍非常廣泛且跨學科，涉及植物學、孢粉學（palynology，研究花粉，孢子和其他微觀實體）、真菌學（mycology）、細菌學（bacteriology）、昆蟲學（entomology）、寄生蟲學（parasitology）、人類和動植物解剖學、土壤和沉積物科學、統計學，以及許許多多其他的「ology」（學）。你必須瞭解大小生物的結構、生活方式和分布狀態，以及它們與物理和化學環境，或是它們與其他生物的相互作用。學習這門科學需要一輩子的努力，才能獲得正確的結果（或建立最可能的結果，在這個領域裡從沒有絕對的結果）。最後往往接近一種直覺，一種從數十年觀察自然界的整體經驗所建立的感覺，並使用經驗科學來得到答案。

但這也不是一本關於死亡的書。死亡並不會讓我害怕，對我來說，屍體已經不再是人；它們已變成大自然留給我們可追蹤線索的訊息儲存庫。在我的職業生涯中，只有兩次放下心防、受到停屍間屍體的影響。第一次是一名被發現死在樹林裡，身後留下三個孩子的二十二歲妓女。我為那個女孩深深感到難過，並不是因為她死了，而是因為她所遭受的一切苦難。她十六歲被父母趕出家門，被迫自己謀生。然後一名皮條客暗中控制了她，故意讓她沉迷於古柯鹼，逼她去工作賺錢給那皮條客和自己買毒解癮。她生了三個小孩，卻不知道任何一位父親的身分，但她沒有放棄小孩，她骨瘦如柴、邋遢不堪的弱小身體，證明她對自己的疏忽。她為男人提供服務，所以能留住她的孩子並應付生活。當她出現並躺在太平間冰冷的不鏽鋼桌面上時，我哭了起來。她在悲慘生活承受了一切的掙扎痛苦，卻還堅持照顧自己的孩子，讓我感到非常敬佩。

另一個讓我感傷的案例，是名被謀殺的十五歲斯堪地那維亞女孩。當她躺在平板上，赤裸裸地映照著停屍間的燈光時，看起來真是完美無瑕。她在一個可愛的夏日林地裡被殺害，只因為一個男人發狂的欲望，以及跪在草地上手淫時想要看到她裸體的痴迷。她身體的完美讓我感到深刻的悲傷，因為她本來可以擁有的美好生活，已經不可能發生了。

我經常盯著死亡，不只是那些我試圖拼湊起故事的人，也包括自己親人的死亡。我失去了父母，我們都會失去的；但在那之前，在我還來不及準備時，我也失去了共同養育我的外婆；還有在我年輕時，不到兩歲的女兒從我手中消逝等。雖然在我的幻想裡，仍然認為女兒就像是瑪格麗特・塔朗特（Margaret Tarrant）兒童繪本裡的小女孩，整個生活充滿陽光和完美，不過在我心裡有現實感的那一部分，仍知道這只是一種幻想。我曾經如此接近死亡，所以只把它當成死亡本身，不在意也不動情。這只是大自然許多過程中的一個，並不比其他過程更難以理解。

因此，請把這本書看作是我工作的世界之旅，我就是你的導遊，一起進入那個自然與死亡交織在一起的迷人邊緣地帶。一路走過，我會帶你去哈特福郡的灌木叢，那是我首次發覺植物能在犯罪調查裡發揮作用的地方，那一刻徹底改變了我對自然界的觀點，以及其中所包含的全新可能性。

我會把你帶到一條溝渠裡，因為我在一個爬滿蛆蟲的屍體旁邊坐了好幾個小時；也會帶你到在田納西州被稱為「人體農場」（body farm）之處，那裡的屍體被放著腐爛，以供研究學習；然後到丹地市（Dundee）的公寓裡，那裡有血淋淋的地毯和墊子，上面有厚厚的灰色、棕色黴菌生長著，因而提供了受害者被謀害的確實時間之重要證據。我還會帶你穿過濃密的人造林，走過孤獨的荒原，到被遺留在城市立體交流道下的屍體；並且帶你去到薩滿教的儀式，他們利用英格蘭南部有毒植物能產生幻覺的特性，來產生超凡脫俗的感覺。這裡的淺土墳埋著太多失蹤女孩，而親人再也看不到她們了。一路走來，我將引導你造訪我的人生：我所愛的，我所失去的，以及威爾斯狹窄的小山谷，我在那邊並吸取了自然界的奇蹟與開闊。如果到最後，我能讓你感受到一點我在觀察植物、動物和微生物時所發現的各種奇蹟時刻，或許你會對於幸好我們身為人類，能跟自然界互動而非遠離，產生新的感激。然後，我才會認為我的工作成功了。

事實上，很少有人能真正理解我們與自然世界的相互關連，絕大多數的人現在都住在城市和郊區。但無論生活在城市、郊區或是在偏遠的鄉村，大自然都無所不在。在曾經走過或爬在這星球上的所有物種中，我們可能是最愛多管閒事的。但我們跟超過二十五萬種植物、三萬五千種哺乳動物、鳥類、魚類和兩棲動物一起共享這個星球。而且根據目前最佳估計，還有超過五百萬種真菌和多達三千萬種不同種類的昆蟲，這還沒算上鑑識生態學所依賴那無數未知的微觀物種。在這個星球上可能有七十億人類，但如果把昆蟲總數分給我們，每人可分得超過兩億隻昆蟲。在這樣的脈絡下思考，若說認識大自然正標記著我們所走過的每一步，也就不足為奇了。

目前很流行的一個說法是，我們生活在一個時刻受到「監視」的社會中，但是你的活動並非只有攝影機才能追蹤。我可以透過鞋子上的細微顆粒，判斷出你曾去過的地方。我也可以藉由鞋上的花粉，判斷你走過的路徑到底是穿過風鈴草叢或是穿越花園而來。我可以告訴你，你是在哪裡與朋友一起流連忘返，然後你在路上的哪個角落等待他們，以及當你等待朋友時，身子靠在哪一面牆上。而如果你在不幸成為屍體後才來到我身邊，透過檢測皮膚和衣服上長出的黴菌，以及頭髮、衣服和鞋子上的花粉和孢子，我可以告訴你的親人，你可能的死亡地點和死亡時間。或者也可以告訴家屬們，是誰帶走了他們所愛的人，因為這個凶手把她放在一個淺坑裡時，花粉跑進了他的靴子裡。而透過鼻腔黏膜取得的花粉、孢子和其他顆粒，還可以用來判斷一個人是否遭到活埋，或是在被勒死時哼了一聲。大自然在身體內外都會留下線索。雖然我們在環境各處留下自己的腳印，但環境同時也會在我們身上留下印記，儘管大自然有時候需要細心的哄騙，但終究會把她的秘密，交出來給那些知道要看哪裡的人。

第二章：搜與尋

一個女孩失蹤了。在我們生活的這個世界上，有太多從以此開始的故事，但其中有一個故事從我腦海裡浮現出來：喬安・尼爾森（Joanne Nelson）在二〇〇五年情人節那天香消玉殞了。她住在東約克郡的赫爾市，曾經夢想要去環遊世界。她有一頭草莓金色的頭髮，眼線上方剪了一個帶有瀏海的鮑伯頭。當地職業介紹所的同事們，沒人知道她可能去了哪裡。據她父母所說，她男友把她當成偶像一樣看待。

當然，我對此一無所知。我對這位情人節女孩所知道的第一件事，是在她失蹤了第十一天的時候。當天警察打電話來，請我幫忙找到她。

這通常是我工作展開的方式：突如其來的電話聲吵醒我，讓我下床並開車上高速公路，前往警察正在犯罪現場等待著我的任何地方。有時我會在黎明時被吵醒，接著便站在一條溝渠旁。或者在寂靜的高速公路交流道下看見屍體，並立即從遺體中取樣。或者，當警方打電話來時，我可能正在家裡書房中，被書籍、論文、期刊和參考資料包圍，而我的貓躺在膝蓋上，顯微鏡在隔壁房間裡，隨時準備好展開行動。也有的時候我在實驗室裡，或正在某些科學講座上聽演講。那些熟悉的問題不斷出現：你能幫我們嗎？佩特（Patricia 的簡稱為 Pat），你能告訴我們什麼線索嗎？你能看出什麼嗎？……警察通常對我的工作所知甚少，而我需要捕捉大自然遺留下來的痕跡，以便對可能發生的事情——應該是什麼情況，以及可能還會是什麼情況，建立起現場輪廓。

這次，警方肯定知道喬安・尼爾森已經死了。她已於十一天前過世，是被情人勒死的。這名凶手認為自己夠狡猾聰明，足以欺騙全世界。他不僅出現在攝影機前，懇切期盼女友的歸來；也接受媒體採訪，並站在她不知情的父母身邊，流下眼淚。只不過他的眼淚是為了讓自己脫罪，而不是為了喬安的境況而哭。

謀殺者通常顯得自負且傲慢，因為他們經常會返回謀殺現場。人們說這是一種心中的邪惡，才讓他們回到謀殺現場幸災樂禍。但其實，通常他們只是為了欣賞自己的手法而回去，或可能是強迫性地回到現場，並在腦海中重播自己做過的事。但是殺喬安的凶手沒必要返回犯罪現場，因為這場罪行就發生在他家裡。他在他們合住的租屋廚房裡勒死了她。在她做家務打擾他時，他很輕易地就把她壓倒，因為他覺得自己受夠了。在怒氣的激動下，他犯下了罪行。每當犯罪事件發生在家裡時，鑑識偵查的途徑通常很有限，因為房子裡本來就充滿了各種指紋與DNA，而且也經常會被衣服遺留的纖維所覆蓋。況且喬安的房子已被清洗過，所以什麼也沒發現。不過幸運的是，實情已經浮上檯面。

事發以來，喬安的男友一直保持純真無辜的樣子。他告訴所有人，喬安離家出走了，他懇求她返回家中。不過殺人的秘密實在太可怕，難以掩藏，當他向某位朋友說出真相後，那朋友立刻向自己的母親全盤托出，於是真相大白。喬安的男友保羅・戴森（Paul Dyson）對他先前否認的殺人行為也供認不諱。於是警察有了殺人嫌犯，但問題是警方並沒有找到喬安的屍體。

戴森會開車，但從未考上駕照。他只隱約知道赫爾地區的道路。除此之外，這邊隨便一條道路，幾乎都跟其他道路相當類似。在他殺害喬安的那天晚上，他用塑膠布包裹她的屍體，載她遠離自己熟悉的地區。他在暗夜裡沿著陌生的鄉間小路，偷偷摸摸地開著車，直到發現一個隱密的地方可以埋藏屍體為止。而現在，經過一週之後，他回想不起這個開車去過的地方，以至於這個藏屍地點，可能在距離約克郡大約不到半桶汽油距離的任何地方。因此，我必須考慮的區域範圍非常大。

「佩特，你能為我們做點什麼嗎？」警方這樣問我。而我對這問題的回答一如往常：「好吧，你到底想問什麼？你手裡有哪些線索，可以協助我給你答案？」

我的工作通常從那些你認為相當普通的事物開始。所以當時就在這裡，警方提供給我凶手的牛仔褲、一雙Nike球鞋、一雙Reebok球鞋，以及在他父母家裡發現的一把園藝鏟叉（garden fork）。保羅・戴森在喬安的佛賀牌（Vauxhall）休旅車上處理她的屍體，這意味著我可以從車上取得花粉粒、孢子或其他微小苔蘚類的證據。我向警方要了汽車的乘客座和駕駛座的腳踏墊、兩個橡膠踏板套、行李箱墊和車子的前擾流板。這類證物就是我工作日常：恐怖情人掩埋伴侶屍體時穿的鞋；仍然微溫的屍體包裹材料；嫌犯的褲子和外套等。這些已都由犯罪現場人員依法妥善保管、分類、登記，並且密封在證據袋中。

你可能會問：「從這些東西裡可以得到什麼？」有許多警察也都會這樣問我。從某方面回答，其實答案很簡單。生活於一八七七至一九六六年間的法國犯罪學家暨鑑識學先驅埃德蒙・羅卡（Edmond Locard），曾說過一句經典名言：「每次接觸都會留下痕跡。」這就是已被鑑識學界奉為圭臬的「羅卡交換定律」（Locard's exchange principle），甚至也給曾在里昂拜訪過他的亞瑟・柯南・道爾爵士（Sir Arthur Conan Doyle）留下深刻印象。羅卡的假設是：犯罪者每次進入犯罪現場時，都會留下自己的一些東西，並帶走犯罪現場的一些東西。兩者都可以作為我們所謂的「痕跡證據」，無論是DNA、指紋、頭髮、纖維，或是圍繞我的研究重點的花粉和孢子，這些微物證據都能協助我們在人、物體和地方之間建立關連。有時甚至還能提供與事件的時間背景。

不過，從另一方面說，喬安．尼爾森的案子，可說是完美呈現了鑑識生態學家與其他鑑識工作者（例如DNA分析）的區別。我看起來好像是在尋找從警方現場證物裡獲得的痕跡證據，但這只是主要事件的「事前準備」，因為我真正搜尋的是現場的「圖像」，也就是半假設、半真實的地點圖像。我進行的工作是吸收所有可能的訊息，並用它們來描繪一個我從未去過、甚至可能永遠不會去的地方之「心理圖像」（mental picture），我稱這種圖像為「地點圖像」（picture of place），這是一種由想像建立出來的地景，而且應該就在外面的某處。這張圖像代表的是真實的事物，透過仔細思考從現場物證所獲取的花粉、孢子和其他微觀物質，將其轉變為現實環境。每當我閉上眼睛，彷彿可以穿過眼瞼背面看到整個現場。而當顯微鏡下收集到了更多訊息，圖像裡的某些部分就會開始清晰起來，其他部分則依然模糊，整個想像場景就像變形蟲一樣不斷地蠕動：你埋藏情人的地方、受害者的痕跡證據，在在說明你把她綁住並強暴她的地方，以及嫌犯說自己從未靠近過的地方……。在這張想像的圖像裡，你可以找到故事線索，而且這些線索總有一天會被證明出來，因為這是大自然流傳故事的方式。沒有其他任何事物可以做到這點。

因此，兩雙球鞋、汽車的腳踏板以及一把園藝鏟叉，這些便是能夠勾勒出可憐的喬安．尼爾森藏屍地點的證物。

於是我展開工作。

我的工作是給出這個問題的答案，或是給出可能解決這個問題的智慧與判斷。這項工作可能會很長、很乏味且令人感到厭煩。在能夠站起來伸展一下身體、並四處扭動讓脖子休息之前，我會花很長的時間彎著腰坐在顯微鏡前。伸展後可能立刻回到顯微鏡前，因為剛剛發現了一些有趣的東西並想繼續看下去。或者，我也可能和貓一起在花園裡散步，甚至去彈奏靠在書房牆上的直立鋼琴。集中精神很難，但必須要能長期維持。維持精神的集中比其他任何事情都還要重要。若非如此，想正確描繪出某個地點的希望就會落空。

隨著時間流逝，我也精疲力竭，一再試圖確定花粉粒上的脊柱元素是直的或是斜的，漩渦狀的淡淡圖案是否更像山楂樹或是玫瑰家族的其他成員。正是經過這樣的長時間專注判斷，案件才可能成功（或失敗）。一個人的自由，可能僅僅取決於一項辨識認證確立與否之間的差異。

當我掃描並對各種穀物進行計數時，就是在建立植物種類以及它們生長棲地的圖像。最後從顯微鏡載玻片上得出各種花粉類型時，就可以對犯罪現場及其周圍植被有所瞭解。我可以從中得到許多資訊，包括關於土壤的酸度和濕度、該處光線充足或陰涼，是否是林地，以及（如果有的話）其他線索等。我可能要花上幾個小時，也可能需要幾天或幾週甚至更長的時間。但有時候，這些結果會整齊地融合在一起，當這種情況發生時，便會帶給我無與倫比的滿足，就像把最後一塊拼圖放到拼圖板上一樣。儘管在我建立的圖像中，可能會有一些錯誤的片斷和空隙。鞋子上可能還帶有其他地點的花粉粒，或者犯罪現場的某些植物可能並未出現在這張心理圖像上，但這並不是最重要的問題，因為只要有足夠的拼圖片，就可以辨認出這張特定的圖像。

喬安・尼爾森的謀殺案，就是那種迅速且清晰顯現出圖像的罕見情況之一。用顯微鏡進行了幾次掃描後，圖像的本質就呈現在那裡，我不必太過仔細地思考，因為雖然它們只是一小撮證據，但都是相當有形的證明。保羅・戴森可能不知道他處置喬安屍體的那晚自己到底去了哪裡，但他的周邊證物清楚地指引了方向。

我很快就確定喬安躺在商業林地或接近的地方。然而這些年來，我非常清楚只解開一個謎團是遠遠不足的。你必須靠近謎團並深入挖掘，讓這些花粉揭示更多的秘密。因為從犯罪現場收集的材料也不是完全原始和清晰的，花粉很可能已經消失或退化，還必須加上其他微觀的動植物結構：微真菌、藻類、動植物碎片的殘留等；但這些東西也可能讓我在找出關鍵證據的可靠觀點時，變得更加混亂。而且確定完花粉粒才只是開始，薩里（Surrey）地區的風信子林地可能與埃塞克斯（Essex）的風信子林地相似，林業委員會（Forestry Commission）的苗圃遍布全英國，所有林地都可以種植類似的樹木。更糟的是，在單一樣本中，單獨一株孤立的松樹，就可能會產生跟廣闊松樹林地邊緣類似的結果。而你想要的（亦即你所需要的）是構建一張具有所有對比和矛盾色彩的圖像。就像香水一樣，可能有一種壓倒性的香氣主調，但配合其他香氣的襯托，便能縮小必須判斷的範圍。這種壓倒性的主要微物證據，可能引導你進入石楠荒原、松樹林或沿海某處，但荒原是廣闊的荒野，森林在全國各地都可以綿延數英里；而在英國各地，沿海的地點就更多了。所以不要走偏了，你要尋找的是可以讓你的犯罪現場顯得獨特的那種特定痕跡證據「組合」。

現在，我的腦海中有了那張圖像，於是我伸手拿起電話。電話馬上就有人接聽，令我欣慰的是，傳來的是警探總監雷・希金斯（Ray Higgins）鎮定的聲音。他的助理警官對任何訊息都十分狂熱，就像蜜蜂跟在蜂后周圍嗡嗡作響一樣。但雷與眾不同，他溫柔的態度掩藏了敏捷的能力、聰明的才智和堅定的決心，也就是一定要為這對父母找到女兒的決心。

「佩特？」

我很慶幸我們沒有使用 Skype 視訊，因為我持續閉著眼睛說話的模樣，看起來一定像是個痴迷的神秘主義者。「是的，雷，我可以看到她躺著的那地方了。」

我能感覺電話的另一端鬆了一口氣，「她在林業委員會式的苗圃裡。」雷變得生氣勃勃，「他說他埋喬安的地方有聖誕樹，這點說得通了。」

整個圖像輪廓上還有一些些雲杉花粉的部分：雲杉，也就是注定要在每個冬日假期裡犧牲的聖誕樹。不過我非常確定這不是專門做聖誕市場的苗圃，因為聖誕樹通常只會選擇幼樹。而若要生產花粉，雲杉樹的樹齡必須達到性成熟，至少要四十歲，那種年齡的雲杉應該很高。但如果戴森認出了這樣的樹，那麼旁邊應該還有很多雲杉，因為那很可能靠近林地的入口處。這是個謎：為什麼一個人在純淨的雲杉林地中，甚至在一個接近雲杉的林地中，身上只發現少量的雲杉花粉？簡單來說，答案顯而易見。育林人喜歡在雲杉樹齡大約四十歲時砍伐它們，因為那時它們正處於成熟期。它們在成熟黃金期間被砍伐，只會留下少量的花粉證據，證明它們曾經顯著地矗立在景觀當中。如果微物證據上確實發現了雲杉花粉，那麼該區域一定會有長大成熟的樹。

我仍然緊閉著眼睛，避免分心，然後繼續說下去：「從汽車鈑件上的結果來看，好像是沿著一條林道行駛，這條林道應該是乾燥的沙土路，但是是車道邊緣有潮濕溝槽或車輪印裡有積水的那種。我還可以看到這個地點相當開闊，林地裡有許多商用針葉樹和落葉喬木，主要是橡樹、山毛櫸、榛樹，還有一些無花果樹和榆樹。因為看得到柳樹和赤楊木，所以應該有潮濕的土壤，似乎也有很多常春藤和荊棘（懸鉤子類）」。

我的地點圖像是暫定的，但在田野工作和顯微鏡下，我曾多次看過這類型的植物群落。雖然我輕易就能認出某些類型的植物群落，但我在職業生涯早期就瞭解到：沒有兩個地方的植被是完全相同的。每種植物在植栽模式和密度上都是獨一無二的，儘管我可以描述戴森曾經去過的地方，但要找到確切的位置，還需要一些與眾不同的東西。

從這些粗略的結果中可以得到相當多的訊息，但要指出明確的位置，還需要大量的額外工作。在有限的微物證據內，我很容易就從這些花粉證據裡描繪出一個地點圖像，不過要找到圖像的確切地點並不容易，尤其在我不熟悉該地區植物特色的情況下。雖然我可以預測土壤類型，通常還能預測出潛在的地質情況，但在不熟悉當地的情況下，必須有瞭解當地植物學的人，配合我的描述來做這些基礎搜尋工作，才會更有效果。

我繼續說：「雷，你需要沿著一條開闊的道路走，最後，也許就在很靠近這條路的地方，會有一棵成熟的白樺樹。你可以在那裡找到她。哦，還有……我停了一下，因為我確定接下來要說的話，聽起來應該非常不可思議，但我確定這是真的。

「她應該沒有被完全埋在地下。」

突然一片靜默，我完全可以感受到對方有某種程度的疑惑，但他靜靜地聽我繼續說下去：

「她在靠近路邊的一個小凹洞裡，身上被白樺樹枝葉覆蓋著。」

我停在喬安安息之地的最後這段描述上，因為這是我所看到最清晰的圖像。

「你有多確定？」雷問我。

這確實是一個你必須經常捫心自問的問題，因此你也必須原諒別人會這樣問，至少他是很有禮貌地問，不像早期我常遇到的那種不信任的責問。

「相當肯定，雷。」

曾經有段時間，我也訝異於自己所能提供證據的特殊性，包括那些我從顯微鏡鏡頭末端影像中汲取靈感的諸般細節。但僅此而已。證人經常會捏造或是忘記細節，因此同一時間得到的兩種說法也可能大不相同。錄影和靜態照片只能捕捉到故事的一部分，而往往會忽略更廣泛的環境狀況，並且會先入為主地引導你的想法。雖然可以藉由合格的孢粉學家就花粉概況做出合理的解釋，然而有很多例外狀況都是教科書不曾提及的，這就是經驗的價值所在。

從我處理的現場證物中，可以很明顯看出喬安的男友去了一處森林，那裡除了雲杉之外，還有其他具商業用途的針葉樹，包括松木和一些西部鐵杉。那裡也有落葉喬木，樺樹在這個森林輪廓上占主導地位。這是樹木和其他植物的有趣群落組合，而且它們的分布情況正在逐漸揭露。例如這地方顯然是酸性的乾燥土壤，但也有潮濕的地方。車輛擾流板上的證據可讓我更清楚看到這個地方，因為當汽車駛向最後的停放點時，會從林地入口一直到喬安所在的位置，持續不斷地收集微物證據。而戴森的鞋很可能只會從放置屍體的位置沾帶走一些證據，然後又被他的鞋帶入車內。

該地點由樺樹占據主導地位，但松樹應該也不少。橡木、榛樹、山毛櫸、石楠花、蕨類和各種草類（典型林地加上林地邊緣），一一添加到這個心理圖像的拼圖中。我看著殘留的花粉和孢子，它們是上個生長季節或更早的季節所生產的。榛樹大約在十二月開花，但其他年份的榛樹則是前一年春季就開始生產花粉。換句話說，自上一個季節以來，這些證據就一直散布在地面上、土壤上和植被上，時間甚至更久遠。不管一年裡的哪一段時間，總會有一些東西能讓我分析並建立起某個地方的圖像，而那些地方甚至連警察也不熟悉。

我繼續搜索載玻片上的蛛絲馬跡。

我在戴森的牛仔褲上什麼都沒找到，從他的 Nike 球鞋上也沒有發現任何花粉。很顯然地，他在犯罪時不是穿這雙鞋。但當我查看從他的 Reeboks 球鞋、汽車腳踏板和擾流板刮下的微物時，該地方躍然眼前。一切對我而言變得昭然若揭：我們要尋找的是一個以商業用針葉樹為主的林地，但在仔細研究更多載玻片之後，其他的花粉類型也開始出現。我看到的孢粉混合型態非常合理，苗圃業者通常會在苗圃邊緣種上原生的落葉喬木，其中可能會包括樺樹，如同圍籬一般用來隔開針葉樹。樺樹不會擋住陽光，在貧瘠土壤上也能良好地生長，而且它的壽命跟針葉樹長到可以砍伐的時間接近。如此便可瞭解為何這種大不相同的「雜」樹，竟會是苗圃業者的偏好樹種。

從汽車擾流板上回收的豐富微物材料，都在向我暗示為了尋找一個可以掩埋喬安的地點，戴森把車開到了林地深處。汽車內部則顯示出一個隱藏在更大謎團裡的微型謎團，因為就算戴森的 Reeboks 球鞋上布滿了林地裡的花粉，但卻沒有轉移到駕駛座的腳踏墊上。腳踏墊非常乾淨，只看出幾粒松木花粉和一粒石楠花粉。戴森是否具有足夠的鑑識常識，努力刷洗過腳踏墊，並用吸塵器吸過，甚至還仔細擦過呢？看起來確實如此。然而，乘客座的腳踏墊卻展現出與他的 Reeboks 球鞋一樣豐富的內容，要如何才能出現這種情況，也慢慢地在我的腦中閃現了輪廓：如果要從車裡抬起較大型的重物，有時你必須把腳踏入車內，好支撐自己的重心。我可以想像戴森準備把喬安抬出車廂，而為了抬動她的身體，他必須把腳放到乘客座的腳踏墊上，才能更好地使力。

所以，我確定我們要找的是一塊商業林地，但還需要一些訊息來確定林地的位置，以及喬安可能在林地中的哪個地方。

這個部分透過園藝鏟叉達成了。

戴森的鞋上有很多樺樹花粉，他也把花粉轉移到汽車的乘客座腳踏墊上。但是當我檢查鏟叉上的證據樣本時，我有了另外的想法。因為這把鏟叉的鏟柄上有樺樹花粉，把手上也有，但在粗大的鏟叉上面，除了樺樹花粉幾乎沒有其他東西，只有一點點典型園藝植物的花粉而已。

我腦中突然浮現某個地方的圖像，這是多年來我透過基礎科學研究、徒步旅行和田野工作，不間斷地積累關於周圍大自然世界的知識所產生的直覺圖像。這一切都放在一部非常出色的超級電腦（即大腦）中儲存並進行處理。

這次我很清楚地看到了：戴森駕駛著喬安的休旅車，沿著林業委員會林道，在乾燥的沙質土壤上行駛；商業用針葉樹林迅速地出現在他四周，直到他找到樹木不是很茂密的地點，最後來到了樺樹樹下。這似乎是個完美的地方。然而挖掘墳墓相當辛苦，用園藝鏟叉挖掘墳墓幾乎是不可能的。叉子形狀並不利於挖掘，但肯定方便用來刮起枝條和落葉。

在這些通常位於荒原和高地邊緣的森林或商業林地中，如果你花點時間在裡面徘徊，就會發現枯枝落葉這類細小垃圾堆積得很厚。它們聚集在凹陷處，讓你以為那是堅實的地面，直到失足陷入小洞了才發現不是。商業用林地的地面因為樹木砍伐變得高低不平，這些凹洞和小丘，都是林業工人過去種植和砍伐樹木時所留下來的紀念品。如果你找得到合適的凹陷處，並從旁邊刮下枯枝、落葉來掩蓋，為何還要挖洞掩埋屍體？

我猜他扛著喬安軟倒的屍體，把她放在離林道不超過一百公尺的合適凹洞裡。行為分析學家告訴我們，一個人願意且能夠承受屍體的重量極限約為一百公尺。因此我認為他可能一路跌跌撞撞，Reeboks鞋陷入枯枝落葉中，他感到驚慌失措，覺得很難找到一塊空地來掩埋屍體，但他可以把屍體藏起來。他可能把她捲起來塞進一個凹陷處，然後用鏟叉將樺樹枝的細屑和落葉刮到她身上遮住她，直到看不見為止。當然，她必須在一個地面凹陷處，以便有足夠空間覆蓋這些落葉碎屑。如果是在一塊平坦的地面上，就會變成一個身體形狀的垃圾堆，這樣就太明顯了。

他一定以為發現喬安屍體的過程要花很長的時間。因為在那個接近情人節的寒冬裡，商用林地的作業情況不會太多。而且由於天氣太冷，青蠅（bluebottle fly）很難飛到這裡產卵，因此屍體發出腐敗氣味的時間將會延遲。狐狸和獾可能也不會像炎熱夏天一樣，很快就找到埋藏的屍體。在這一切條件之下，她很可能不會被發現，也許永遠不會。

於是，當他用園藝鏟叉刮下枯枝落葉時應該很開心，而且沒有意識到自己也正在用樺樹花粉蓋滿鏟叉的尖齒，這點後來有助於將喬安．尼爾森帶回家，並把戴森送上法庭。

「但這是哪裡，佩特？」

可以肯定的是，一定離赫爾有段距離。它必須是一個包含西部鐵杉、各類型植物群落和特定蕨類植物的育苗場。起初我並沒有想到任何特定地點，因為這種苗圃群落在全國各地都很普遍。然而，真蕨類（Polypodium）瓦葦屬（Polypody）的植物，雖然在英國南部和西部，甚至在我居住的薩里郡都非常普遍，但在約克郡的這個地區絕非常見樹種，甚至相當罕見。運氣真是太好了，現在我可以在英國和愛爾蘭植物學會（Botanical Society of Britain and Ireland）的植物分布地圖上，查看這種蕨類植物的分布地點，而這也是我經常做的事之一。有趣的是，這個地區過去曾出現過瓦葦屬的蕨類植物，但現在完全找不到了。從歷史紀錄可以找到它過去曾在哪裡生長，因此從廣闊的地圖上刪去大部分地區後，還剩下三個可能林地有西部鐵杉，但過去只有其中兩個有過瓦葦屬蕨類植物的紀錄。

戴森說過，他有看到一個金屬大門，入口一側放置了很多空瓶。負責這個案件的警長滿腔熱血，快速地召集了各路專家。雖然有時侯這樣做既不適合也討人厭，然而這次一位赫爾當地的植物學家，在我尚未有機會確認之前，就查閱了相關植物的分布紀錄，並發現了瓦葦屬蕨類植物的歷史分布地點。不過，將功勞歸給誰並不重要，我們都是為了這對父母才這麼努力想找到喬安，而非只是為了破案而已。雖然知道她已經走了，但這個悲慟恐懼的家庭仍然迫切期盼她能回來，因此雷・希金斯決心把她帶回他們身邊。

警方現在有了其他專家所提供的新訊息，便把殺喬安的凶手銬在一輛警車後座上，出發搜尋那條蜿蜒的道路，尋找那個金屬大門和那些空瓶。他們因為太緊張而開個不停，沿著數英里長的道路行駛，直到疲倦而沮喪時，突然福至心靈，看到了一扇淺金屬色大門，瓶子也在那裡。

我很想知道他們當時的感受，但我希望那種激動之情與鬆了口氣的感受同時出現。

他們很快就發現喬安的遺體。後來他們告訴我，對於我的心理圖像之「準確性」感到驚訝。她就在林道旁不遠處的斜坡上一棵白樺樹下的凹洞中，被白樺樹枝和樹葉覆蓋著。因此，我多年來在基本學科上苦苦鑽研、徒步旅行和田野工作，把許多知識整合在一起，然後結合常識，並勇敢發表心理圖像場景的種種努力，確實得到回報。

在他們找到喬安·尼爾森的屍體，並讓她傷心的家人確認一直以來就知道的事實那天，我並不在現場。不過，我會想像自己也到場了。雷，也就是最早聽我描述場景的人，在戴森被定罪很久以後，帶我去了當初喬安屍體被掩埋的地方。我對自己在這個案例裡，對於樹籬和環境的描述如此準確感到驚異，這點我稍後還會談到。當我和雷一起走過那扇決定命運的金屬大門時，我感到非常震驚。這是一條林業車輛所使用的沙子路，路上壓滿了車輪痕跡，稀疏的石楠花在輪痕頂部和邊緣發芽著。普通的石楠花可以忍受潮濕環境，但不喜歡積水處；而這些凹坑肯定是潮濕的。有一條淺而不流通的小溝渠沿著路徑邊緣往前延伸了一段距離。左邊有個空曠區域長滿了羊齒蕨類，在我眼前可以看到茂密的樹木從小路的右側延伸，一直向前綿延不斷。現場樹木的群落，對應了我在顯微鏡載玻片上發現的東西：有很多松樹、鐵杉和雲杉。

這便是喬安・尼爾森案的整個過程，稍微可以用來說明鑑識生態學家的工作方式。我已經知道想要搜索的景觀類型，知道現場有哪些樹木，也知道當地的土壤性質，以及在這種環境下地面上的非樹木植物類型。在我的心理圖像中，彷彿可以跟著保羅・戴森，一路走到他掩藏屍體的地點。然而約克郡占地遼闊，很多地方可能都符合我所建立的環境模型。畢竟，整個郡內到處都有白樺樹矗立的林地。如果警方有足夠的人力資源，也許可以針對符合的地區一個一個進行搜查。但是自然界給了我們最後的線索，指出那條特定的道路。也就是在那兒，有了在微物證據中發現的鐵杉花粉和瓦葦屬蕨類植物的孢子。

即使經過了這麼多年，我一樣對花粉概況如何能提供出這麼多的訊息、思考、猜想和可能，感到驚歎。所有這些都是來自一些蛛絲馬跡般的微物證據，儘管這些證據對我來說是非常明顯的線索，但對其他人來說卻像是迷信或魔術一樣……。

近年來，許多地質學家也嘗試在這類情況下提供協助。二十年前，有位地質學家受託處理案件後，努力說服警方土壤中的礦物顆粒證據所提供出來的訊息絕對可靠。後來他也因為樣本清單的長度而廣為人知，不過清單長度卻與他最終提供給警方的訊息量成反比。在警方最終放棄之前，他已經耗費了大量的警力資源。而即使真的按照他的清單採集到幾千個樣本，他也無法像我一樣，光從幾個簡單樣本、顯微鏡和一些清洗實驗用具的藥用洗潔劑中，就能獲得植物所能提供的證據判斷。在某種情況下，他也可能找出與我所找到相同的地點，但這場搜尋的代價卻是要沿著長度超過五十英里的橫斷面收集一千多個樣本。而我所需要的只是一把園藝鏟叉和一些顯微鏡觀察工作。況且如果你熟知植物生態學，便可預測個別植物生長所需的土壤類型，並因此能預測樹木下方的地質狀況。

這個世界已經有太多的迷信，我的工作不是魔術，而是科學。二十年前，喬安的屍體原本可能要等到一名林業工作者偶然發現她四散的骨頭，或是一位在林中遛狗的人碰巧遇到，才可能被找到。但是憑藉我所擅長的這種科學知識，便能透過自然界留下的微觀痕跡，來檢測凶手曾經去過的地方。無論你是否是殺人犯，你都會將自己的痕跡一路留下來，而一位懂得景觀、花粉、孢粉植物、真菌和土壤的人，便能追蹤這些痕跡。

我收到了喬安父母的來信，感謝我把他們的女兒帶回家。我必須說，在這之前喬安對我而言只是一道難題，我因為忙著尋找相關訊息，並無法將她視為一個實際存在過的人。在這個世界上，人們每天都會面對一些糟糕的狀況，很容易變得沮喪，以至於在理智的挑戰中迷失了自己，失去了人性的感受。坐在書房裡，心愛的貓躺在我的膝蓋上，我一邊讀著喬安媽媽的信，想法有了改變。喬安・尼爾森不只是一個待解的拼圖難題，也不只是我多年努力累積經驗所面對的挑戰，她確確實實是一個曾經活著的人，有著正常的愛欲、渴望、恐懼和企圖。看了她母親的信，我才意識到這一點，隨之而來的便是我很少遭遇的情感波動。這就是我從事這些研究的原因，它不僅是理智上的挑戰，更讓我對自己努力推動鑑識生態學感到自豪。

因為人的情感非常重要。

第三章：過去的代言人

該是回到起點的時候了。

我原先的人生規畫並沒有打算成為現在這樣的人。當然，通常這是所有好聽故事的開場方式。當年我接到一通電話時，我已經五十幾歲，那通電話讓我進入了鑑識調查領域，從而改變了我的人生。在那之前，我的職業生涯可說是非常多樣。我曾在查林克羅斯（Charing Cross）教學醫院，接受醫學實驗室技術員的培訓，並參與了英國第二個洗腎部門的工作。我很習慣處理血液和排泄物，但也不得不忍受著惡臭，因為這是工作的一部分。最後，我參與了一個研究項目，這代表我要開始處理實驗動物了。我也因此愛上了老鼠這種有白色身體、粉紅色鼻子不斷嗅聞的小東西。牠們總是很好奇，喜歡被人握住和搔癢。我很喜歡動物，因此很討厭這種研究計畫，便也下定決心醫學研究絕不可能成為我的職業。

我的男友（後來嫁給了他）認為，比起分析老鼠尿液、糞便和血液工作，我應該做一些更「像女人」的工作。不過，我很疑惑所謂更「像女人」的真正含義到底是什麼？也許廣告中那種商務和秘書課程會是我所需要的，所以我申請並得到一個全天候且有贊助的學習課程。事實證明，學習這門課的任務相當艱鉅。這是一門全新課程，學院聘請了兼職的專業人士來講授法律學、經濟學、心理學和英語等核心課程。此外，在打字和精通皮特曼速記法（Pitman's shorthand，我看過最合乎邏輯也最靈活、美妙的系統）方面，對於速度的要求也帶給我很大的壓力。同時，我們還必須瞭解高性能辦公室運行所需的一切。在我這一生學習過的所有課程裡，它確實是非常棒的課程。我熱愛挑戰，最後也獲得了榮譽證書。在結束全部課程之後，所有學生都參加了由倫敦商會所舉辦的考試，這些考試不但具競爭性，也是國際性的考試。我在課程裡學到的所有秘書和商務技能，都在這裡進行最後的測試和審查。雖然我剛來上課時被嚇到了，但後來我卻很能享受隨之而來的所有榮譽和樂趣，包括在倫敦市長官邸由盧克勳爵（Lake Lord）授予的獎項。

畢業後，我的第一份工作是在騎士橋（Knightsbridge）的可口可樂總部工作。剛開始工作沒多久，我的體重就增加不少，因為公司產品可以隨意飲用。而我第一次遇到公司忠誠度的考驗，就是必須隨時在桌上擺著一杯這種含糖的酸性混合飲料。我認為，替那些身著深色西裝自負的陌生人工作，本身就是件很荒謬的事，因為這些人根本不用做什麼，產品自己就賣得掉。

所以我立刻轉行，改去一家聲望不錯的大型建築公司工作。這是一項困難且必須擔負重任的工作，而且有機會看到例如倫敦橋（London Bridge）或德拉克斯發電廠（Drax Power Station）這類大型工程中有趣的技術層面。但過了幾年之後，即使是這種可以見到大場面的工作，也逐漸變得令人厭煩。除了無法得到成就感之外，我也開始覺得無聊，因為有太多例行公事，卻很少有機會學習令人著迷的新事物。我覺得自己需要新的挑戰，我就像小馬一樣，想要推開牧場邊界的圍籬，渴望瞭解圍籬外的東西。我想學習外面的一切。

接下來的生活讓我進入了人生中最快樂的一個階段，因為我開始去倫敦國王學院（King's College London）修習植物學。我直到二十多歲才找到自己真正的興趣，在經歷各種工作之後，我終於找到了。雖然我比多數本科生大了十歲，但似乎沒人關心這點，我跟他們之間也沒有隔閡，大家都很融洽地相處在一起。那時候我已經結婚，有一個美好的家庭，但我仍然參加了很多學生活動。我被選為生物學會主席，我一位特別的朋友邁拉．奧唐奈（Myra O'Donnell，一位聰明且自我要求甚高的動物學家）當選了會長，而且每週六早上我都在體育館上擊劍課，地點就在史雀得大樓的通道裡。

我們的指導老師是位稍有點年紀的瀟灑匈牙利人，總在來回甩動華麗的頭髮之間，突然用鈍劍（foil）戳你的肋骨，直到你學會如何防護和閃避為止。因為我常喘不過氣來，所以他好心允許我分兩次來完成銅牌考試，讓我保住了自己很會擊劍的幻想。在體育館外的走廊上有很舊的地板，兩旁有可追溯到喬治亞時期（約在一七二〇年和一八四〇年間）的置物櫃，每個置物櫃上都塗有金色的裝飾數字。我和邁拉曾在走廊上比劍，一直比到通往主休息室的台階，然後又比回來。我在某個週六告訴她：「妳有沒有發現我們創造了一種舞步，而且我們兩人都無法取勝？」我倆一起大笑，但還是繼續週六儀式性的例行比劍。

回想起那段在國王學院的時光真是充滿魔力，我盡可能探索了各式各樣的學術主題。雖然我本該是名植物學家，但我抓住了每一次學習生態學、地質學、微生物學、動物學、寄生蟲學、生物地理學的機會，並學習所有讓我對自然世界有更深入瞭解的事物。在圖書館度過好幾個小時，對閱讀到的文字感到喜悅，這應該是今日的學生們再也不會有的學習環境（他們主要依賴電子訊息）。這就是傳統的教育方式：參加小型教程、做筆記、寫論文、在圖書館瀏覽期刊、展開研究項目，並在許多不同的生態環境中進行實地考察。於是我學習到自然界各方面的秘密，從蜥蜴的神經系統到草地的組成結構等，這些知識形塑了現在的我，而我也很喜歡這所有一切。

最後，我成為國王學院的微生物生態學講師。剛開始時，我完全享受「站在籬笆另一側」的挑戰。幫助學生豐富對自然世界的知識對我來說深具意義，因為我所傳授的是非常特別的內容，這些知識不該被遺忘。不過後來沉重的教學負擔、繁瑣的寫作和授課程序、設計和修改論文與考試，以及參加學術會議等，在在讓我覺得非常沮喪。因此，在我有幸工作過的最幸福工作地點工作了十八年之後，我向倫敦大學學院（University College London）的考古研究所申請了一份工作，因為我想將大部分時間都花在研究上，而非在教學上。

國王學院的植物系規模很小，系上的工作人員都過得很開心，任何重要場合都會附帶聚會，從一年級學生到教授團隊，所有人都會參加。但在倫敦大學學院，情況則大不相同。在這裡，除了偶爾舉行的研討會之外，我還從事研究工作，因此氣氛也完全不同。我得到一個不確定自己是否該得到的新頭銜，變成一位「環境考古學家」（environmental archeologist）。原先在國王學院，不論是在午餐或下午茶時間，都充滿了歡笑聲和知識份子的各種討論，讓我每天都期待走向研究部前門；而在倫敦大學學院裡，人們謹守自己崗位，待在自己的房間裡，讓人很難深入瞭解他們當中任何一位。幸好我的新工作性質彌補了社交生活的不足，因為我很快就與來自英國各地的其他環境考古學家混得很熟。

這真是最令人著迷的時期。我負責分析考古遺址及其周圍地區的沉積物，確定古代景觀的變化，以及史前民族從事農業作物和牧業的種類。換言之，我會花幾週的時間到全國各地某個考古遺址，從地下、坑洞和溝渠中，收集土壤和沉積物樣本回到實驗室，然後進行漫長而帶點危險的化學分析過程，再從岩心和石板裡回收有機顆粒。針對從舊石器時代到中世紀、一個考古地點到另一個考古地點、一個接一個樣本分析之後，我逐漸體會到我們所使用技術的潛力和局限性。我這輩子都在利用從考古環境所獲取的有機顆粒、花粉粒和孢子來重建當時環境。環境考古學家的工作，就是在考古挖掘者尚未定論的先民生活遺跡，填上色彩、生命和意義。

我分析了諸如哈德良長城（Hadrian's Wall，羅馬帝國時期建立的防禦工事）上的一座堡壘，以及長城北邊的一個深泥塘，還有從龐貝城的火山灰下挖出的小客棧，甚至希思羅機場（Heathrow Airport）五號航廈下方的多重時期遺跡等各種遺址。我在希思羅機場的工作重建了最美好的青銅時期景觀，就像一首四千年前的農村田園詩，長而漂亮的樹籬將耕種土地，分割成各種牛圈和羊欄或是種植穀物的田地。就像透過很厚的眼鏡進行觀察一樣，雖然我們可以清楚瞭解過去的土地用途，但卻只能對照現代人種學的實際案例來檢驗我們所做的解釋，而無法瞭解這樣的解釋是否真實。這份工作讓我得到很多回報，但其中最主要回報就是能與其他環境考古學家一起工作，而由我來負責分析花粉和孢粉型態。

彼得・墨菲（Peter Murphy）是一位特別的朋友，他在東英吉利大學（University of East Anglia）工作。他專門研究種子、用肉眼可看到的其他植物（大型化石）和軟體動物的貝殼；其他人則分析動物骨骼或人體遺骸等。另一位和我一起工作的特別朋友理查・麥克菲爾（Richard

Macphail）則是（現在仍是）土壤微型態學家（micromorphologist）。他將土壤埋入樹脂中，然後從硬掉的樹脂塊切下薄片，直接放在微鏡下觀察人類史前活動的線索。我對他的工作幾乎和我的工作一樣感興趣。試想一下，這可是能看到地表之下的土壤（所有礦物質和有機體都像在「肉凍」中懸浮著），以及隱藏在現實背後的微觀世界。在過去，這些土壤為植物、動物和人們提供了支撐，而現在的我們則利用這些土壤來「回魂」，建構出過去生活的實際情形。

不論在現場或討論會上，我們都舉行過許多愉快的會議，也從中獲得許多樂趣。我們也共同創作了古代統治和發展時期裡的許多階段，以及所發生事物的現場相關照片。每當你參觀博物館，看到羅馬農場、撒克遜人村莊或石器時代的小屋重建模型，都要感謝有一群環境考古學家及其他類型的考古專家，他們經過精心分析，為你帶來了過去的故事。在我看來，如果沒有發現這些火石、陶器、各種石器和金屬，偶爾加上骨頭、珠寶或石刻器物時的激動喜悅，考古學便會像塵土一樣枯燥無趣。本質上來看，考古學家進行挖掘，並以細緻的方式從地下取回那些奇妙的東西，但卻要透過各種冶金、陶器、昆蟲學、植物學、骨科研究，以及古代和地下土壤的微觀型態等眾多學科的專家，來讓這些東西還魂。我想並沒有多少人知道這一點。

花粉、孢子及採集樣本中的許多微觀事物，都是過去時光的「代言人」。處在缺氧或酸性環境下，細菌和真菌的活性會受到抑制，花粉便可保存數千年之久。我們不能錯失或忽略任一項微物證據，因為即使是微不足道的微小顆粒，也可能帶有重要訊息。經過處理後，將這些樣本固定在顯微鏡載玻片上，艱苦又真實的工作便要開始，亦即在顯微鏡下一小時又一小時地坐著觀察，嚴格地按照順序在整個載玻片上進行橫切面掃描，避免遺漏任何視野區塊沒被搜尋到而忽略了某個重要線索。重建古代環境這項工作相當令人著迷，而且還能跟其他證據類型的同事一起工作，這真是太奇妙了。我們的工作也會全部結合到最終報告裡，以便詳細描繪出過去的景觀。我對自己的工作感到滿意，所以那天電話鈴響的時候，我並沒有意識到它會展開我生活的新篇章。

電話另一端的聲音帶有濃厚的格拉斯哥（Glaswegian）蘇格蘭口音，來自隸屬於赫特福德郡警察局的一名警探。

「你是佩特．威爾特希嗎？」他問。「邱（Kew）先生提供你的名字給我們，他說他們無法幫忙……」他在這裡停頓了一下，好像要讓什麼東西吞進喉嚨一樣。

「……但他們說你可以。」

片刻之前，我的思想還處在新石器時代的某個地方，正在建立當時的原始森林圖象，而這些原始森林被定居的第一批農民砍倒且燒毀了。而現在？回到現實後，我猶豫了一下。

「哦，對。」我說。

我很感興趣，過去警方從未與我聯繫過。

「跟什麼有關？」

「你是一位……多元學家（polyologist）？」

「不是。」我說，而且盡我最大的耐心說，因為這是常有的誤會。

「我是一名孢粉學家（palynologist）。」

孢粉學（Palynology），從字面上看很像是對「灰塵的研究」，或者更確切地說，是對於我們可以從空氣、水、沉積物、土壤和蔬菜上，收集到的花粉、孢子以及所有其他微觀粉狀晶體和微粒的研究。成為一名孢粉學家不是我所想得到的偉大計畫，而是生活讓我一路走來的途徑，我對這點感到滿意，因為這要比負責學生的學習來得更加自由。

電話另一頭的警探仍在等待我的回答。

「你為什麼需要一名孢粉學家？」我問。

電話裡頭的聲音直截了當地說：「我們發生凶手了」。我差點笑了出來，因為在他的蘇格蘭口音上，重重地加強了R的震動，把「murder」（謀殺）發成了「merrderer」（凶手）的音。除了在倫敦西區（West End）上演的戲劇裡可以聽到這樣的發音，應該很少人有機會聽到這種口音。

「謀殺案？我能幫什麼忙？」

「我們有屍體，還有作案用的車。」

我經常回顧這次的談話，因為這是我人生的轉捩點。事實上，在電話裡第一次聽到「謀殺」這個名詞的時候，我立刻變得非常著迷。當你日復一日待在實驗室裡工作，有時候會非常歡迎外在世界的介入。而且儘管在國王學院裡，我負責講授死亡後物質的碎裂和分解，但除了自己的家人以外，我從未見過屍體。無論是面對死掉的鳥或是樹木，都必須瞭解微型動物、細菌和真菌在物體分解時所扮演的角色。死去的屍體會有這麼多內容可供檢查嗎？從學術上看也許沒有，但從其他方面來說，這等於是對未知世界的一次躍進，而我可能還沒有為這種事做好心理準備。

我繼續聽下去，警探為我簡述了他認為我應該知道的一切。在赫特福德郡鄉村地區的某處，發現了一具屍體，躺在一條野溝中，看起來似乎是偶發的殺人事件。

「我們處理的應該是中國三合會（Chinese Triad）的犯罪案件。」

那好像只會存在在福爾摩斯的世界裡。是那種你可能在電視上看過，卻從未真正相信過的東西。人們認為三合會是惡毒的組織，他們的行動往往會造成嚴重的後果。不過在今天這種情況裡，他們可能並非蓄意殺死受害者。他們在婚禮當天綁架了受害者，不過並非從妻子的床上，而是從一名妓女的床上綁架了他。我不得不說，聽到這段故事讓我感到非常震驚，因為我過去從未聽過類似的事情，我甚至住在一個沒有街頭塗鴉的地方，這個地區最大的犯罪事件，很可能只是偶爾在車站有自行車被竊而已。

這群幫派份子把他全身綁起來後，丟在一輛麵包車的後車廂裡，原本應該只打算給他一頓凶狠的教訓而已。死者生前被這群人雇來從事洗錢和資產買賣，可惜他犯了嚴重的錯誤，也就是把經手的錢挪進了自己的戶頭。他是個大個子，被緊綁後臉面朝下摔在車上，最終因為呼吸困難而導致心臟和肺部衰竭：他的體重壓迫到綁繩，讓他窒息而死。

當我第一次跟警方交談時，警察手上的證物只有幫派份子跟著麵包車一起開去棄屍的另一部車，那輛麵包車很快就被他們處理掉了。這群人一定非常驚慌，因為他們雖然決定將屍體扔到威爾斯的某個偏僻地方，但他們卻開錯了路。原先從倫敦到威爾斯，需要沿著 M4 高速公路向西行駛，但他們卻沿著赫特福德郡的 A10 公路向北行駛。由於在黑暗中迷失了方向，最終才在 A10 公路旁找到一條通向偏僻地區的小路，當時他們一定鬆了口氣。

接著，他們犯了第二個錯誤。這群幫派份子把屍體放在野外的凹溝裡，愚蠢地在屍體上倒了汽油，想要放火燒毀受害者屍體來隱藏他的身分。原先這裡除了蒼蠅和食腐動物（如老鼠、鳥類、狐狸和獾）外，屍體也許將永遠不見天日。因為灌木很快會在周圍長成灌木叢，而且長草也會掩藏它的蹤跡。蚯蚓、蛞蝓、蝸牛、甲蟲和螞蟻很快就會搬過來，在一個季節過去之前，尤其是天氣溫暖的季節，屍體上幾乎不會留下任何東西。任何被清乾淨的骨頭，最後也會被忙碌的蚯蚓翻土掩埋起來。如果放置時間夠長，地表上的任何東西都可以被牠們埋藏起來。達爾文在自家草皮上放置了鋪路磚，就巧妙地證明了這一點。然而他們點燃屍體，便等於在黑暗中點燃烽火一樣，屍體直到第二天仍然在冒煙。不斷上升的濃煙引來了農民，隨後警察也趕來了。

警探說：「我們已經把他們拘留起來了。」我現在知道他叫做比爾·布萊登（Bill Bryden），「我們手上有他們的車，也確定是他們幹的。但是……我們需要證明這一點。」警探的聲音停頓了一下。「然後，我的老闆想到了……玉米花粉。」

結果，他的老闆是我見過最具親和力的人。他的名字是保羅·多克利（Paul Dockley），是一位年輕又聰明的助理警官。我以前跟警察沒有過任何瓜葛，但我遇到了比爾和保羅這兩位很棒的警察夥伴，他們兩個直到今日還是我的好友，也一直非常支持我的工作，甚至支持鑑識生態學。

「玉米花粉？」

「他們必須開車進入田裡，才能把他丟棄在那條溝裡。而農夫告訴我們說，那裡通常種玉米。如果歹徒確實開車穿過田間，老闆認為在車上可能會找到玉米花粉。這就是找你來的原因。

我們需要有人肯定地告訴我們，這輛車是否真的開進了那片田裡？」

他說，這是一個新主意，並非過去的警方調查所考慮過的任何證據。好吧，我已經用一種模糊的概略方式想了一下。剛剛才在流行雜誌上看過的奇怪報導文章，促使我也沿著這種警探片的思路來考量，但我真的從沒想過會面對這種事情。為何玉米花粉會突然出現在老闆的腦袋裡，他無法確定。雖然沒看過查扣的這部車，但我已經知道成功的機率很低。因為牆上日曆寫著五月，這表示我們距離英格蘭南部的玉米開花期至少已經過了六週。不僅如此，農民在耕地上耕作施肥，會讓土壤變得富含養分與透氣，這些條件都會增強微生物的活性。這些農田，尤其是英格蘭南部的農田，是真菌、細菌和其他微生物群的天堂，因此有機物很容易分解。我認為花粉和孢子應該無法在這種正常進行管理的田地中保存，但是……。

「誰知道呢？」我開始說。「上面可能會有微型的落點，有藏有倖存微物的角落。」

「這聽起來好像……」聲音繼續說，「你可以辦到？」

「好吧，我可以嘗試，但我必須警告你，很可能會找不到任何東西。」我繼續向他說明了農民耕作土壤帶來的潛在問題。

屍體並不會讓我感到困擾。因為我很清楚地記得，自己過去曾在手上抱著一條被衣服包起來的肢解殘腿，走在查林克羅斯醫院的走廊上。這條斷腿準備拿到實驗室裡，進行輸液實驗的研究。身體就是身體，都是由肉、血和骨頭所組成。但令我困擾的是，對我來說，這整件事等於是一件龐大的未知事件。警察工作是一個完全不同的世界，我從沒想過要去參觀，也不知道鑑識協議（forensic protocols）是怎麼一回事；我也從沒聽說過「痕跡證據」（trace evidence）這個專業術語，更別說那些我即將遇上的術語、首字縮寫名詞和各種簡稱等。雖然在每日的研究生活裡，我經常要想像過去某地的景象應當如何，但要完成「現在」的景象、尋找遺留下來的東西，並想出以前沒被發明過的處理程序……？當我聽著警探在電話另一頭的呼吸聲時，突然感覺到所有一切似乎都是全新的領域。這有點像《星艦迷航記》的那句著名台詞：「勇敢地前往……！」（To boldly go ...!）

接著我心想：你一直在問自己為何要去，但為何不呢？你以前就曾經這樣勇往直前。你在實驗室和醫院工作過，透過課程當上建築業的高級秘書，又再透過學習獲得了微生物學家和孢粉專家的身分。現在要做的不也是科學的一部分嗎？你要保持好奇並且努力嘗試，你以前沒能力規畫自己未來的生活，為何不趁著現在抓住機會呢？

如果沒成功，那也就算了，但不去冒險就不會有收穫。不過，就算沒成功，也不會對我構成困擾，因為我一直很喜歡現在從事的考古工作，這個世界總是有過去生活裡的某些特徵，等待後人的挖掘和重新發現。因此，在這一天剩下的時間裡，我並沒有更多想到受害者或比爾在電話另一端的格拉斯維哥人口音。雖然整起案件聽起來像是一個有趣的思考練習，但目前僅此而已，我怎能知道它將會決定我後半生的人生方向呢？

這部曾用來在野外溝渠裡棄屍的車，在警方的車庫裡靜靜地等待著，看起來就是一部一般的老車。它的輪圈裡積滿灰塵，門的底部遍布汙垢，表面上還有一些汙漬。帶我進來看車的車庫守衛，打開高架燈照亮這部等待中的車，而它乍看之下不會讓人產生特別的印象。他毫不掩飾輕蔑地說：「我不知道他們為何叫你來這裡。」在從事這個行業的最初幾年，我常常遇上這類輕蔑的嘲諷。「整輛車上應該都沾滿花粉，那輛車在田裡上下起伏個不停。看它現在的樣子就知道了……。」

我在汽車的一側蹲下，然後再到另一側。汽車外觀看起來像是充滿了豐富的訊息，但要如何提取訊息，以及要打哪裡開始進行，我真的完全沒有把握。

我已經要求警方從發現屍體的田地裡（在輪胎軌跡上）取得表面土壤樣本。我也按照一般的作業流程進行了處理，但正如預期結果，顯微鏡上發現的一些殘留的纖維素斑點已被我的番紅（Safranin）染料染成鮮紅色，其餘的就是我所謂的背景「雜粒」，雖然偶爾看到花粉粒碎片，但也已經無法識別了。換言之，我對土壤中有機殘留物已經徹底分解的預測是正確的。看著輪胎胎面上的土壤痕跡、車輪凹槽中黑色、粉紅色沉澱物的累積漬痕標記，以及汽車內部腳踏墊上模糊的塵土足跡，我很想知道是否還能找到任何東西。不過車庫守衛一直盯著我，應該是認為我什麼也找不到，這點比起以往任何困難的時候都更能激勵我。在那種情況下不可能做好任何事情，而且我對這位守衛的態度也感到非常厭惡，所以我選了一些我認為最有機會找到東西的車身部位，指示這位先生把它們拆下來送到我的實驗室。

我在學習初期做了很多努力。一輛車的各個鈑件變化很大，但我現在已經知道最可能收集到相關證據的角落和縫隙是哪裡。然而當時我一無所知，在我的臉距離各種汽車管線和連桿的油汙以及骯髒金屬表面約五公分之前，我甚至從沒看過汽車的底盤長什麼樣子。我很快就意識到，我只能盡力而為，並且透過反覆的實驗，來找到對這些事物進行採樣的最有效方法。在原來的工作裡，我經常擦拭各種人工製品上的汙垢，找出裡面包含的重要內容，這次有可能會完全不同嗎？所以我運用常識判斷，先從最容易拆卸的部件開始，並要求把它們送過來我這邊，包括腳踏墊、汽車踏板、保險槓、空氣濾清器和散熱器等。最初，我並不想碰輪胎，因為它們可以從沿路上的每個地方夾帶東西。從另一方面來看，汽車內部主要包含了從人腳上轉移到內部材質上，以及汽車內部本身沾帶到的物質。因此，一開始就靠著簡單的邏輯指引吧。無論如何，如果我錯了，汽車的其餘部分仍然會在車庫裡，可以重新進行採樣。

我很高興可以擺脫這位語帶諷刺和徹頭徹尾粗魯的車庫守衛，之後花了很長的時間仔細擦拭了各種物品，將這些刷下的髒汙粉狀物加以乾篩區分，好讓它們進離心機分離成更濃縮的顆粒。其中最麻煩的部件就是汽車的散熱器，那裡堆積了大量的昆蟲屍體。所以我只好請同事幫忙處理散熱器的部分，自己則繼續去做其他工作。

結果真的到處都是花粉。那位對我嗤之以鼻的守衛的看法是正確的：汽車車身就像是一座名副其實的花粉植物園，但顯然它們都有各自不同的來源。我用過濾離心法進行了標準處理，把它們當成考古樣本一樣。這種處理涉及使用一系列藥性強烈且含有劇毒的強酸，以便去除土壤的背景基質，包括石英（砂）、黏土、纖維素、木質素和腐殖酸等。在最佳情況下，只會留下各種不同的孢粉型態。

這件事聽起應該很驚人，因為這些孢粉、花粉粒、孢子、真菌殘留物、昆蟲和甲殼類動物的外殼，都含有令人難以置信的抗性聚合物（resistant polymers），可熬過這種強酸藥劑的嚴苛考驗。這些聚合物在植物中就是孢粉質（sporopollenin），在真菌和動物中則是幾丁質（chitin）。由於這種強酸處理法非常危險，因此從事這項處理工作時必須穿戴防護服、手套和口罩，而且不可單獨一人在實驗室操作，也不允許任何人在處理過程中進入實驗室，同時還必須採取所有預防措施，以消除原先空氣中可能散布的花粉顆粒造成樣本的汙染。玻片收集器也放置在實驗室周圍，或是窗台上、通風櫥表面上以及其他物品表面上，這樣便可比對檢查空氣中有那些漂浮的花粉汙染物。我還使用各種試劑進行空白測試（blank test），以確保樣本沒有受到任何汙染。

除去土壤背景基質後，我將奇蹟般活下來的花粉、孢子及其他有機殘留物進行染色，並包覆在膠凍中。然後，將每個樣本的膠凍薄薄地鋪在載玻片上，好讓它們定型。從這裡開始，才要進行真正艱辛的工作。我從來沒有檢查過車輛、衣物、鞋子之類的物品，或是任何其他現代常見的平凡物品。但我立刻著迷了，因為汽車上的每個樣本都含有豐富的花粉、孢子和昆蟲碎片，以及無法立即識別的微觀實體。

汽車前方的散熱器網格上，吸入了汽車暴露在戶外時接觸到的所有物體。這是所有經過的農村和都市、農田或林地所吸附的有機物殘留熱點。不過，你無法知道它黏在網格內部到底有多久。輪胎也是如此富含花粉，以至於它們肯定代表了一個以上的地方，甚至可能是幾百個地點；底盤也是如此，裡面的各種碎片，包括植物碎片、土塊和水坑裡的水，都在上面留下了印痕。我設法萃取出豐富的微觀物質圖案，這些圖案樣式繁多且保存完整，然而可以證明什麼呢？不能，我所得到的整體訊息既多樣且豐富，但由於無從判斷，因此等於是毫無價值。但是隨著工作緩慢地進行，我也慢慢意識到車上的某些部分會有更具體的結果。輪胎胎面本身在駕駛汽車到所有地方的過程中累積了各種汙垢，輪胎內壁的景觀則較為單一，因為花粉較難進入這些隱藏的角落。所以我開始看到汽車的不同部件，積聚了不同的樣本材料。雖然差異不大，但由於我們的工作是在微觀世界進行的，小小的差異也至關重要。其中值得注意的一件事便是：來自車輛外部的樣本中，樹木花粉出乎意料的多。

於是我開始研究汽車內部的樣本，很有信心地大步前進，然後一切都改變了。

雖然我並沒有期待會發現證據，事實上我也不知道要期待發現什麼。車子內部當然更乾淨，汙垢更少，尤其肉眼可見的汙垢並不多。我分析座椅的纖維、空氣濾清器、窗框、車內的每個角落和縫隙，結果一點引起人們興趣的東西也沒有。但令我驚訝的是，腳踏板上的東西與踏板下方腳踏墊上的東西相符。這並不是什麼完美的配對，我也從沒學過這種類型的分析與判斷，但這兩者的檔案確實反映出相同的地點。這兩者上面都有山茱萸（dogwood）、犬薔薇（dog rose）、橡木（oak）、山楂樹（hawthorn）、荊棘（bramble）、田槭（field maple）、常春藤（ivy）及許多李屬（Prunus-type）的花粉。觀察了這個植物群落的其餘組成後，我可以確定這個李屬類植物是黑刺李（blackthorn），這是很常見的植物，慷慨提供給我們小李子般的果實，讓杜松子酒變得更甜美。而同樣讓我感興趣的是，通常在耕地邊緣，我們會發現雜草的花粉大占優勢。在考古學中，雜草被視為過去農作物生長的指標物，隨便舉幾個例子，包括了黑茄子（black nightshade）、罌粟（poppy）、白色死蕁麻（white dead-nettle）、刺蕁麻（stinging nettle）、治傷草（woundwort）、羊蹄草（docks）、藜草（goosefoot）等。同時，我也發現了一些穀物的花粉。

穀物當然也算是一種草，其花粉粒彼此很相似，只是大小不同。這些穀物花粉顯然不屬於野草，因為太大了；但也不屬於玉米，因為太小了；也絕不是黑麥，因為它們是圓形的，而非逐漸變細的長方形圓條狀。有可能是小麥或大麥，於是我腦中開始建構這個地方的圖像。有人告訴我，那輛車開進去的田是用來種玉米的，不過我並沒有發現任何玉米花粉，也不真正期待會看到。一般到了冬末春初，田間土壤的豐富養分和通氣方式，都會讓玉米花粉消失，因為農夫進行這類處理時會增強微生物的分解活性，而讓花粉無法存在。但如果是在田地邊緣的土壤，就有可能不會接收到常規劑量的肥料和殺蟲劑，也不太會透過耕作獲得充分的透氣。更重要的是，這兩件事都意味著微生物活動將大幅減少，花粉和孢子可能會得到更好的保存。而且在多數情況下，草本植物如此豐富地生長，任何接近棄屍溝渠的人，不可避免地都一定會踩到這些草。它們便會把自己的花粉黏附在鞋子上，以及附近的灌木和樹籬上，而且會從空中被風帶到更遠的地方。即使是前幾年的花粉和孢子，也可能會出現在後來的草葉和莖上，並出現在那條溝渠中。

仔細檢查樣本並記錄發現的內容，絕對是一項艱鉅而繁瑣的工作，但在這樣的時刻（當現場圖像在你眼前慢慢成形時）會帶來可觀的回報。我突然發現，這是我以前曾經見過的花粉組合；事實上，這是一種典型的考古植物組合。自從史上第一批農民開始種植作物以來，這種類型的農業文化在英國已經存在了數千年，即已發展成型的田地邊界。

在那塊田地裡沒有玉米，因此也沒有玉米花粉，但是我所看的是過去幾年圍繞農作物生長的外緣植被，而且這些草很可能還會繼續成長許多年。這可以證明，這輛車上乘員的腳曾經踩踏在可耕種土地邊緣生長的草本植物上，而這類植物通常會被物種豐富的灌木與樹籬所包圍。我所發現的樹木和灌木花粉類型的數量，代表這可能是一個古老的樹籬，而且很可能是在遙遠的過去裡，靠著挖掘溝渠的土而堆種出來的。不論出於何種企圖或目的，我們正在研究的是孢粉生態學上的明顯特徵，一切跡象都顯示如此。

於是我拿起了電話。

——

當警探的汽車停下來時，陽光正斜斜穿過赫特福德郡的樹木灑落下來，我從後座下了車。我想趁著這個機會，來這裡親眼目睹現場環境。這真的是一道樹籬，沿著田野邊緣一直延伸下去。在路的另一側，距離至少兩百公尺處，正是一塊種植小麥的田地，這也許可以解釋我為什麼會發現穀類花粉，雖然好像飄的太遠了點。記得有人做過實驗，認為穀類花粉應該只會從作物邊緣處飄動幾公尺的距離。這可能是標準文獻裡的一個異常現象。

種樹成籬的空間，對比於拿來種植穀物所得到的收益，可能會讓農民覺得浪費了土地，但野生動植物可不這麼認為。因為樹籬各處都是絕佳的棲息地，是數百個不同物種的家園：包括植物、昆蟲、鳥類和其他動物等。而現在，從我面前向外延伸、長滿荊棘、刺蕁麻和黑麥草的溝渠，卻成了一個有人遭到棄屍、被火燃燒，並且還被希望他的屍體永遠不會被發現的地方。

籬笆的高度各不相同，取決於籬笆中生長的灌木叢種類。這是一個相當富饒的地方，有這麼多不同的物種，每個物種產生特定的花粉，在碰到它們的人身上留下痕跡，並與田裡裸露的無菌土壤形成鮮明對比。如果車輛駛進田裡遇到的是玉米，那麼證據將很容易解釋：是的，田間種了玉米，無論汽車還是上面的乘客都會被玉米花粉滿滿地覆蓋。但是，輕易得到這種證據的情形十分罕見，此地肯定也不是這種情況。在這樣一個物種如此多樣的地方，無論人車身上都會留下許多標記。但如果我沒有分析過那麼多古老的耕地溝渠，就肯定不可能根據目前所見做出綜合判斷，並瞭解到彼此重要的關連性。

我這輩子遇到樹籬的情況相當多。在考古植物學中，你可能會發現某種花粉粒組合，顯示該地曾有過樹籬，因而有辦法告知考古學家這片土地過去曾經從事過農耕，這樣便能逐步重建該地過去的景觀樣貌。而我現在站在這裡，跳出了另外一個想法。到底是什麼原因使得樹籬的這個部分與土地上的其他部分有所不同呢？英國本土最古老的樹籬可追溯到幾千年前，從鐵器時代的凱爾特人，到羅馬人離開後的黑暗時代，再到早期的國王和王后時代，一直延續在我們現在的歷史。樹籬的發展方式各不相同，有些古老樹籬是我們青銅時代的祖先競相爭奪耕地時的森林遺跡。現在出現樹籬的地方經常都帶有溝渠和岸壁，在土地與土地之間形成阻隔，很可能是用來標示所有權或土地邊界。在遙遠的過去，這種邊界很可能是部落領土之間的範圍標記。雖然現在許多樹籬已被遺忘了原本的用途，不過它們在田地間仍然顯得與眾不同。

我可以看到遠處有田楓（field maple），但近處只有山楂和橡樹。在古生態學（Paleoecology）和考古學中，我們會進行各種挖掘。而當你挖掘得更深時，就彷彿回到了過去的時空。你可以藉由裡面尚存的花粉粒，把它當作植被的一部分來進行計算，並觀察隨著時間的推移，看到樺樹如何在景觀中占據主導地位，然後再隨時間的流逝，逐漸被松木（pine）、赤楊木（alder）、榆樹（elm）和椴樹（lime）所取代。接著，你會看到過去的人逐漸把樹木移除，代之以草本植物。如果是在高地，則是被荒地的石楠花所取代。在古生態學中，隨著時間的流逝，你會看出各種植物的命運。但各個時期的這些植物群落，也會因為採樣核心中沉積物的壓縮，而全部被混雜在一起。本來可以看出的微小差異，也會被包裹得相當緊密。但在此地的景觀裡，我只需要一個時間片段。這跟考古學或古生態學研究之間的區別，在於看出此地長期的演變並沒有必要，因為最重要的是屍體被遺棄當時的情況。考古學分析基本上會從三度空間進行，因為涉及到時間，而且時間是以沉積的深度來表示。我在這裡所做的分析，是在二維空間進行的，亦即長度和寬度。所以我完全不必擔心隨著時間推移，此地會發生什麼變化。

我又有了另一個想法。雖然這裡有很多橡樹，但為什麼在樹籬入口處的樣本中，我只得到很少量的花粉？而且為什麼會看到這麼多黑刺李類，以及黑茄科植物和蕁麻科植物呢？入口旁並沒有橡樹花粉，而且這不只是一道籬笆牆的入口，還有許多道較小的籬笆牆，每段樹籬與下一段樹籬的植被截然不同，但彼此融合在一起。現在回想似乎很明顯，但在當時我還不太瞭解，因為以前沒有人真正清楚在這種情況下，花粉的沉降方式到底如何。

我還在盯著樹籬看時，犯罪現場調查人員問我說：「你想看他們把屍體放在哪裡嗎？」

「嗯，事實上，我想試著自己找到棄屍地點。」

在行進時，我們沿著樹籬走去，但我的腦海中還沒出現任何畫面。我必須牢牢記住，犯罪者會撿一些木本和草本植物來燒。所以樹籬應該是錯誤的方向。錯了，錯了，然後突然間它變成正確的方向。

「我敢打賭就是這個地方。」

警探看著我，而副署長臉上露出笑容說：「你如何找到的，佩特？」

「因為我已經看過這裡了……一切都在我的腦海中。」我看到了黑刺李和田楓，它們的樹冠交織在一起，還看到一棵山楂樹，樹冠上方頂著常春藤開的花。還有野草、白色死蕁麻、黑茄屬植物、治傷草、羊蹄草和一些蕁麻科植物，一起在田野裸露的土壤和溝渠之間形成了野草密布的堤岸。這些植物把花粉撒到了佈滿野草的堤岸上。然後這些罪犯闖入，沾到花粉後帶回了車上。樹籬和堤岸目睹了他們的棄屍與逃跑行為，現在正在向我告發這樁罪行。

站在那兒，夏日的陽光直接照耀在灌木叢中飽滿的黑刺李果實上，我沿著樹籬回頭望。我是怎麼知道地點就在這裡，而且就在這個位置？事實就是，根本不可能會在其他地方。除了這裡以外，其餘的樹籬都是錯的，因為無法提供跟我在車上發現的花粉粒「相匹配」的正確花粉粒組合。那時候，我的確覺得很驚訝，也許在更早以前我就該感到震驚了，因為現實世界完全比我所想像的更多樣化、更異質化。在這片田地的邊緣，屍體只可能躺在這個小小的地方，因為只有這裡才有我在實驗室中發現的花粉粒組合、完全符合我腦海中的圖像，並且跟我在這個犯罪現場所看到的情況相互吻合。沿著籬笆往任一個方向上走十公尺，花粉粒的組合便會有所不同；而再過去十公尺，組合仍然不斷變化著。在花粉的紀錄中，始終帶有這種「因地而異」的特殊性。

當時更令我感到驚訝的部分，從現在的角度看可能有點愚蠢，便是地面上的花粉與肯定是罪犯停放汽車之處那裡生長的植物幾乎完全匹配。其中較例外的是穀物。穿過寬闊道路飄來的穀物花粉，距離那塊田地的作物至少有四百公尺。這點對我而言是一種啟示，因為以前認為距離物種生長區較遠處的植物影響不大，但我現在毫不懷疑的是，在孢粉學教科書和論文中，許多本來已被接受的研究結果，可能都必須進行某種程度的修改。

若光是一個農田樹籬的一個小地方，就與另一處有很大的不同，那麼我很想知道我們每天走動的林地、草地、草叢，以及花園裡的植物和真菌組合，到底意味著什麼？如果玉米田的某一側邊緣與另一側就有很大的不同，這是否也意味著相同土地上每一平方公尺的景觀都會有所不同？也許從靴子、輪框、踏墊或汽車踏板上取下來的花粉和其他微觀物質，都有機會跟指紋一樣既獨特又有效，可以用來確定某人曾經摸過什麼，或是確定某人做了什麼。

站在這裡，一個可以讓屍體逐漸被大自然分解的赫特福德郡樹籬邊，我體會到自己埃德蒙·羅卡式的頓悟，亦即「每次接觸都會留下痕跡」。我原先以為自己對自然界已經相當瞭解，但事實上，我只勉強接觸到皮毛而已。雖然我學習過、體驗過的事物很多，但對這個本來就有點陌生且充滿奇蹟的世界，只覺得更陌生但也更美好。我所能提供的訊息確實令人信服，因為那可以證明那輛車上的人確實曾出現在這個特定溝渠的堤岸邊緣。雖然過了很久之後，我才聽到這個案件的結果，但是很顯然地，我所提供的證據，在凶手審判過程中以及隨後被定罪過程中，成為了重要的證據。

第四章：表面之下

有些人可能會認為這並不是一個幸運的起點。因為在二次大戰中期，一個有點辛苦的凜冽寒冬裡，我在威爾斯鄉下某個採礦村一間樸實小平房的前臥室床上，來到了這個世界。

當時的世界充滿了不幸，但都發生在遙遠的地方。我們住在萊姆尼河水域東邊上方約半英里處，河裡混雜著黑色煤泥，淙淙作響的水聲一直飛濺到賽文河口。河水把我家這邊較為綠化的格溫特地區，與跟我們有點不同的格拉摩根人（Glamorgan）分隔開來。布萊克山脈和布雷肯比肯斯山脈離此區北邊不遠，南邊離海也很近，而波光粼粼的威河水域與翠綠河谷，距離此區東邊只有幾英里遠。在房子後面短暫陡峭的攀爬一陣子後，就可以遠眺光禿禿的山脈景色。花園類型的花在我們居住的地方是很稀有的，因為這裡會有綿羊不斷從山上衝下來，村莊街道上也總會有像皇后一樣驕傲的逃逸母羊跑來跑去，而牠們後面通常也會跟著飄揚著髒羊毛並徘徊的小羊們。

撇開冬天和戰爭不說，最不幸的應該就是生養這些孩子的父母了。我的母親生我的時候還太年輕，不到二十二歲。婚後三年，她渴望遵循傳統家庭期待而生了孩子。我父親只大她四歲，在礦坑裡工作，待遇只比在軍隊裡好一些。他們是很引人注目的一對夫妻，我母親嬌小活潑，皮膚白、髮色亮、有著閃耀的碧眼；父親則長得像克拉克・蓋博／艾羅爾・弗林（Clark Gable/Errol Flynn），有著烏黑頭髮、拱形眉毛、好萊塢式的小鬍子，以及藍色眼眸與美妙豐厚的低音。他身上幾乎沒有一盎司的脂肪，身上的六塊肌來自挖煤，而非健身房的鍛鍊。父親很有魅力，女人常在他四周賣弄風騷。這點肯定讓我母親有不安全感，當然她身邊同樣也有各種崇拜者。那些還記得我母親年輕模樣的人告訴我，她在那個單調的小村莊裡就像個電影明星，從沒看過她沒塗口紅和捲滿頭髮的素顏樣子，跟身旁圍繞的年輕勞動男人們形成鮮明對比。在婚禮當天的玫瑰花瓣灑落後，成為礦工妻子的生活現實，讓她回家成了一個樸素的女人，總是習慣把頭髮藏在頭巾裡，並將身上的威爾斯披肩當成嬰兒的揹帶，以便騰出雙手工作。由於我母親決心不被束縛，我也因此缺乏那種在任何時間都貼近乳房的嬰兒安全感，不過我確實記得她身上那種細膩而獨特的氣味。他們兩人的婚姻簡直是動盪不安，用體貼一點的說法，我會說我父母自己也很無奈。不過我身處在這場動盪的核心，實在很難原諒家裡那種缺乏安寧的感受。

雖然有些過去的生活方式直到現在仍然存在，不過當時的世界確實與今日截然不同。例如每個人都會知道別人生活裡發生的事（或是自以為知道）。我的阿姨、叔叔和堂兄弟姐妹們都住在同一條街上，而我的祖父母在山頂上開了一家小雜貨店。我的記憶片段像彩色玻璃碎片一樣，有些清晰，有些模糊，有些則扭曲了。不過，我清楚記得最早的一個回憶，是我坐在一部黑色汽車的皮椅後座伸出雙腿。而我之所以清楚記得，是因為我的腿看起來比大家短，而且我不喜歡腳上穿的那雙鞋。我第一次告訴母親這件事時，她不敢相信，直到我跟她描述那件泡泡袖太緊的絲質黃色小禮服，以及腳趾處有黃色條紋的綠鞋才肯相信。而當我說記得有次拍照的事，她同樣嚇一大跳。那是我被抱起來放在伊娃姨媽家前面房間的椅子上，穿著一件對我來說太大的粉紅色透明硬紗連衣裙。這件衣服是澳洲的親戚寄來的，一家人還為此感到自豪。我母親簡直不敢相信我會如此準確記得這些回憶，她抗議說：「坐那輛車的時候你才一歲半，而拍那張照片時你也才兩歲啊！」但是我真的記得，這些時刻深印在我的記憶裡。即使到了現在，我回首看也覺得驚奇，這麼小的孩子竟然會如此有主見，並有分析能力。所以永遠不要低估幼兒，他或她可能會深深記住你很想忘記的事。

當然，我們都是父母基因結合的產物，這些基因會影響我們先天的大腦化學成分。不過，「會成為什麼的人」還取決於你的童年與生活經歷。我想人們會說，我就像我母親和父親一樣外向、自信和果斷，而且向成長環境周圍的人所學習到的行為，一定也起了重要的作用。每當有客人來我們家，所有小孩都一定會被要求朗誦、唱歌或演奏某首鋼琴名曲，而且不允許有任何人害羞或拒絕，也許這就是培養我自信外向個性的良好訓練；也難怪我們這個小鎮的主要出口商品就是老師，而威爾斯人也似乎都對戲劇演出很感興趣。

與今日的年輕人相比，我們的生活裡並沒有擔心陌生人很危險的想法。任何進入我們社區的外人都會很快就被發現，更何況我們很少見到完全不認識的人。儘管知道有些黑人住在卡地夫（Cardiff）碼頭區，但直到離開谷區之前，我從未見過黑人。而且除了弗雷德叔叔在迪恩森林（Forest of Dean）的外國朋友以外，我也從來沒有聽過正統的英國腔。街上雖然有個暴露狂，不過每個人都認得他，所以沒人怕他。據說他是因為太努力學習，才「讀壞了腦袋」。這個可憐的人以前會穿著舊軍裝四處閒逛，大家都叫他「器官摩根」（Organ Morgan），我長大一點才知道為什麼。當一堆小孩進行「冒險」遊戲時，我和我最好的朋友有時會看到他。我們是兒童文學作家伊妮·布來敦（Enid Blyton）名作《五本書》的狂熱書迷，並且確信自己一定可以揭開謎團。有時候我們會帶著自製果醬三明治，或是從食品儲藏室裡偷來的蛋糕，一起出發去山上尋找需要解決的問題，不過我們從未發現任何需要解決的問題，還常因為摘威姆莓（wimberries，美國藍莓的小英國表弟）而讓嘴、手和膝蓋變成紫色，或是踩進沼澤裡而讓雙腳濕漉漉地返回。當山間小野馬過來覬覦我們的小背包時，有時我們會滿害怕的。牠們會在谷區上方的山丘上漫步，而且有一半的機率，牠們會跑過來希望得到一點零食。

當我回顧這種純粹的自由時，就會為今日被父母密封包裝起來的孩子感到難過，他們的幻想只能從電子遊戲的巫術裡得到滿足。我很訝異當時在這麼小的年紀時，我們就在無人看管下走了這麼遠的路，而且沒人覺得有必要帶我們上下學。與現在的情況相比，這種自由、野性的生活是多麼正常啊。

我是那種喜歡上學的孩子。那座堅固低矮的彭南特砂岩（Pennant Sandstone）礦區特色建築，周圍環繞著一個很大的斜坡運動場以及高高的鐵欄杆。對我來說，這些就是生活的一切。充滿才華的老師讓學習變得有趣，我也相信我們的校長大衛斯先生（Mr. Davies）就是耶穌。事實上，我知道他是。他的手掌上有一個有趣的凹孔和疤痕，即使母親試著對我解釋校長在戰爭中受了傷，我也不肯相信，因為大衛斯先生的舉止就像耶穌一樣友善，每個人都敬愛他。普羅伯特先生（Mr. Probert）跟他正好相反，普羅伯特先生可以把我們瞬間石化。他曾在同一所學校教過我的父親，並且和以前一樣，穿著同樣的漿硬蝴蝶翻領襯衫和黑色外套。他的靴子上有釘子，每當上下樓踩到木地板上的釘子，就會迸出火花。只要普羅伯特先生在場，最粗暴的男孩也會乖乖聽話，甚至連我父親也很不願意談到他。

我只知道有幾個男同學和女同學的父親不在礦坑工作，就我所知，他們可能沒有正常的工作。因此除了極少數的同學以外，所有人都飲食充裕、衣著整齊，整體行為表現也很良好。有個家庭每年都會生一個嬰兒，而且每個小孩看起來都比前一個孩子更瘦小、更嬌弱。他們到底是怎麼住在那間小房子裡的呢？每次看到他們，似乎總是在吃麵包和果醬，而且無論天氣如何，男孩們都穿著舊的惠靈頓靴（Wellingtons，硬皮靴），因此腿上有著斑斑疤痕。我記得當他們家得了頭癬時，所有孩子的頭髮都被剃光，並且用龍膽紫塗成了藍色，當時這是治療這類真菌疾病唯一有效的方法。

但是我們並沒有取笑他們，而是覺得難過，而且也有點害怕他們家離我們太近。但請別擔心，鄰居們都會確保那間屋裡的廚房有食物，這些孩子們也會收到每個人家裡的舊衣物。

這些年來，我依然眷戀那個村裡的生活。我們的生活很簡單；我們尊敬年紀大的長者，而且害怕「戴書和鉛筆」（Dai book and pencil）——他是一名當地警察，因為喜歡拿出筆記本和鉛筆作勢記錄我們行為以示警告而得名。事實上，大多數人真的不敢做任何惡事，教堂禮拜和同儕壓力讓我們不敢為非作歹，看看現在年輕人的變化有多大。在這個年代甚至沒有人知道階級、種族偏見、異常性行為和毒品等，這些對我們來說是不存在的，我為我純真的生活背景感到欣慰，因為我沒受到任何汙染。當然有些人確實比其他人更卑鄙一點，但我們之間的差異微不足道，也沒有人覺得自己比其他人優越。我們家可能被認為是環境「較好」的家庭，因為我很少看起來髒兮兮，而且我父親有台摩托車。我所擁有的玩具和書籍，遠遠超過這年紀應得的分額。再加上祖母的女工精湛，我總是穿著最精緻的手工服裝，連我的娃娃也是如此。

從現代家譜網站中得知，我們是從彭布羅克郡、拉德諾郡和格洛斯特郡（Pembrokeshire、Radnorshire、Gloucestershire）遷移過來的農民後裔。我們的祖輩離開了新鮮的鄉村空氣，於十九世紀來到克朗代克（Klondike）煤礦區追尋財富，無意間讓這個本應滿目瘡痍的地區，變成了美麗的山谷。不過，我母親的家族源頭並不相同，她父親雖然是威爾斯人，但母親卻是蘇格蘭農民和客棧老闆兒子的後裔，他們在一八三〇年代帶著妻子和一些孩子，搭著窄艙小船航行三個月，抵達澳洲的新南威爾斯（New South Wales），在那裡成為佃農和淘金客。所以我是艱苦冒險家和辛勤勞動者的結合。儘管我的澳洲外婆很瘦小，但她展現了堅韌的意志和力量，成為我一生認識的所有人當中對我影響最大的人。

——

我對父親的最早記憶，是我從他身邊爬上床的記憶。他常常都在發抖、出汗，而且咳嗽得很厲害。他早年執行家園衛隊任務時，因為躺在卡菲利山（Caerphilly Mountain）上的濕草叢中而罹患了肺炎。這在開始有國家醫療服務之前，也在現成的抗菌藥物問世之前，所以我依然記得當年他可能隨時會過世的可怕現實。對他唯一有幫助的似乎是泡入熱水中的檸檬，我也還記得那放在他床邊的水壺裡。在那種年代裡，要不就病好了，要不就會死去。萬一你被認為罹患肺結核，就會壓抑下自己的咳嗽，因為在當時肺結核無藥可醫，甚至還讓人覺得羞恥。而下一個關於父親的記憶更為強烈：那次我躺到他床上時，他看著我並且臉上沾滿淚水。我覺得很奇怪，因為我，也就是他的小女兒，雖然也得到肺炎，但是症狀很快就消失了。

後來，時間稍微往後轉一些，醫院有了M&B藥片，這是當時唯一能緩解的藥方。M&B代表梅與貝克（May&Baker）製藥公司，該公司於一九三七年負責配製磺胺吡啶（sulfapyridine），為一系列磺醯胺類藥物之一。諷刺的是，這些藥物的研究起源於德國，最早可追溯到一九〇六年。M&B粉末和藥片已成為許多細菌性疾病的靈丹妙藥，可以治療從痲瘋病到淋病等疾病，這也使得邱吉爾免於罹患肺炎，得以繼續領導戰爭。不過這種藥物的副作用強烈，故此現在已不再作為治療之用，但在一九四〇年代，它甚至可以避免因輕微細菌感染所造成的敗血症和死亡。當我七歲時，我已被認定是一個「嬌弱」的孩子，所以也吃了跟我的體重相當劑量的M&B藥片。

另一個令人難忘的日子是某個晴朗炎熱的週五。每個週五對我來說意味著……魚和薯條。那天早上當學校下課鐘聲敲響時，我第一個衝出學校大門，在學校和我家街道之間的綠色小路上喘不過氣地飛快跑著。我家離學校只有幾百公尺，但是當你七歲時，這距離也像幾英里那樣遠。儘管如此，我還是一樣渴望著、努力嗅聞著，因為我知道母親（她幾乎每週五的午餐都為我預備炸薯條）已經快準備好午餐了。

就像整條街上所有房子一樣，當我抵達我家門口時，前門是打開的。我小心翼翼地潛入大廳，躲在廚房和飯廳間的通道裡。這房子的設計真是愚蠢，食物儲藏櫃不在廚房外，而是在飯廳外。直到現在，我都不知道為什麼我要屏住呼吸等在那裡，我母親完全沒聽到我的聲音。

我一直等著，直到她快接近時……「哇！」的一聲。

正如我所預料的，我母親嚇了一大跳。但是這個玩笑沒有持續多久。因為她正要把那鍋熱燙的薯條，拿到食物儲藏櫃放涼，而我嚇到她了。

當她嚇一跳往後退時，炸薯條的鍋子從她手中飛出去，滾燙的油從裡面潑濺出來，它們飄浮在我上方的半空中，然後熱油如巨浪一樣落在我的頭髮上、頭上、脖子上和臉上。我尖叫著、尖叫著、尖叫著……。

我依然記得那種痛苦，也記得那聲音聽起來似乎是從其他地方傳來的聲音，但事實上那是從我口裡發出來的尖叫聲，持續不斷。我還記得尖叫聲驚動了一堆鄰居，他們都跑了進來。

後來的事我完全不記得了。直到不久後，我父親衝進房間才有印象。直到今天，我仍能能看到他眼中的恐懼，因為他意識到那個包裹繃帶，只露出眼睛和嘴巴可以動的小小人兒就是他的女兒。我母親靠在門後站立著看我，而父親跪下來看著我。我認為那天他沒有真正原諒她，而且我的頭會這樣纏著繃帶兩年。如果是現在，可能會有救護車、皮膚移植和最妥善的醫療，但在那時候，國家醫療服務NHS才開始兩年，所以我所擁有的治療就只有當地醫生提供的補救措施。這就是為什麼那天留下的痕跡從未離開過我的原因，即使到了七十年以後的現在，我也必須仔細整理頭髮，以掩蓋燙傷的疤痕。

不久之後，我開始反覆生病。不知道是巧合，還是本來隱藏在體質裡的某些東西被燒傷引發，而變得更脆弱了？我不僅同時得了百日咳和痲疹，支氣管炎、肺炎和肋膜炎也經常在床上陪伴我。我的肺似乎從未痊癒，不久後我就得了支氣管擴張症。這種病會讓氣管一部分增生而產生過多痰液。於是我不斷咳嗽而且總是氣喘吁吁。我甚至還會咳血，胸口也經常感到疼痛。

從那時候起，我不能再像所有孩子一樣，每天早晨醒來，穿過綠色的草地去上學。我只能待在家裡，坐在火爐旁的椅子上，老師會到家裡來教我。不過那段時間沒有什麼特別的教材，可用來幫助處境不佳的孩子，因此我的教育變得鬆散雜亂，當然也沒人監督我的學習進度。幸好我非常喜歡閱讀，因此靠著學校寄給我的書本以及自己一套亞瑟．梅（Arthur Mee）《兒童百科全書》（*The Children's Encyclopædia*）來自行學習。雖然M&B藥片讓我的身體難受，但亞瑟・梅為我的心靈帶來了健康。我喜歡這些故事——伊夫琳在東區工作間裡發現了吉林斯的木雕、阿基里斯和他脆弱的腳踝，還有電和琥珀的特性……。透過百科全書，我學會了編織正方形圖案、音樂理論、世界旗幟、伊索寓言，以及羅馬、希臘和北歐神話。我「發明」了毛氈拖鞋，並用針織鞋面和鬆緊帶加以固定，並拒絕在腳上穿別的鞋襪。這些書實在太神奇，因此有時候我的身體狀況允許我上學時，我會從中選出一本一起帶出門。

在經歷疾病困擾的那段年月裡，有個人對我身體康復的影響相當重要。她會坐在我的床邊，我們一起閱讀《彼得兔》（*Peter Rabbit*）、《小灰兔去上學》（*Fuzzypeg Goes to School*），《女人與家庭》（*Woman & Home*）雜誌、報紙，和我最喜歡的百科全書。她會帶我去散步，看樹叢裡生長的東西、尋找鳥巢，並教我學會在野外哪些東西可以吃或不能吃。這人就是我的澳洲外婆，她過著奇妙的生活，總是輪流跟自己的每個孩子及家人生活在一起。我們會搶著要她來我們家，因為我們比地球上的任何人都更愛她。

一九五〇年，在我仍然承受燒傷的後遺症時，家族裡出現了一個重大的變化。我外婆的表兄弟格溫（Gwen）和沃爾特（Walter）決定回到北威爾斯（North Wales）的里爾（Ryll）定居，他們原先打算在印度和緬甸過完下半輩子，但這些地區剛剛脫離舊的大英帝國之統轄，所以他們決定返回英國。當時雖然我的肺仍在運作，但我還是覺得呼吸困難，常常咳出許多痰來，也錯過太多學校課程。我已經在療養院裡待了很長一段時間，完全不想回到那裡。那邊房間的牆壁蒼白發亮，地板也無情地閃閃發光，還有一股無法擺脫的醫院消毒氣味。療養院的食物是由毫無幽默感、機械式工作的廚工所分配，早餐的醃魚裡都是骨頭，在我還沒把骨頭全挑出來之前，餐盤就會被收走。每天早晨和傍晚，我們這些小孩會被帶到一個專門的房間「清理肺部」，我們彎腰靠在橫樑的墊子上，配合呼吸運動拍打背部。其中有個小女孩從肩膀背部到前面，有一道細長的青紫色傷痕，我很擔心自己也會得到一條。因此每當有人建議我回療養院繼續治療時，我就會大發雷霆。最後的結果是，我和外婆一起被送到了里爾，希望那裡的清新空氣能幫助我的肺部恢復健康。像我這樣的小女孩（而且最好的朋友是她的書本）心裡最大的夢想就是這種冒險了。而且外婆還會跟我一起去，真是令人感到興奮。

我的外婆維拉·梅是一位非凡的女人。我們都還記得她瘦小又皺巴巴的模樣，她有一頭白髮和假牙，口裡含著薄荷糖時會嘎嘎作響。她非常厲害、幹練、高效率、嚴格但又絕對友善。她一直是我的人生重心，尤其在父母吵架或感情跌到谷底時，我可以緊緊地倚靠她。

她一八九〇年出生在澳洲新南威爾斯州的雪梨北岸，是一八三〇年代開創這片土地的先驅之佃農後代。我的外公埃德蒙（Edmund）是個來自舊南威爾斯的煤礦工人，一九〇九年時他的肺部開始惡化，因此他勇敢前往雪梨冒險。一戰開戰時，他遇到了外婆，之後他們墜入情網並且結婚，但在他們準備迎接第一個孩子出世時，他接到母親生重病的消息。這位留在家鄉的老太太，擔心自己的生命快到終點，很希望自己離世之前，兒子可以帶著媳婦與孫兒陪在她身邊。她是一個有威嚴也很霸氣的女人，因此我的外公別無選擇，只能實現母親的願望。因此，就在一九一六年一次世界大戰席捲全球、同時也是索姆河戰役（Somme Offensive）發生的那年，我外公把懷孕的外婆安置到船上，然後一起航行穿越印度洋和大西洋，回到他母親的身邊。

靠著上帝驚人的憐憫之心，我的外公外婆毫髮無傷地從世界另一端返回家鄉。但是，在威爾斯的家中，我的曾外祖母竟然沒有過世，跟她承諾的完全不同。在我出生時，我的曾外祖母依然堅強地生活著。我對她的印象，就像孩子作的那種最早的夢一樣，非常模糊不清。不過即使如此，我的外公並未像他所承諾的，會將外婆維拉．梅帶回澳洲。他說家鄉的呼喚是強大的動力，威爾斯經常呼喚離鄉背井的子女。無論如何，我的外公、外婆繼續留在威爾斯，在這裡生下第一個兒子，然後又生了一個兒子。之後沒多久，我母親和第四個孩子也出生了。

然後在一九三一年，命運的殘酷與曲折發生得比想像中更頻繁，讓我的外公當年離開威爾斯前往澳洲奮鬥時罹患的肺病復發了。他在這一年去世，讓帶著四個孩子的外婆必須獨自奮鬥。沒有其他人可以倚靠，也沒有人可以幫助她。外公沒有留下撫恤金，礦主說殺死外公的矽肺病（pneumoconiosis）並不是他們的錯，而是外公自己體內一直產生的氣泡所致。於是外婆面臨養育、住宿和照顧四個孩子的景況，卻是身無分文。

因此她靠自己唯一擅長的東西，也就是女紅，幫忙有需要的人縫製各種東西。她也幫人洗衣服，把兔子養在後花園提供肉食所需，把雞放在雞舍裡好供給蛋的營養。她也讓公雞和小雞長大到成為可以吃的雞肉，然後宰殺來吃。她還在住家周圍的土地上種植馬鈴薯、胡蘿蔔、韭菜和白菜。在冰箱和冰櫃問世之前，她也會曬乾和醃製沒吃完的食物，盡可能地長期保存，因為誰都不可以浪費任何食物。在整個野莓季裡，全家人都必須在林地邊緣採山地野莓和黑莓。如此一來，這些染黑的手和痠痛的背便可在冬天裡得到豐厚的回報。

沒錯，我的外婆很瞭解大自然，她知道哪些植物可以食用，哪些植物有毒；她也瞭解蘑菇和傘蕈；知道鮮嫩山楂葉、樹籬植物和各種漿果的味道，因此我們的世界裡充滿了天然的味道。透過辛勤工作和毅力以及深厚累積的知識，她沒讓任何一個孩子餓到肚子，甚至還讓所有小孩都就讀重點中學（grammar school），以便他們可以學習她無法教給他們的東西。無論在何種標準下，這都是一個女人所能單獨做到的驚人壯舉。過了這些年後，家族裡又出現一個燒傷且肺部受損的小女孩，就像她丈夫曾經罹患過的肺病一樣，再次有人需要她的照料。於是她就在那裡，在我身邊，在臥室裡，向我傳授她所知道的一切奇妙事物。

我的外婆是個習慣在各地遊歷的人。當初為了維持這個家的完整，她竭盡全力地束縛自己，而當孩子們陸續離家之後，她知道自己不必再留駐在這個屋子裡了。由於她的孩子成年之後散居英國各地，找到自己的對象，過著各自的家庭生活，所以她旅行到各地，與他們住在一起，跟這個小孩住幾個月，然後又到另一個小孩家住上幾個月。她也偷偷把秘密告訴我，說我才是她的最愛。或許因為我是她最大的外孫，也或許她在我身上看到了某部分的自己，所以我緊緊抓住她傾瀉予我的愛，一起在里爾度過了整整兩年。那是我人生中最幸福的時光。

在里爾的屋子裡，我和外婆共享一間很大的臥室。這整棟房子宏偉完美，裡面裝飾著大量的東方瑰寶，包括美麗的大佛、象牙雕刻及東方的精美地毯。風信子在後門廊上排成一列。由於她表兄弟的生活帶著濃厚的殖民地風味，所以我們的早餐、午茶和晚餐，餐餐都有不同菜色，而這正是我最喜歡的。沃爾特和格溫起初雖然害怕讓一個小女孩住進他們的大房子裡，但後來對我有禮的舉止和謹慎的應對態度稱讚有加。

三位老人的生活對我來說就像一首田園風景畫。我除了跟他們一起玩麻將之外，也花很多時間在安靜的書房裡閱讀《國家地理》雜誌。

有一天，維拉．梅輕聲細語地走過來叫我，帶我去看玫瑰花園小徑上的籬笆拱門。她把我舉起來，讓我看一個烏鶇（blackbird）的巢，巢裡有三個淡藍色的蛋，於是我也分享到外婆對於自然事物的驚異之愛。

就在她必須離開一下時，我跑出去看花菱草（Californian poppies，加州罌粟）是否從花苞裡彈出黃色花瓣。然而，我心中始終無法忘懷那個鳥巢。隨著時間過去，我的小腦袋裡開始有了新的想法；我完全不知道這種奇怪想法是打哪冒出的，也許只有小孩才有那種無法量化思考的小角落，在那裡不斷問著如果呢，如果呢？……無論想了哪些問題，其中有一個開始持續困擾我：我想知道如果我把球扔過去會怎麼樣？於是，我做了那件事。現在回想起來，我知道那是小孩受到好奇心驅使而不顧後果的荒唐行為。接著，我好奇地看著發瘋似的鳥媽媽，胡亂舞動著翅膀不住地飛翔。

第二天早上，我發現外婆站在玫瑰花園裡散落的鳥巢旁。鳥媽媽已經遺棄了她的巢，蛋殼碎片標記了她把鳥蛋丟在小徑上的落點。我的外婆，這位滿頭白髮的瘦小女人，氣得發狂，把所有怒氣對準了我。這不是她認知當中合理的殺戮行為，我外婆會在必要時殺掉動物，她的成長過程跟澳洲所有十九世紀的男孩女孩一樣，知道野外有許多動物會傷害或殺死你，例如蠍子、蛇和蜘蛛等等。而且大家覺得最神奇的一點是，我外婆無論走到哪裡，都不會忘記檢查洗手槽後面和座位底下——因為那是劇毒的紅背蜘蛛（redback spider）最喜歡的藏身地點。她對蜘蛛的恐懼肯定也遺傳給了我母親，然後再遺傳給我。她對野生動植物的態度是很維多利亞時代的，即受過較少教育的人所有的恐懼態度，任何看起來醜陋或可能有毒的動植物都要立刻消滅。不過鳥類完全不同，牠們完全屬於另一類動物，因此絕對不可以傷害鳥類。

現在我知道會發生什麼事了。我低著頭，無法看外婆的眼睛。她很清楚該如何對付調皮搗蛋的小孩，畢竟她一人就養育了三個男孩和一個女孩。她忙碌地為小孩提供食物，為村裡每個人日復一日地縫針線、做家事，為家人換取食物，因此她無法忍受孩子們有任何不守規矩的行為。後來我母親有時會對我說：「你享受了我母親所有情感上的關愛，這些本來應該是屬於我的。」說起來，就像她童年時代所接受的責罰都是我的錯一樣。不過冷靜回想起來，我母親可能是對的。雖然外婆很少在我面前表現出來，但她確實會在平時的喜樂和友善以外，展現出刻薄嚴厲的一面。

我對那隻鳥所做的行徑，不可避免地該受懲罰，儘管原意是好奇也沒用。外婆讓我看著她的眼睛，承認自己做錯事並且應該受到懲罰：「你想被打一巴掌、不能出去玩，還是做家事當作處罰？」打一巴掌雖然最快，但會傷到我的尊嚴。不去電影院享受我的「星期六電影俱樂部」更是不可能的事。因此，我毫不猶豫地選擇了做家事。無論如何，雖然做家事的懲罰是要讓我感到無聊和痛苦，但其實我秘密地享受著這項處罰。決定了處罰方式之後，我被交給了沃爾特舅公，他把我熟悉的剪指甲刀遞給我說：「雜草正等著你。」我跟著他走到後面，也就是避暑別墅後方綿延數英里的草皮上。事實上，草皮大約只有五十英尺長、三十英尺寬。但是對我來說，這塊草皮就像一塊田地一樣大。

我以前就做過這份工作，這是一份令人驚訝和興奮的工作，因為我發現在切碎的雜草葉之間，竟然有這麼多微小又奇怪的異物，像是昆蟲、蝸牛殼、各種蟲腿和不同顏色的細小碎片（現在我知道這些是礦物質），而且小動物最多的地方就在草皮邊緣。草地上有很多老舊事物要用剪刀剪掉，但我也可以用剪刀在土中到處戳戳看。我很快就發現，土壤在短短距離內就已經變化無窮。它不只是一堆棕色的東西，也是一個有很多帶著腿的小東西所組成的小世界。我被規定在草皮上吃午飯，這對我來說其實也不算懲罰，尤其是我還發現如果把水倒在草地或土壤上時，一切情況都會改變。如果飲料是熱的，變化還會更大。

這就是當時的情況。一個因生病而無法正常上學的小孩，被送到遠方療養，也沒有能力做其他孩子能做的所有普通事。結果就是，你將擁有自己的獨立想法，並且可以在沒有任何人知道的情況下進行各種實驗。我一直認為這就是原因——這種魅力不僅跟大自然有關，而且是與大自然表面下的東西有關，是人們看不見的東西。直到七十年以後的現在，我依然深深著迷。

第五章：衝突與解決

向窗外看出去，你看到了什麼？

撰寫這本書的時候，我正坐在這個度過我生命超過一半以上的時光、一般稱為「家」的房子裡。這是我在薩里一個綠樹成蔭的獨立聖壇，是我除了生活和睡覺之外，進行大部分工作的地方。從我坐的這個位置往窗外看去，可以看到一座花園，草地上長滿玫瑰，還可以看到紫藤的攀架、石甕、鳥浴池和日晷，另有矮樹籬將蔬菜園與小果園以及造景樹木隔開。房前有一條寬闊的路，旁邊有灌木叢、樹木以及我多年來一直努力消除卻很頑強的西班牙風鈴草。你可能會以為這個花園只靠一種「花粉圖案」就可以識別出來，這點誤解是可以原諒的。事實上，這個小花園裡有各式各樣的花粉。在觀察任何花園、樹籬、草叢邊緣或延伸的鄉村小路時，對於未經專業訓練的人來說，大自然裡的綠色、棕色、白色、藍色和黃色，以及它們之間的各種陰影，通通融合為一個「整體」。我們通常認為「大自然」就在那裡，就在我們往某個方向看過去的那個地方。我們習慣將它們歸成同一類，但事實上它複雜得多。所以當我從窗戶往外看時，從邏輯上講，可以說花園的任一角落，都與其他任何角落大不相同。

而在這個非常有趣的現象中，那些過去曾經被我指導、觀察力敏銳的學生都已證明，花園一側的花粉輪廓，會產生與花園另一側（相距只有幾公尺）完全不同的圖像。從老樹籬的底部採集的樣本，形成了花園的後邊界，因為它們與把菜園與草皮分開並一直通往露台底部的樹籬，採樣得到的內容完全不同。一個樣本群可能佈滿山楂、田楓、黑刺李、紫杉木（yew）、荊棘、綠籬歐芹（hedge parsley）和蕁麻的花粉，另一個樣本則可能帶有大量牧草、女貞（privet）、丁香花（lilac）、忍冬（honeysuckle）和金鍊花（laburnum）的花粉。某個角落可能充滿了蕨類孢子、橡樹和山毛櫸花粉，另一個角落則是草叢，上面散布著雛菊、罌粟花、矢車菊、洋蔥、胡蘿蔔、豆類和許多雜草。

這些樣本證明了各種植栽、被忽略的一方土地以及花園的多樣性。而且常令人感到奇怪的是，你採樣的一組樣本，可能不會完全符合你在地面上看到的植物組合。這是因為除非有很強的物理障礙，否則鄰居的花園甚至村莊邊緣林地的花粉，都可能出現在這組樣本中。畢竟，植物花粉已經演化到可以透過各種方式傳播。而且我們也要記住，有許多靠昆蟲授粉的植物，產生的花粉很少，並且無法透過空氣傳播。這點對於鑑識調查員來說尤其重要：因為如果在你的鞋子、褲管或汽車踏板上存在這些「稀少」的花粉類型時，那就表示它們是你直接接觸到的。例如毛地黃屬植物（foxglove，狐狸手套），其命名就是因為你可以把它的鐘型花朵套入你的指尖。換言之，昆蟲也必須爬到花朵深處才能取得花粉和花蜜。如果有人身上帶有一些毛地黃花粉粒，我們就可以很有信心地說，這人已經到過非常接近毛地黃生長的地方，踩踏到其根部的土壤，或是在盛夏時花粉從花藥中釋放出來後碰觸到了。毛地黃或三色堇等植物的花粉，最可能是透過與植物直接接觸，或是與花粉掉落的土壤接觸到。如果你剛好踩在那塊土地上，花粉便會滲透到你的鞋裡，必須花很多時間才有辦法清除這種證據。

這種發現的美妙之處，在於花粉和孢子提供了很好的「接觸證據」，即我稍後會說到的故事內容。這是因為花粉轉移到你的鞋上，不會是一種完整的雜燴狀態。所有生物都生活在能讓自己生長良好的地方，儘管各個植物的反應有所差異，但有許多不同類型的植物都偏愛相同的棲地。這就是為什麼你可以期望在橡樹林、榛樹叢中甚至在沿車道修剪的灌木叢裡找到風鈴草的原因；不過，你當然不會期望在茂密的松樹林、地面非常潮濕的地方，或是在石楠荒原上找到它們。

如果你只是普通的植物觀察者，那麼你可能已經忽略掉大量的生態訊息。例如你期望在某處找到紙莎草（bulrushes）、蓼科（docks）、蕁麻和豬草（hogweed），或是在某處找到椴樹、蒲公英，即使許多律師試圖在法庭上提出佐證，但並非所有地方都有相同狀況。植物傾向生長在特定種類的土壤和環境中，或是生長在其他地點但有類似生長條件的地方。杜鵑花無法在白堊（白色石灰岩）土壤中生長，而且可能會在植物群落裡看到它跟其他許多「厭鈣植物」（calcifuges，無法耐受鹼性土壤的植物）一起生長。另一方面，鐵線蓮屬（Clematis）是一種「嗜鈣植物」（calcicole）或白堊土壤植物，會跟其他需要高鈣或至少可以忍受高鈣環境的植物一起生長。因此，鞋上的杜鵑花粉，立刻就能讓你知道這隻鞋曾經接觸哪些地方，而且還會透露關於它所生長土壤的訊息。

擁有特定棲地偏好的不僅是植物，還有依賴它們的動物和真菌。因此，如果我可以辨識出特定的真菌孢子，甚至可能不需要找到花粉，就能知道某種植物也在那裡生長。這種次要痕跡證據的一個絕佳例子就是報春花（Primula vulgaris）。報春花生產的花粉很少，蜜蜂必須深入花朵內部才能獲取食物，因此我們不常把它的花粉作為痕跡證據。但有一種真菌（Puccinia primulae，報春柄鏽菌）不僅會產生大量孢子，而且只會在報春花的葉子上發生。因此，即使你只發現它的一個孢子，也能認定附近有報春花生長。而且，大多數人認為真菌無處不在——例如麵包裡的黴菌、爛蘋果和林地上的蘑菇等。但是大多數物種的孢子不會飄得很遠，有時甚至不會超過幾公分。我們看到的常見發霉物種常被認為是像「雜草」一樣的物種，但其實大多數真菌並不能歸屬於「雜草」類別。某些真菌只在條件合適下，每隔幾年才產生孢子，而某些真菌則相當罕見。因此它們很可能成為現場實際狀況和位置的具體指標。所有這一切，都對我產生「現場」心理圖像有很大的幫助，包括犯罪現場、藏屍地點或嫌犯曾經落腳的地方等。

再次往窗外看，現在你看到了什麼呢？如果我的說明對你有幫助的話，那麼也許你曾經認為小巧緊湊的花園，已經變成廣闊而未知的世界。你家裡的花園，甚至是最小的花臺，都擁有比你所知還要更多的訊息。

從對微小花粉粒最有利的角度來看，即使是面積最小的花園，也像是帶有不同地形的廣闊地景。而且就如同生態系統一樣，它們彼此相互連接。花粉與地形相互影響，但同時也會具有獨特而可辨識的特徵。如果花園就很廣闊了，那麼一塊田地又當如何？樹籬、高原荒地、林地等等又會有多少荒野和複雜地區呢？你可能認為自己沒有頭緒了，從某種意義上說這是對的，因為當你開始尋找的時候，會有太多可以看的東西。但正如我很快就發現的情況，當一平方公尺的土地與另一平方公尺的土地都有所不同時，這種複雜性和變化性就非常有用。透過分析生物學的痕跡證據，就可以確定犯罪的時間地點，查明某人的去向、犯罪時間，甚至還能透過衣服上留下的痕跡，來確定他們做過什麼。

事情就是這樣發生的。在赫特福德郡發生中國三合會案件幾週後，當電話再次響起時，我正在實驗室裡，結果又是那個叫做比爾·布萊登、帶有濃重格拉斯哥口音的人。「佩特，」他說，「如果你還受得了我們的話，又有事情發生了……。」

當然不是每次都是謀殺案。謀殺案會上頭條新聞，不過更多的是每天都有人因為自私或邪惡的行為，破壞了其他人的生活。於是在那年七月某個陰天裡，我出現在韋林花園市（Welwyn Garden City）一個整潔的小購物廣場上，盯著鋪在石板上的市政花床。用來作為地景植物的粉紅色玫瑰帶著香氣，當然也帶有濃密而鋒利的刺，以阻擋不受歡迎的居民騷擾。令我驚訝的是，在與玫瑰相同的花床上種植了樹齡不大的椴樹，它們竟在一起當上鄰居，形成既甜美又奇怪的景致。在自然界中，在同一樣本裡同時發現大量椴樹花粉及大量玫瑰花粉的機率不高。玫瑰科的花粉通常不多，因此很容易得出這是一個人工種植地點例如花園或公園的結論，購物中心並不是我第一個會想到的地方。

本案案情是，有個女孩堅稱受到一個男孩的威脅，說如果不跟他做愛就要殺死她。他倆一起進入一家青年俱樂部，而且跟許多事件發生的情況一樣，男孩無法抑制自己年輕的睪丸激素。大多數人傾向相信女孩的說法，因為她身上被玫瑰的刺劃了很深的刮痕，玫瑰花床上也留下大片被身體壓傷過的痕跡。而且在正常情況下，應該不會有人會如此不理智地將自己躺到荊棘叢裡。然而這年輕男孩堅定否認了女孩的說法，於是我被要求證明男孩的說法是否屬實。

在前一個例子裡，我站在樹籬前的頓悟時刻（eureka moment）雖然讓我對孢粉學的新途徑打開眼界，但之後我回到實驗室和日常工作中，並沒有任何真正值得期待的事情發生。一般學術工作就是這樣：暫時轉移工作，花時間解決奇怪的題外話後，接著又回到田野工作、部門研討會以及花粉和孢子的計數工作等，而這些花粉和孢子在羅馬時代，可能掉進了坑裡或溝裡。或者有時是對收集的內容進行解密，例如從芬蘭一座墳墓裡挖出來的青銅器，裡面的花粉粒可能代表的意義。

隨後幾週裡，我的思緒又回到謀殺案上——那些跨國幫派和洗錢活動，以及發生不幸而試圖掩埋屍體的行為。直至目前為止，謀殺案是如此多采多姿啊。但我現在盯著的這個案件並不那麼荒謬，充其量只能算是人們日常生活中相互作惡的普通罪行。我思考著這起強暴案，並試圖想像場景發生在商店和公寓的小廣場上，因為這些地方通常很開闊而容易被人忽視。男孩和女孩在當地一家青年俱樂部共度傍晚，天黑後他們一起回家，在其他同伴笑著離開、兩人走入夜色後，這對小情人還在此處徘徊。女孩說他們牽手、接吻，也許更進一步。但當男孩強迫她做愛時，她拒絕了，故事的說法就從這裡開始分歧。

事件有兩種不同版本：第一種是男孩和女孩分開後，各走各的路回自己的家；另一種則是男孩把女孩往後推倒，把她壓在廣場上充滿刺的玫瑰叢裡，脫下她的衣服，然後壓在她身上。

到底真相是什麼？

像這樣的強暴案很難證明。在現場未留下DNA證據或不足以判別，而且在沒有目擊證人且監視錄影沒拍到的情況下，警察必須根據兩個故事來進行調查，而且這兩個故事還彼此衝突。男孩是因為害怕才說謊嗎？還是女孩因為賭氣才這麼說，她真的是受害者嗎？為其中一個故事或另一個說法提供直接可靠的證據，表面上幾乎不可能辦到，這就是我協助警察的第二個「案件」可以著力之處。

在第一個案例中，我瞭解到一個相當戲劇性的事實：花粉粒的組合如此特殊，以至於人們可以直接去聯想樣本收集的來源地點。當然，這原本就是我多年來在考古學研究中做的事，但我從未證實這種想法。致力於考古研究的孢粉學家，永遠無法真正確定自己所見的是否屬實，因為過去的已經過去並且消失了。然而現在我很興奮地意識到，我可以檢查自己的看法是否正確，而且我也發現自己竟然如此精確，可以在很小的範圍內重建當地景觀，並且帶來鑑識調查上的無窮潛力。在赫特福德郡，一群有組織的犯罪份子被他們腳上的花粉定罪，這種興奮真是難以言喻。而在此時，當我看著玫瑰花床時，我的任務非常清楚。這名男孩承認他曾在廣場上和女孩在一起，但否認曾強暴她，而且說他與花床沒有任何接觸。嗯，也許他的鞋子和衣服會有不同的說法。

玫瑰和椴樹都必須依靠昆蟲進行授粉，兩種植物的花粉產出也相對較少。無論我做了什麼觀察，這個事實都相當重要。我知道，如果玫瑰花粉出現在他的衣服上，那就很容易判斷，男孩的衣服碰到了玫瑰植株或是它下方的土壤。如果這類植物的花粉是靠空地的風來進行授粉，花粉就會散布到更遠的地方，並且可能散布到整個廣場上，這樣一來就很難證明男孩究竟是在花床裡，或只是無辜地在附近閒逛時沾上了花粉，這會讓判斷變得困難。事實真的如此嗎？我必須進行分析來找出答案。

在這種情況下的假設似乎很簡單：如果花床中的花粉在含量和比例上，都與他衣服上的證據相匹配，便可證明他有直接接觸到花床。但事實上，這個挑戰比想像中更精細，而要獲得正確答案取決於花粉本身的性質。

玫瑰花粉的型態與其近親非常相似，以致我們很難明確地將玫瑰與荊棘、蘋果或山楂的花粉型態做出區分。與其他植物相比，在古代遺跡中發現的玫瑰花粉也相對較少。因此，如果我們在這裡及在男孩衣服上發現玫瑰花粉，就很可能是來自同一個地方。而椴樹也不像橡木、榛樹或松樹那麼常見。據我所知，該鎮附近應該沒有其他椴樹。因此，如果我在男孩衣服上發現了椴樹花粉，那也很有可能是他接觸到花床的關係。雖然玫瑰本身普遍常見，但因為花粉產出少，加上昆蟲收集帶走了大量花粉，因此很少發現殘留的玫瑰花粉。三葉草（Clover，苜蓿）

的花朵很小，也屬於同一類。這就是它們演化的方式，因此考古植物學常常利用這些孢粉特徵來進行判斷。

不過這還只是我的第二個案例，而我需要快速學習並掌握這個領域。在警察的陪同下，我在花床各處做了格架，系統性地收集每塊方格裡的玫瑰葉子和土壤。這樣，我就能確定這個假定的犯罪現場中每個物種的代表性。所有採集樣本都經過編號、日期標注和採集時間，然後放入紙袋，紙袋外面都印有警察標記。犯罪現場調查員做了詳細筆記，而我也畫了一張花床地圖，並細心對這些採樣做了自己專屬的筆記。警方告訴我，如果案件進入審理，我必須保留所有草稿，因此我從頭到尾都小心翼翼地保存所有可能相關的內容。

由於沒有牆壁或其他灌木等實體障礙，對正方形格架進行採樣的過程非常簡單，因此我得到了必要的「對照組」樣本；這些樣本將能讓我測試它們與男孩衣服上花粉的相似程度。犯罪嫌疑人總會聲稱自己是從其他地點，即所謂的「不在場」（alibi）地點，沾帶到花粉和孢子。一旦發生這種情況，就必須造訪嫌犯所說的那些地方，收集他的「不在場」樣本，好與犯罪現場樣本進行比較，同時也要從警方扣押的證據中進行收集。對我來說，唯一可用的證據是嫌犯的飛行夾克和他的鞋子。這兩件證據的所有人身分毫無疑問，因為男孩和女孩都同意這點。在廣場上，從土壤中取出花粉算是件相對簡單的事，我也已經一次又一次辦到了。在平常的考古工作中，我常常從陶器和青銅器中提取出完整的分析材料。但現在我使用的是新鮮的葉子、一雙鞋和一件飛行夾克，其中飛行夾克是由合成纖維和塑料所製成，所以我必須更有創意。幸好在生態和考古的長年工作裡，我已經習慣了這件事。

首先，我必須設想強暴過程會發生什麼事？根據女孩的說法，男孩強迫她躺下並且壓在她身上。這就表示他的手肘部分和外套正面，可能是尋找證據的最佳場所。他應該會跪下，所以膝蓋會直接接觸到葉子和土壤。我假設了嫌犯在犯罪過程中膝蓋、胸部、肘部和腳趾會接觸到土壤和葉子，因此檢查了夾克胸部和手肘部位以及鞋子的腳趾處，藉此我們很有機會能認同或否定嫌犯的說法。

——

我的邏輯是，如果辯方聲稱夾克上的花粉是從空中偶然接觸而來，那麼夾克的肩膀處、背部和正面的花粉輪廓應該非常類似。換句話說，夾克背面的樣本輪廓可以拿來跟前面的做比對。如果夾克正面的樣本輪廓近似於花床，而與夾克背面的相似度極小，便可認定這是「接觸」的完美證據。我嘗試先不預測結果，只想看看呈現的結果如何。回到實驗室後，為了確保夾克的各個部分不會相互接觸，我先將袖子剪掉，然後剪掉背面，再把剩下的夾克正面兩塊組合成一個樣本。

在我進入鑑識檢測領域的初期，對於鑑識檢測的規定知之甚少。這些鑑識規章制度的目的，在於確保沒有人能篡改證據或破壞證據，否則在警察處理過程中就會變得不可信任。我甚至從未去過任何鑑識實驗室，不過我當然在實驗室標準程序方面訓練有素，而且我有微生物學背景，所以很清楚隔離技術和防止汙染的基本原理。對我來說，這只是常識，並不需要任何特殊的輔導。

不過殘酷的事實是，即使在今天，某些警務人員在處理特定類型的證據上仍然準備不足。他們雖然學過如何獲取DNA樣本，以及如何防止交叉汙染，他們應該也記得羅卡說的「每次接觸都會留下痕跡」，並且知道兩個證據之間的接觸，會使法庭上的證據變得毫無價值。但即使到了現在，經過多年的教學後，他們似乎仍然無法搞懂環境採樣的種種限制和要求。

許多人對鑑識科學有錯誤想法，對於這個專業術語的使用也有點草率而不準確。也許你認為「鑑識」（forensic）只代表「細心的科學證明」，但該詞的真正含義事實上更為具體。在論壇廣場上所舉行古羅馬法庭案件裡，forensic一詞源自拉丁文的*forensis*，意指公眾參與的公開法庭。因此當我們談論到「鑑識」一詞時，其背後真正含義是指所產生的任何證據，都將與法院審理案件有關。如果一項鑑識工作的目的不是為了對某個法院案件有所影響，那就不能算是司法鑑識；這就是我們為何必須對男孩的飛行夾克進行這種精心處理。無論我發現了什麼，都必須做到不被竄改與不受汙染，而因為我在實驗室工作多年，這個觀念對我來說已經根深蒂固。我甚至在家裡的廚房也採用相同程序，並且確信沒有人會因為我準備的食物而中毒。

在這次的調查裡，並不需要產生跟地點有關的心理圖像，因為我已經知道這個假定的犯罪現場之模樣。雖然這樁案件不需要用到太多想像力，但是仔細思考廣場上發生的事，對於決定如何解決這道難題也相當重要。我已經確定好夾克和鞋子的哪些部分需要處理和調查，但是該如何從夾克的纖維中取下孢粉呢？我以前從未做過這種事。

幾年後，在一次會議上，有家器材廠商代表熱心邀請大家參觀他們的新產品，他展示了一個帶有特殊附件的顯微鏡，像根長天線一樣，可以插入取樣受限的地方。而且鏡頭的功能強大到可以直接觀察花粉粒，完全不用取下花粉放到載玻片上。

於是，我立刻到會議中心外的花園裡取得一些花粉，並帶一些成熟的鬱金香花藥回到會場。廠商代表把花粉擦拭一塊小布上，然後將帶有透鏡的堅固天線對準花粉。大家都聚精會神看著會出現什麼情況。令大家驚訝的是，花粉粒似乎還活著，它們如同扭動舞姿般跳入布料的編織中。我大吃一驚，不過這也讓我意識到為何過去從編織物料中取得孢粉痕跡證據總是如此困難。請注意我說的這種困難，同時也表示花粉和孢子可作為優良的痕跡證據，因為它們與纖維及礦物顆粒不同，而且會被深深地嵌入布料、不易掉落。我在後來的工作裡也可以證明，這些孢粉能在各種纖維結構中保留許多年，這就是為什麼孢粉學是「懸案」（cold case）評估裡非常出色的一門學科，因為它可以在罪行發生多年後進行分析。

在查閱文獻資料以後，我終於瞭解花粉「跳舞」行為的真正原因，一切都跟電有關。花粉帶負電荷，因此會被正電荷所吸引。蜜蜂帶正電荷（很奇妙），因此會被負電荷最強的花朵所吸引。原先我一直認為花粉黏在蜜蜂上的原因，是因為蜜蜂身上的毛和花粉的黏性。這當然是原因之一，但毫無疑問地，靜電在從花到傳粉媒介的轉移過程中扮演了最重要角色。帶負電荷的花粉透過電荷間的吸引力，跳到帶正電荷的蜜蜂身上。

由於我早期的碩士班學生對這些未知事物進行過接觸、案例研究和實驗等，讓我瞭解到許多物體、織品和物質都會強烈地吸引花粉，例如人的頭髮、動物毛皮、鳥類羽毛、尼龍和其他合成纖維、羊毛、絨毛（再生塑料製成）及塑料本身等等。看似乾淨的樣本可能帶有大量花粉，肉眼當然看不見這些東西。不過我確實察覺到這一點，所以現在在刑事案件裡，我不會忽略任何可能性。我曾經從一個手電筒裡取得了一些孢子，原來兇手在掩埋受害者時曾用過它。這隻手電筒只沾帶一些花粉粒和孢子，但這就足以告訴我們他把屍體放在一塊休耕地的邊緣。雖然只有這樣，但對一位聰明的調查人員來說，已有足夠證據可以逮捕兇手。孢粉學的智慧，確實可以成為調查強大的後盾。

但對當時的我來說，這一切都是在未來才會發生。我並沒有這些好方法，所以不得不想出一種新方法，好從外套中獲取證據。雖然不知道要從哪裡著手，但至少我在想找到的痕跡證據種類上已有紮實的基礎。花粉粒和植物孢子非常強壯，都有一個稱為「孢粉質」的複雜聚合物構成的外壁，目前我們仍不確定這些外壁的化學性質。一些古植物學家和地質學家也證明，在適當條件下這種植物花粉可保存幾百萬年。我的朋友瑪格麗特・柯林森（Margaret Collinson）教授，從白堊紀沉積物中回收到完整的蜜蜂，而蜜蜂腿上的花粉籃完美保存了清晰可見的花粉粒。這些花粉大約有一億年的歷史，被保存在已形成岩石的沉積物中，所以並不是只有琥珀可以保存昆蟲。

這些花粉粒的堅強特性，就是我可以把它們從織品中取出的最大優勢。我想到的解決方法，是試著將衣服溶解在強酸中，然後留下不會被溶解的花粉粒和植物孢子。這種方法適用於棉、亞麻或任何天然植物纖維（甚至經過重組的嫘縈或人造絲亦可），但對合成纖維（如丙烯酸、尼龍或聚酯纖維）無效，因為它們是由石油和煤炭工業副產品所製成。這件夾克用了某種柔軟的材料，應該是利用有效回收的塑膠瓶原料所製成，因此我很確定無法將它溶解。無論如何，這種強酸溶解法都是一項艱鉅的任務，而且用在數量這麼多的織品樣本上，不僅看來不太可行，實際花費也相當可觀。所以，必須想另一種方法。

當我找到方法時，它正盯著我看呢。我這一輩子大部分時間都在實驗室裡度過，但在那裡我找不到答案。雖然我是科學家，但同樣也是家庭主婦，而且曾在某段時間裡，我還是一位母親，所以我知道如何清除衣服上的汙垢：你需要的是界面活性劑（例如洗衣精），界面活性劑能降低水的表面張力，透過滲透並提起嵌入衣物的汙垢和微粒，將衣物加以清洗。它在這個案件裡有何作用呢？答案很明顯，就是我每回使用洗衣機時發生的狀況。

也許你曾聽過奧卡姆剃刀（Occam's razor）法則，這就是一個栩栩如生的完美例子。奧卡姆的威廉（一二八七至一三四七）是方濟會學者，他支持「簡約法則」。他說當我們解決問題時，最簡單的解決方案通常就是正確的解決方案。亞里斯多德在許多世紀之前就有相同的想法，而且在科學上，對付複雜場景和多種可能性時，這通常也是最有用的方案。

看來洗衣精是最簡單的解決方案，所以我使用了洗衣精。不過我擔心把夾克弄濕以後，織物中的微生物活動可能會受到刺激，造成花粉分解，所以我需要某種殺菌劑。除此之外，我同樣也擔心平常所使用的殺菌劑可能會影響到孢粉。所以我需要一些比較溫和、不會將孢粉氧化的東西。藥用洗髮精如何？首先，我檢查藥用洗髮精裡是否不含花粉粒。雖然這極不可能發生，但我懷疑是否有人這樣檢查過藥用洗髮精。幸好它是無菌的，因此我將一種優良的界面活性劑和殺菌劑合在一起。後來我也發現，處理來自屍體的樣本時，使用藥性洗髮精會有額外的優點——除了可以對被細菌汙染的樣本進行滅菌處理，還可以消除令人作嘔的氣味。因此藥用洗髮精對於孢粉鑑識學家來說真是一項了不起的產品。

我買了一些新的不銹鋼碗，並用純漂白劑消毒。漂白劑能氧化掉許多有機物、細菌和真菌，也會氧化茶壺裡的單寧塗層。接著，我使用最小劑量的高溫去離子水，儘管這種水據說是無菌的，但仍需要進行花粉汙染測試。於是，在有了稀釋過的藥用洗髮精後，我開始進行洗衣婦一樣的工作。我攪動、摩擦和漂洗衣服的各個部分，最後再用去離子水沖洗乾淨。這當然不像火箭科學一樣精準，但我想不出更好的辦法。

每個樣本都產生了混濁的灰色懸浮液。有趣的是，這件看上去很乾淨的夾克實際上有很多髒汙。在工作結束時，我有了五個樣本（兩個正面、兩個袖子及夾克背面），可以與我從花床上採集的十個樣本，亦即五片葉子和五塊土壤進行比對。我以清洗外套布料的同樣步驟清洗葉子。經過處理後，先做好顯微鏡的準備工作，接著便迫不急待地立刻在顯微鏡下掃描每個樣本、檢查它們的外觀。我的洗滌提取物效果很好，而且製劑中富含孢粉型態。在粗略掃描的幾分鐘內，我已經知道案件的結果。但這樣粗略的掃描結果不足以作為法院的呈堂證據。因此，對於我所看到的一切都必須進行識別和詳細計數，這種乏味過程是無可避免的。

開始分析載玻片時，我總是從載玻片左上角開始我的第一個縱切斷面觀察，然後慢慢向下移動到左下角。接著，在顯微鏡下連續觀察，然後停下來，調整為更高的放大倍數才能確定識別內容。這個動作需要把顯微鏡浸入油中，*並且在顯微鏡上做相應的設置調整。如果不易識別出任何花粉粒，便要在載玻片上標注採樣坐標，以便日後在這些大量收集的花粉參考載玻片之基礎上，能進行更仔細的檢查比對。因此，從上邊界一直移動到底部，然後移至下一個視野，再返回頂部以開始檢查下一個斷面，我一遍又一遍重複這個過程，並盡可能涵蓋更多載玻片，以消除採樣偏差（sampling bias）。

不論是在考古學或鑑識學裡，這都是一項艱鉅的任務。我已經花了幾小時、幾天、幾週的時間在顯微鏡上。而且這項工作需要集中注意力，無論是花粉粒、真菌孢子、化石孢子或是其他微觀生物，都必須對所有可見事物進行測量與分類。如此專注在這些微小事物上，本身就是一場精緻的折磨。有時候可能要花上很長的時間，才能開始建立某地的心理圖像。我們尋找的是孢粉的圖樣模式，亦即一種植物花粉的濃度或另一種植物花粉的多寡。但今天我先對載玻片進行了快速掃描，然後才開始進行真正的計數，而且答案也正好符合我想尋找的組合：玫瑰花粉，每個花粉上有三道深溝，從兩頂點彎曲到赤道位置，那裡會有鼓起來的毛孔。另一種則是非常容易識別的椴樹花粉，它們在兩頂點扁平，在其赤道周圍則有三個倒置的孔，外壁則裝飾著微小的火山口。這種微粒很受初學孢粉學生的喜愛，因為它們極易識別。

其他孢粉學家若看到這些載玻片上的椴樹和玫瑰花粉量，可能會認為數量不足以推斷出結論。但對我而言，這個樣本只是強調了在這場所謂的「花粉雨」（pollen rain）中，亦即從空中掉下來的花粉和孢子裡，玫瑰和椴樹的花粉相當少。

統計結果顯示，花床上的玫瑰花粉比例為10%，夾克正面則為7%，而椴樹花粉的比例分別為18%和15%。這個百分比非常接近，已足以說服我。因為在沒有直接接觸的情況下，從空氣中沾帶到這麼高的花粉數量比例之可能性極小。而且從花床中回收到數量非常少的玫瑰和椴樹花粉，說明了這些植物從花朵中釋放出的花粉很少。此外，衣服上的花粉輪廓和花床上的其餘花粉輪廓非常不同。但有趣的是，每種植物採樣中都存在了相同的花粉類別。

更令人感興趣的是，男孩鞋子的腳趾部分並沒有玫瑰或椴樹花粉，也沒有任何其他東西。於是，我回想了一下那個地方。那塊花床太小了，他的腳可能一直留在花床周圍道路的石板上，因此沒有從這些鋪路石板上沾到太多東西。

＊譯注：在實驗室中觀察菌類微物時，必須使用高倍接物鏡浸入油中的觀察方式，在載玻片滴上特殊油類，使透入光線增加以利觀察。

夾克的背面沒有發現玫瑰或椴樹花粉，也幾乎沒有任何花粉粒。我認為，這代表夾克背面不像正面那樣有接觸到花床，因此可以證明樣本控制得很好，因為它清楚顯示了來自空中或其他來源的任何花粉都非常稀少，與花床的花粉比例不符。因此就我的看法，夾克的正面和肘部很有可能接觸到花床上的葉子和土壤。

男孩在說謊，女孩顯然不是抓傷自己的皮膚來偽裝強暴。有時確實會發生假的強暴指控，而且我也曾透過與第一起案件類似的分析方法，讓一個年輕人免去牢獄之災。

在早期的孢粉學時期建立起參考收藏，是一段相當快樂的時光。它涉及到在田野採集花朵、準確鑑定、參觀花草標本和博物館收藏（有時他們很慷慨，會給我某些標本的花藥）。這些參考收藏非常珍貴，沒有它們我就會沒有安全感。的確，人們永遠不會停止收集和比對，雖然發現特別的花粉或孢子會讓人激動不已，但是對每個樣本中的每種花粉類型鑑定和計數的過程，卻是令人厭煩的。我最討厭遇到的花粉顆粒，是呈小橢圓形、有三道犁溝，而且整個微粒表面有細密網狀結構的類型，它們很難分辨，是一群花粉的等價物（equivalents），或者可以說是黑莓或蒲公英等難辨植物中的花粉等價物，可能只有一小群專家可以很自信地叫出這些植物的名字。此外，還有ＬＢＪ（little brown jobs，我先生稱之為小褐作業），亦即幾乎沒有任何明顯特徵的褐色真菌也是如此。

你也很難知道是否已經找出可作為證據的足夠花粉量。有時候我們能從相對較少的花粉中得到證據，但有時候必須數到上千個才行。可能需要有人寫一本關於這類問題的教科書，也許有一天真的會出現，誰知道呢。

在強迫數算（但實際上並不需要）男孩衣服上的花粉數目之後，我詳細計算了各種花粉和孢子群的相對出現比例，繪製了線條圖以協助警察瞭解我的檢查結果，然後把它們送給皇家地檢署（Crown Prosecution Service）和起訴男孩的檢察官。

檢察官一定有讓男孩跟他的父母和律師一起坐下來，讓他們看我所做的表格和線條圖，而且還附上了圖表說明。男孩一定嚇呆了，他的外套洩露了真相，於是他無可奈何地認罪了。女孩也免於忍受在法庭證人區裡的痛苦，而且也不必在陪審團、公眾和新聞媒體的審視下，把那晚的經過重新呈現一遍。廣場上多刺的玫瑰和椴樹的證據，挽救了她的苦難。

我所做的只是很簡單的事：包括土壤、汙垢、少量藥用洗髮精，一些創新思維以及適當的常識。當然，還包含多年研究所積累的豐富知識與經驗。就這樣，我在最早的兩個案例裡，提供了相當具有價值的訊息，並且作出貢獻。孢粉鑑識學或許真有可以期待的美好未來。

第六章：「我相信你曾經出現在這裡」

我並不是第一個認為植物研究能對鑑識學產生用處的人。過去曾發生一樁透過鑑定梯子的木頭材質，成功定罪理查德．豪普特曼（Richard Hauptmann）的案件。豪普特曼於一九三二年綁架並謀殺著名飛行員查爾斯．林德伯格（Charles Lindbergh）的小兒子，他的審判引發最早的「媒體狂潮」（media circus），也是最早的「世紀大審」。而他的定罪，是威斯康辛州一名木材解剖學家阿圖．科勒（Arthur Koehler）的功勞，他透過分析並確認樹木種類、銑磨方式和生長方向，證明綁架者用來偷偷潛入嬰兒房的梯子，是從豪普特曼家裡閣樓上取材下來的。一九三六年四月，豪普特曼被綁在電椅上，為自己的罪行付出生命代價，一切都歸功於一塊木頭留下的證據。

我也不是第一個以識別花粉粒，來解決謀殺或失蹤案件的人。警方使用孢粉型態進行調查的紀錄可追溯到一九五九年，當時奧地利有一名男子在多瑙河航行時失蹤了，由於找不到屍體，警方幾乎毫無頭緒，直到案件轉給維也納大學一位受人尊敬的孢粉學家威廉·克勞斯（Wilhelm Klaus），案情才撥雲見日。克勞斯取得失蹤者一位好友的靴子，透過微物分析，鑑定出保存完好的現代雲杉、柳樹和赤楊木的花粉組合，但竟然也有山核桃花粉的化石微粒。這些花粉的群落組合相當具體，剛好是位於維也納以北十二英里一小片區域所特有的。於是，克勞斯告訴警察該到哪裡找，嫌犯對於警方發現這項證據感到震驚，俯首認罪後帶著調查人員到藏屍地點。克勞斯利用他對該地區的植物學和地質學知識，找到了這個地方。

這些人以及其他許多人，都比我更早進入鑑識生態領域。不過，在赫特福德郡案發生之前，英國國內幾乎沒有人利用過植物學對刑事調查作出貢獻。而且在各地已經取得的這些成就，在世界上大多數國家裡很少有人知道。多年來，我一直面臨到的挑戰便是將各種專業領域整合在一起，以形成鑑識生態學的基本架構，並竭盡所能地全面分享這些知識。

當我邁出第一步的嘗試時，孢粉學已是一門成熟的學科，但是將學術理念運用於警察辦案的世界，卻帶來非常特別的挑戰。事實上，這些挑戰直到今日都沒有停止，而且可能永遠都不會停止。任何一種環境的變量範圍都很大，以致每次新的謀殺案、每個新的失蹤人員、每個惡性攻擊或強暴事件，都有各種獨特的情況。我們這門學科透過逐步發展而累積出成果，但由於自然界是由各個相互作用的系統所組成的複雜集合體，若想發揮最佳效能，鑑識生態學家必須接受良好的生態訓練，並從物理學和生物學知識瞭解生物與環境之間的相互作用。這樣的學者通常本身有一兩個領域的專業知識，例如植物學、孢粉學或土壤科學以及其他的知識類型，同時也要對昆蟲學、細菌學、真菌學、寄生蟲學和動物學，以及化學和統計學有所瞭解……。

透過反覆的試驗，我花了二十五年的時間開發用於定義此學科的各項協議。然而，很簡單的一個事實便是，沒有兩種情況是完全相同的，而且也幾乎沒有固定的規則和協議可以一體適用。我通常是在「趕鴨子上架」的情況下，被迫在犯罪現場或在停屍間裡，發明出從各種物體和材料中採檢孢粉型態的方法。在經歷這些純粹的經驗磨練後，我最終才得以發展出孢粉鑑識學的標準程序。這些沒什麼特別之處，不過我卻發現在許多情況下，我必須拋棄古典孢粉學中許多公認的知識，才能應付現實的狀況。

植物世界比我們大多數人所想像的更為廣闊，除了藻類、苔蘚及其相近物種外，據估計大約有四十萬種植物，其中包括大約三十七萬種花和花粉，其餘的植物則是產生孢子。而且植物界也會定期發現新物種，例如在二〇一五年就發現了兩千多個新物種。而當涉及真菌時，遊戲規則就完全不同了。不僅物種的數量估計達到數以百萬計，每年新加入科學範圍裡的物種數量也相當龐大，而且它們的數量似乎受到合格真菌學家（研究真菌的學者）研究能力的限制。就連我也在自己經手的鑑識案件中，發現了幾個新物種。

我們永遠不知道這個星球上到底有多少動物、植物、真菌和其他生物。而且我們也不能認為曾經演化和生活過的物種，至今都已經滅絕了。儘管今日的生物世界如此遼闊，卻只是地球從過去到現在曾經存活過生物的一小部分而已。即使識別出的只是一小部分生物，我們所需的技能卻可能是任何學者終其一生都學不完的。但是，對一個好的生物學家來說，能準確地識別出有機體種類，即使只能識別出部分也都非常重要，因為這對於鑑識工作是不可或缺的。準確識別生物分類的科、屬和種，可能就代表某人被判無期徒刑或是取得自由之間的極大差異。

當你接觸到的無論是衣服、鞋類、頭髮、園藝鏟叉或是車輛，其上的斑點和碎片都是所屬環境的替代性指標。它們是能在特定時間裡，將你連接到某個地方的痕跡證據。它可能是一個完整的植被，也可能是整株植物或是植物的某個部位；它可能是根、是樹幹、樹皮、樹枝、樹葉、莖、花或果實；然而也可能更小，例如可能是來自針葉樹或開花植物的花粉，或是苔蘚、蕨類和真菌的孢子。花粉和孢子的微小，讓這類看不見的替代性指標別具價值——就是因為肉眼看不見，嫌犯無法看到它們而加以擦除。但即使你知道它們的存在，也很難擺脫它們。它們可以作為你去過的地方，以及你做過什麼事情的一份秘密紀錄。

真菌特別有趣，因為可以作為輔助性的替代指標。它們可能生長在植物上——你可能沒找到這種植物的花粉，卻發現了專屬它的寄生真菌孢子。這種孢子總是與某種植物相互依存，如前面提過的報春花就是。原則上，透過嫌犯或受害者的衣服，或是他們開的車、使用過的工具，甚至藏在他們身上的孢粉型態組合，我們就可以想像出一個圖像，說出他們到過的地點或發生過的事。這種方法乍聽好像很簡單，事實卻非如此。實際情形通常是我們從一個人的衣服上採集到的碎屑，是由各種不同微物粒子所組成的一團混亂，對於構築我們想要的地點圖像而言，當中許多微物粒子不僅難以識別，而且還可能毫無幫助。

在赫特福德郡的情況裡，從汽車外部只能知道過去幾個月來這輛車行駛過各式各樣的風景，至於鞋子、夾克、大衣和牛仔褲，可能許久才會更換或清洗一次。要找到並構想出正確的景觀，得要從大量資料裡篩選出有用的資訊，而這些資料很可能讓你走錯路或走到死巷。我在累積了數十年的經驗之後，才瞭解到各種細微的差別。它不僅要求要能分辨各組孢粉型態的差異（經常遇到幾乎沒有差異的情況），還需要知道孢粉組合如何誘使你錯誤思考。更重要的是，要瞭解母體植物的花粉和孢子散布方式、寄生真菌、開花時間，最佳繁殖土壤和繁殖條件，以及哪些植物和真菌的種類會趨向協同生長，並相互受益。

在相同棲地中，經常會發現在相似條件下成長茁壯的植物。它們會形成可資辨識的植物群，讓你能從中推斷出很多情景。假如有人給我一堆香蒲（bulrush）、蘆葦（reed）、莎草（sedge）、吉卜賽草（gypsywort）和紫色千屈菜（loosestrife）等類型植物，我可能會認為是一個池塘、湖邊或溝渠。蘆葦的種類可以提供水流程度的相關訊息。而橡樹、榛樹、梣樹（ash）、風信子（bluebell）和銀蓮花（wood anemone），可能會喚起美麗的風信子樹林圖像，這個圖像具有英國風景的特徵。關鍵就是，植物不會隨處生長。大家應該都知道，你不能期望挪威的野外會長出香蕉樹，當然也不會期待在北極圈發現仙人掌，或在叢林裡找到北極熊。這些生物各有特定的需求，不會到處生長。然而，我在法庭上遇到律師常犯下的錯誤是：他們對植物科學或生態知識所知甚少，所以我得面臨「到處都有蒲公英，不是嗎？」這種問話的挑戰。嗯，當然不是。事實上，如果能發現蒲公英的花粉，就能為我們提供非常具體的地點訊息。

瞭解物種的特殊性，讓我可以從棲地和生態系統的角度，瞭解從土壤樣本中提取的花粉組合代表什麼意義，也讓我看到這些花粉和孢子所代表的地點訊息。而且花粉組合中各種類型的花粉或孢子數量越多，圖像就越清晰。當然這並不是簡單的過程，也沒有能循序漸進引導你從混亂的原始資料中獲得正確答案的標準程序。最好的鑑識生態學家不僅要牢記許多事情，也必須要有直覺的判斷。

似乎是為了證明這一點，二〇〇九年我參加了在約克舉辦的環境考古學會（Association for Environmental Archeology）三十週年會議，有來自世界各地的環境考古學家齊聚一堂，這些科學家在會議上努力地彙整專業知識。雖然距我上一次的考古工作已過了幾年，我還是下定決心發表論文，向大家介紹了從鑑識案件中獲得的一系列花粉類群。該案件受託於英國皇家防止虐待動物協會（RSPCA），是一項針對獵獾人所做的定罪調查。殘暴的無賴人士為了尋找獾，將狗放入棲地裡的獸徑，但這兩種動物相遇時無可避免地一定會互相傷害。在一般遭遇下，狗的情況會更糟，除非狗找到獾時，獵獾人就立即出動殺死牠們。這違反了英國法律，因此RSPCA希望定罪獵獾人，以嚇阻其他跟進者。

他們給我一把佈滿泥土的鏟子，以及來自獾的巢穴頂部與中央的土壤樣本，而我必須將鏟上的花粉型態與獾巢穴中的土壤進行比對。分析結果顯示兩者十分匹配，然而錦上添花的是，在犯罪現場的土壤和鏟子上的泥土中，都找到了一種罕見的孢子。這種特殊孢子非常罕見，即便是我和我的同事朱迪．韋伯（Judy Webb）——她是一位花粉、果蠅和其他東西的辨識專家——都從未看過這種孢子。而這個孢子不但成為案件的轉捩點，也成為我人生的轉折點。它不僅成為起訴的重要證據，也讓我認識了新的丈夫。在那之前我沒見過他，但很幸運地，就在我為這起案件苦苦掙扎時，一頭撞見了這位可愛的人。我們是在國王學院一位令人敬愛、和藹可親的植物學老師——著名的弗朗西斯．羅斯（Francis Rose）的追思儀式上相遇；儀式地點就在基尤皇家植物園（Royal Botanic Gardens）所屬的國立韋克赫斯特廣場（Wakehurst Place）。在植樹儀式過後，這位衣著考究的男人和我一起在斑駁的陽光下走向茶點與蛋糕。當時我正在檢視林地，看著推測是俄羅斯毒紅菇（Russula emetica）這種長相可愛的紅傘菌。

「是的，」這位同行的夥伴說：「我想是 Russula 沒錯，但不是 emetica。」

「哦，你對真菌很熟悉嗎？」我問。「是的，稍微懂一點。」他謙虛地說。

我亟需這樣的人，因為我需要一個可以識別罕見真菌孢子的人。

「你叫什麼名字？」我很輕鬆地問。

「大衛．霍克斯沃思（David Hawksworth）。」

我慢慢想到了，「不是那位大衛．霍克斯沃思吧？」

我相當震驚，因為我以為這人應該已經九十歲了。這位享譽世界的真菌學家已發表著作多年，而且就出現在我為國王學院學生列出的參考書目中，甚至他出版的書至少有兩本就放在我的書架上。然而，在這裡我看到的是一位年紀與我相仿而且非常有趣的人，眨著眼睛，洋溢著男孩般的笑容。回到實驗室之後，我把與他相遇的事情告訴了朱迪．韋伯，她跟我一樣感到興奮。她說：「哦，佩特，妳必須跟他混熟一點，他對我們的工作很有幫助。」接下來的事大家都知道了，三年後我嫁給了這個聰明又博學多聞的人。

我們從大衛那邊瞭解到在獾巢穴菌落裡的怪異孢子，來自在橡樹根上生長的一種罕見松露。就像狗和豬一樣，我們現在知道獾顯然也喜歡吃松露，因此可以假設牠們是在約一百公尺外的橡樹樹根中覓食，並將松露帶回棲地。這種孢子便成為了鐵證，用我的話來說，就是在孢粉學上具有罕見且令人確信的特徵。由於在其他對照樣本中均未發現這種孢子，因此松露孢子為犯罪現場提供了獨特證明。當鏟子上也發現這種孢子時，它所提供的證據效力遠遠強過一般的花粉。

在考古會議上，我向與會者展示了這個案例中的花粉組合，其中以橡樹為主，還帶有一些榆樹、楓樹、椴樹、山楂、常春藤、金銀花忍冬，以及一些毛茛（buttercup）、毛地黃、野草、蓼科和蕨類植物等。我問與會者覺得這是一個怎樣的地方？幾隻手試探性地舉了起來，這些人看起來都很聰明，但是喊出來的答案都大致相同。他們說：「這是林地，是林間空地的邊緣。」

這個假設當然完全合理，不過卻是錯誤的。因為這裡並非林地；這些樣本是從開闊的牧場採集的，這座牧場距離一個非常古老的樹籬大約十公尺，距離一棵橡樹則是一百公尺。該處的景觀是開放式的，但被劃分為整齊的田地，全都由混合樹籬所包圍。我藉此證實了長久以來的懷疑，那就是雖然相關文獻很多，但許多孢粉學家仍對大多數花粉散布的方式所知甚少。

從英國歷史上看，農村的管理一般分為兩種不同類型。埃塞克斯、蘇塞克斯（Sussex）和薩福克（Suffolk）等郡，有林間牧草（樹籬）的情況，為英國最經典、優美且混合耕種的田園鄉村，就連小片田地也會被物種豐富的樹籬所包圍，而且多半是一些標準樹群。另一種則是菲爾登／香檳區式（fielden / champagne）鄉村，從歷史意義上來說，就是指寬廣而開闊的田地景觀，並將土地分割成長條狀耕地，這種景觀可以在林肯郡（Lincolnshire）、萊斯特郡（Leicestershire）、威爾特郡（Wiltshire）和其他地區看到。

在那個會議裡，所有勇於回答的人都搞錯了，因為他們假設這裡呈現出的是林地。但其實它代表了博卡日（bocage，帶有樹籬的田園風景）鄉村的景色。所謂「林地」的花粉和孢子，其實來自包圍田地的樹籬。牧草來自放牧過程中的倖存者，或是生長在樹籬邊界隱蔽處未被尋獲的牧草。這些都是我從與警察合作的第一起案件中汲取的教訓，而且這會讓你的環境假設不斷複雜化。房間裡的孢粉學家不敢相信答案差距如此遙遠，因此這也證明了認知偏見的存在。在先入為主的觀念下，這種偏見普遍存在在解釋環境的各種思考中。

在這場會議裡，每位孢粉學家都得到了錯誤的結論，這如果發生在我的工作領域，很可能會對犯罪受害者或被控訴者造成嚴重後果。在司法鑑定中，人們的生活和自由至關重要，因為結果可能大不相同。這就是為什麼重建可能景觀時，不能只觀察沾帶在衣服和鞋上的孢粉，也要留心其他微粒。你不能只是閱讀現有的孢粉學文獻，並假設某種組合必定代表一種特定的景觀；也不能像自動機器人那樣，每次都以別人發表過的文獻做解釋，因為這就像是把花粉和孢子的解釋等同於「按數字連線」的遊戲。唯有透過瞭解我們的生活所在，去瞭解廣闊和微觀範圍內的自然世界，我們才能得到接近「真相」的信心。

這類知識沒有捷徑可言，而是多年累積、得來不易的成就。對於那些注意力有限或容易分心的人來說，這條路是行不通的。前面說過，從一件衣服或工具上擷取出孢粉之後，可能要花上幾小時、幾天，甚至數週的時間進行計數和分類等艱苦工作。而且，要獲得廣泛的跨學科知識，並對在某處可能發生某事或某個事件可能發生在何處有推論的直覺，可能要花上更久的時間，甚至可能是一輩子的努力。但是當這些觀察的拼圖合而為一，然後「可能發生了什麼事」的想法開始浮現時，這種謎題逐漸被解答的感受，將帶來無與倫比的成就感。

——

一名女孩在北威塞克斯丘陵區（North Wessex Downs）邊緣的小鎮，蹣跚地走入當地警察局，顯然她遭遇了某個事故。她的臉又髒又紅，眼中流著淚並且透露出驚惶。當警察在辦公桌旁坐下，護送她進入偵訊室後，整個故事便傾瀉而出。她說，在距離她家一百公尺遠的某處有樹木和灌木叢，兩排房屋間有塊長條空地。「他將我逼倒在地，而滿地都是木屑。他的牛仔褲上還套著一件睡褲，上面有史努比圖案。」

過了不久，當我接到警察電話並要求我參與此案時，我得到這個案件的更多內容。黑暗中，那男孩和女孩一起走在回家的路上，然而他並沒有讓她停在家門口，而是逼她再走一百多公尺，直走到這片樹林繁茂之處。男孩並沒有否認與她發生性關係，但否認去過她聲稱發生性關係的地方。根據被告的說法，他和女孩急切地躺在草皮上，在她家附近約一百公尺的漆黑公園裡。就在這座公園裡，他說，他們進行了兩情相悅的性愛。換句話說，他所謂的非犯罪現場與女方所說的假定犯罪現場，相距了大約兩百公尺。

在我加入偵辦這個案件之前，雙方的體檢採樣已經完成。警方的外科醫生從受害人和被告雙方取樣了檢體，在男孩的陰莖前端和主體上尋找DNA證據，也對女孩的陰道進行了採樣。但即使這樣，警察也無法提起訴訟，因為男孩早已承認與女孩發生了性關係。這類案件是我的日常工作，打從早期在韋林花園市「誰在說實話」的案件以來，就一直如此。

鑑識生態學家的範圍很廣泛。如果在長滿植物的溝渠中發現屍體，我就會接到電話被要求檢查該處，為凶手如何進入與離開犯罪現場提供線索。如果屍體腐爛到無法識別，我也可以估計（有時準確到令人頭皮發麻）受害者遭害與發現屍體中間經過了多少時間。我做的這一行，不僅可以幫忙找到地點隱蔽的秘密埋屍處，也可以分析你的腸道內容，以解釋你死亡的原因；

我們可以辨識殘留在杯中或其他容器中的那些毒性藥物或精神藥物具有哪些植物成分殘留物。然而，我們的主要工作內容，還是在於將「人與地點」聯繫在一起。

在北威塞克斯這個案件中，我也許無法確認雙方是否是合意性交，但是透過檢查他們的衣服和鞋裡殘留的生物學痕跡證據，我應該可以釐清這個可能為強暴案件的發生地點。而這點，正好可以用來證明誰的故事是錯的，而誰的故事更接近真相。

在六月的美好天氣裡，我從北威塞克斯集市小鎮犯罪現場管理員的車裡走出來，我們一起走向女孩聲稱自己被強暴的地方。這片林地確實很像她給警察的聲明中所描述的。小徑沿線都被寬闊而富含牧草的草皮所環繞，整齊修剪的草地種了許多樹木和灌木。我們沿著小徑走到那塊小林地，我立即看到一棵高大的橡樹，以及白樺樹和老灌木叢。這些灌木叢很靠近她所說的犯罪發生地點。在橡樹下，緊挨著連接兩排房屋的小路，是塊雜亂不堪的地面，上面鋪滿了木屑。而在樹木之間，只要是有足夠光線照射的角落，牧草就朝著天空往上摸索著成長。小路入口一側的房屋有精心照料的花園，上面有金色的金蓮花、早開的玫瑰，以及如同標本般非本地原生的樹木、果樹、柏樹和常春藤等。

我在可能涉及犯罪的現場徘徊走著。先排除木本植物，雖然它們的痕跡證據可能比乍看之下更豐富，不過對於這個案件似乎沒什麼幫助。一方面它們不夠純粹，從樹枝上掉落下來的木屑含有大量木質碎屑，碎片上還長滿了苔蘚和地衣。橡樹底部附近還有一些已經黃化的蕁麻。如果情況像女孩所說的那樣，他們兩人曾經躺在這裡，那麼他們可能都已經收集到廣泛且特定的痕跡證據類型，其中包括今年的殘留痕跡和往年的殘留花粉與其他孢粉。

生物學很少有絕對的狀況。牧場中植物群組成、每個池塘中發現的動植物種類，或是草皮上雛菊的生長方式，一切都是機率性的。樣本中發現的各種花粉和孢子類型與數量，取決於很多種變量，被稱為「腐化因子」（taphonomic factors），在孢粉學上我將它定義為「是否會在特定時間於特定地點發現孢粉的所有決定因素」，你逐漸會學到它永遠取決於環境，因此永遠不能認為生物學是理所當然的。在解釋我們的發現時，也必須考慮到其複雜性，否則你很容易就會受到誤導而得出可能相當糟糕的結論。

想像一下你在射進家中的陽光裡會看到什麼。大量的細小顆粒，很可能是來自你自己的皮膚薄片、蟎蟲、微小昆蟲、植物、真菌甚至礦物土壤的碎片。所有這些微粒會形成「空氣散發」（air spora），這個術語非常有用，可用來描述空氣中漂浮的所有花粉、孢子和其他微觀實體。最後，它們會像「花粉雨」一樣落下，落在壁爐架上或餐具櫃上形成灰塵。

某些植物會靠風來散布花粉或孢子，另一些植物則會吸引昆蟲（甚至蝙蝠或鳥類）來協助授粉。吸引動物的花朵通常顏色鮮豔，富含香氣並且能產生花蜜，甚至有些吸引動物的特殊花香，聞起來像糞便的味道。風媒花透過風的傳播可以將花粉傳送到離母株較遠的地方；而且藉風傳粉的過程是機率性的，所以風媒植物會產生大量花粉，而這常為我們帶來花粉症。一般野草、莎草、橡樹、榛樹和許多其他植物都屬於這一類，它們的花通常是綠色、黃色或褐色的，外觀上並不明顯。它們經常在枝梢末端分成花序，如小羊尾巴的形狀，以便把花粉搖曳到微風中。因此在謀殺嫌犯身上發現風媒花粉，並不代表犯罪現場一定存在該種植物，這還要取決中間是否有任何障礙物（例如建築物和植被）。所以即使附近有某種植物的花粉能夠飛行很遠的距離，一旦遇到阻礙也可能無法到達這個地點，牆壁或樹幹都可能成為阻隔花粉擴散的強大屏障。

想一想榛樹花絮在風中跳舞的樣子，它的花很美麗，是早春的象徵。每個飛絮都是一團雄花，這種結構非常適合在風中飄揚，藉此盡可能地將花粉拋送出去。不過即使如此，大多數花絮仍會落在榛樹母株周圍的環境中。想想看開花時的櫻花樹就可以知道，當花朵落下時，它們總是在樹幹周圍形成漂亮的粉紅色暈圈，一直延伸到樹冠下方的範圍。大多數植物的花粉會落在親體植物周圍、形成不同距離的環，只有某些植物可能遇到更強的氣流，而被帶入更遠的空氣中。

從鑑識學的角度來看，我們在犯罪現場獲取的樣本中，風媒授粉的植物常被認為會留下很多痕跡證據（昆蟲授粉的植物則被認為應該很少），然而事實是，它們的花粉可能永遠沒機會被風送上氣流之中，或是落到親體植物下方地面以外更遠的地方。因此在嫌疑人或受害者的鞋上，這類痕跡證據其實不比想像中少得多。一般來說，透過風來散布的松樹、牧草或榛樹花粉，可能被高估了距離；而雛菊、三葉草、毛地黃、黑刺李和玫瑰的花粉則可能被低估。

如果花粉量適中（在蕁麻和蓼科上很常見），則某些風媒授粉植物可能比牧草更適合作為採證標記。雖然一樣透過風媒散布，但牧草的花粉粒通常很少，而且比較無法有效散布。目前我們已經逐漸瞭解各個物種的擴散動態。

當然總是有例外，這也是生態的本質。在某些特殊情況中，最重要的可能是草類花粉（通常比較沒用處）。我有一位紐西蘭同事達拉斯・米爾登霍爾（Dallas Mildenhall）正在處理一樁謀殺案，這案子後來發現罪犯把受害者屍體丟入河中，屍體從河岸邊的犯罪現場向下游漂走，而他的任務是找到她遇害的地點。從腐爛的屍體上剝下衣服後，他費力地從中收集了草葉和花粉。奇怪的是，他收集到的這些草類花粉，與幾乎所有草類和穀類花粉的單孔形式不同，而是具有兩孔，這確實相當罕見。我們偶爾會發現異常的花粉粒，這通常是花粉在發育過程中出現畸變造成的。但在這具屍體上，所有草類花粉的畸變都很明顯。

最後，他們找到了犯罪現場，並藉由草葉識別出草本身。在現場比對各種草類之後，這位孢粉學家發現了至少有兩種植物，它們的所有花粉都具有兩孔結構。雖然全世界有相當多的孢粉學家，但迄今為止沒有人遇過這種現象，現在各種期刊文獻上肯定已經記錄了這個異常現象。這些帶有兩孔花粉的草，應該是經過某種突變而產生出了異常微粒，很可能是某些時期使用某種誘變劑（可能是除草劑）造成的。我覺得這點相當可怕，也很想知道這種物質是否會引起其他動植物（甚至是人類精子）性細胞中的突變？畢竟，儘管我們跟草類的距離遙遠，但我們與草仍是相互關連的，而且花粉形成的某些過程，跟精子形成的過程非常相似。無論如何，這些突變的草類花粉粒是某個特定地點的絕佳標記。而且，如果嫌犯身上也發現了這種雙孔的草類花粉，他就必須做出解釋來說服警察他與犯罪現場沒有關連。不過，就像許多其他案件一樣，雖然警方找到了犯罪地點，但並未逮捕到罪犯。

犯罪現場會隨時間而產生變化。在某個戲劇性的案件中，英格蘭北部一名高級調查官，懇切拜託我幫忙評估某位妓女被殘酷謀殺的犯罪現場。那天恰好是週末，沒有航班，而如果我一路開車到北邊就會太花時間。但因為狀況緊急，這位異想天開的高級調查官在與薩里警方取得聯繫後，要求他們將我帶上直升機。除了必須戴上厚重的安全飛行頭盔之外，整趟飛行非常快

速，比公路旅行更加奇特，當然也更加有趣。抵達目的地後，我在走出直升機的那一刻被拍了張照片，本來還期待自己看起來像是個迷人的飛行員，結果是在風大的柏油碎石地面上、一個低著身子走出來的圓胖小矮人。

一輛等候著的汽車將我們載往垃圾場，成群警官在那裡擠成一團，冒著全員死於升起的濃煙之危險，一起用力地踩踏地面。一位微笑的犯罪現場調查人員向我致意。

「我幫你把所有草叢都砍下來了，佩特！」他向我說明。就在我還掙扎於拉住防風外套時聽到這句話，我忍不住笑了起來。

「這可真奇怪啊。」但他真的不是在開玩笑。接著他不敢笑了，而是茫然地盯著我看。他這麼做，等於消滅了整個犯罪現場，汙染了一切，清除掉我可能發現的屍體所在地的一切證據。他不僅砍掉了所有植被，還以完全搗碎的方式，將這些垃圾傾倒在犯人可能走過的唯一路徑上。後來那位高級調查官趕到了，他簡直氣瘋了，他跟我一樣對眼前的景象感到不可思議。

回到之前的故事。自從所謂的強暴案件發生以來，北威塞克斯這裡已過了將近一個月，時間本身就構成了一道難題。畢竟大自然一直在努力變化——植物持續生長和傳播，會改變地方原有的樣貌，幅度之大令人難以置信。蚯蚓也不斷在地表攪動土壤；植物可能會在這段時間裡死亡甚至消失。

值得慶幸的是，當時正值盛夏，而且由於我很快就被召入這起案件內，因此林地中的犯罪現場幾乎沒有什麼重大改變。不幸的是，在距離僅僅兩百公尺處的公園就非如此了，這裡是男孩聲稱女孩同意的地方。公園理事會將草皮整理過，而且地面上還留下剛修剪過的痕跡，留下相當多的三葉草和草原車軸草（hop trefoil），這是一種與三葉草有關的黃色小花。能提供男孩不在場證明的位置，只剩下剪過的草屑。儘管草已經被割過了，但仍然是這兩人曾經躺過的地面。嫌犯非常具體指出了他聲稱兩人纏綿的地方，這代表我可以從他們身體接觸地面的確切位置，來獲取對照組的樣本。

原則上來說，將這兩個地點與由原告及被告衣服上取樣的花粉輪廓進行比對，就可以讓我回答以下的關鍵問題：男孩說他們是在公園裡一起躺下，是否屬實？還是應該相信女孩的故事，也就是他們是在兩排房屋間的林地中？但在現實生活中，事情很少是非此即彼的狀況，這起案子也不例外。這男孩把套在牛仔褲外的史努比睡褲（我們無法瞭解他為何這樣穿）丟掉了，不過這條睡褲後來被發現掛在附近公園邊緣處的栒子灌木（Cotoneaster shrub）樹枝上，這讓問題變得更複雜了。新出現的公園，可能會破壞我們能得到的任何痕跡證據。而且在事件發生後，受害者和被指控的攻擊者，都同意他們曾一起坐在她家外面，因此在那裡可能又累積更多汙染的痕跡證據，使得狀況變得更加棘手。我們必須對這些地點都進行採樣，以便將它們從調查樣本中剔除。在去過這兩個「可能犯罪現場」，以及據說女孩和男孩去過的所有地方，或是所有其他地方之後，我將所有可能有助於鑑識痕跡證據的植物物種清單都列了出來。

在這個案件中的兩個被指認的地點，一個以草屑為主，另一個則佈滿木屑的混合土壤。為了盡可能接近真實場景，我必須採集多個樣本。從我的經驗來看，就生態內容而言，地面和土壤本身在很短的距離內就會非常不同；一個樣本可能只有部分可用訊息。幸運的是，這兩個最重要的地點不僅範圍很小而且界線清楚，所以我可以盡量取得許多表面樣本，且把每個樣本都仔細記錄並拍攝下來。分析的樣本越多，就越能接近真實。

天氣非常炎熱，我也滿頭大汗，因此這個工作變成非常冗長，但這恰好是鑑識學最合適的季節。我也必須保持專注，以確保沒有遺漏任何細節。在法庭上，任何被看輕或忽視的事物，都可能被突顯出來挑剔、剖析，用來檢驗證據是否有效。

所有樣本都被小心地送到實驗室，並且開始進行與從衣服中取出的花粉粒樣本進行比對的任務。這是一項很危險的工作，因為必須使用非常強的鹼和酸（包括苛性鈉、乙酸酐、冰醋酸、鹽酸、硫酸和氫氟酸）來處理樣本。其中最後一樣非常危險，因為氫氟酸蒸氣會溶解你的肺，氫氟酸液體則會直接穿透皮膚並溶解骨骼。它通常用來蝕刻玻璃，而在我的的工作中則是用來溶解土壤中的石英。氫氟酸可以穿透玻璃和金屬，這使我想起電影《異形》中從約翰・赫特

（John Hurt）胸口中突然冒出的怪物——在它血液裡的腐蝕性黏液，可以穿透太空船的甲板。

使用氫氟酸時若有不慎，很有可能變成真實的恐怖故事。因此在使用時必須穿戴高防護性的防護衣和口罩，而且所有操作都必須在通風櫥中進行。操作區也備有淋浴區，以及特殊的創傷藥膏，還有一具直通當地醫院急診室的熱線電話，而你也必須夠強壯才能進行這項工作。而讓我感到驚訝的是，大家對於植物學家的刻板印象，都是身穿粗花呢裙以及厚重的鞋、帶著放大鏡，還有具有仁慈溫和的個性。在電影《侏羅紀公園》中，「廣受大家喜愛」的是位古代植物學家，而E．T．也是來自外太空的植物學家。這些人不但聰明，也被認為很溫和。我當然也很想被描述成甜美溫和、不具威脅性且個性溫柔的人，不過雖然我自認溫柔，但外表上似乎不符合條件。擁有這樣甜美特徵的人通常人緣很好，但在法庭上可能會表現得很弱勢，因為法庭裡的反對派總像是一群野蠻的混蛋。

化學處理過程沒發生任何問題。之後，我沿著工作台排了一整列的顯微鏡載玻片。現在可以開始用顯微鏡進行漫長且費力的計數工作了。在每個顯微鏡的視野中，所有事物都得到了識別和計數。有時會有無法辨別的孢粉，在這種情況下，我會把它記錄為「未知」，並在計數完成後重新檢視。如果被認為是重要關鍵，可能就要花費大量時間來進行追查。有時我會跟其他孢粉學家交換無法識別的未知圖像，也許他們知道這個未知微物的身分。我尤其常跟德州的沃恩・布萊恩特（Vaughn Bryant）和紐西蘭的達拉斯・米爾登霍爾（Dallas Mildenhall）兩人交流，當他們的工作卡住時也會詢問我的意見。有時候，我們全都無法識別某種孢粉，這時我們就會把它標示為未知物。這是提供可信資料的唯一方法，因為我們無法憑猜測做事，亂猜的結果可能會嚴重影響到某個人的人生。如果各個衣服和鞋子圖像都更像公園而非林地，我便可以合理推測男孩說的是實話。另一方面，如果樣本呈現出來的更像林地而非公園的話，則證據將會支持女孩的證詞。

我從對照組樣本開始進行，目的是瞭解我所期望的分類範圍模樣，並查看是否跟我在該地記錄的物種清單相互吻合。這一直是項相當重要的工作，因為它可以強化對當地環境的詮釋。令人驚訝的是，公園雖然非常開闊，有整區成熟樹木以及容易散布花粉的無阻隔空間，不過花粉量卻很少。牧草、蕁麻、車前草、其他野草、蕨類植物和苔蘚占了主導地位。三葉草的驚人大花粉粒痕跡證據相當多，但我已經知道這種植物在草皮裡大量繁殖，以致我甚至沒注意到有其他種類的草，因此其他花粉一定是從公園邊緣進入中間的，而緊鄰地點唯一生長的植物是野草、草原車軸草、車前草（plantain）和三葉草。

接著我查看那個林木繁茂的地點，也就是假定的犯罪現場，它被封閉在樹木和灌木叢中。這種植被經常是阻礙花粉從外部流動進來的障礙，但我卻在表層土壤和垃圾樣本中，發現了二十八種不同的木本植物。道路一側花園中的花粉進到了這裡，發現青花樹（Ceanothus）的花粉傳播了多遠讓我覺得很新奇，此外還有柏樹花粉也被吹到地表土壤和垃圾上。唯一值得注意的草本植物是歐芹和毛茛，它們當然有在我記錄的名單上。

兩個地點的花粉狀況如此不同，這點很有幫助。不過儘管花粉結果令人舒暢，但真菌孢子組合所表現出的明顯而驚人的差異，卻更戲劇性。這個假定的犯罪現場有各式各樣的真菌孢子，其中大部分與林地相關。細枝、樹條、腐葉和其他碎片，在這裡為真菌提供了理想的生長條件。在鑑定出的二十一種真菌中，有白麻布鐘形孢菌（Camposporium cambrense）的圓柱形淡棕色孢子，這是一種腐爛的落葉喬木如樺木、冬青樹和橡樹上的常見真菌。短蠕真菌（Brachysporium britannicum）則是一種常見的光滑壁種真菌，出現在梣樹、山毛櫸、樺木、栗子和橡木的樹皮上；最引人注意的是柔孢菌（Clasterosporium flexum），這是一種真菌，它的孢子紀錄在英國只出現過六次，而且是在外來種柏樹的腐爛葉子上發現的。

能在這裡發現這種罕見真菌並不令人意外，因為花園裡就有一棵柏樹，而且就緊鄰著所謂的犯罪現場。稀有的苔蘚類植物可在鑑識領域提供強大的痕跡證據，有助於我們更有效建立精確的關連性。而且這也不是唯一鑑定出來的罕見孢子：柏樹的寄生菌，即枯斑擬盤多毛孢菌（Pestalotiopsis funerea）也在樣本裡面。此外，還有一種只會在土壤裡發現的真菌——叢枝內生菌根菌（Glos fasciculatum）。這種真菌儘管在歐洲林地裡經常可見，但在英國只有四起關於這特定物種的紀錄。它的罕見性對我們來說是個重要標記，如果這些孢子就是木質碎屑和林地的特徵，而且任一方的衣服樣本也有這些孢子的話，那麼我們便可更有把握地得出結果，認定事件就發生在女孩控訴自己被強暴的地方。

更重要的是，男孩所說公園裡所採集的樣本，幾乎沒有這些特殊的真菌孢子。事實上，主導對照組樣本的真菌孢子是普遍常見的類型：紫色附球孢菌（Epicoccum nigrum），它生長在草皮殘留的草屑上；三葉草黑斑座囊霉（Cymadothea trifolii），一種三葉草特有的真菌；黑孢殼菌（Melanospora），一種通常寄生在草本植物其他真菌上的真菌。這兩個地點的花粉特徵可能部分重疊，但它們在真菌觀察裡似乎毫無關連且有極大差異。

建立了對照組樣本的豐富輪廓後，我們便可進入下一階段的研究：確定衣服上有哪些孢粉型態，這能讓我們確定這些衣服當晚是在這個位置，還是在另一個位置上。我還覺得有必要多分析一下女孩和男孩的衣服樣本。我有他們的鞋、牛仔褲、上衣、羊毛外套和一件奇怪的睡褲。如果雙方的衣服和鞋類圖像比較像公園而非林地的話，那就可以合理假設男孩說的是實話。反之，如果圖像更像林地的話，那麼證據便將支持受害者的證詞。

這兩套衣服都沾帶了大量的粉狀物質。當觀察計數開始進行時，逐漸形成鮮明的圖像：男孩的牛仔褲、睡衣褲和鞋，出現了我們從可能犯罪現場（林地）發現的大量孢粉分類單元。很快地，我也從女孩的衣服上看到了相同的組合。

這些花粉檔案的結果具有很強的可對比性。通常樣本之間很難有完全精確的匹配，但是作為診斷技術的孢粉學，其強項便是解釋時會同時考慮多種標記。我們不僅會查看痕跡證據的某一項，通常是纖維的痕跡證據，也會查看單一粒子的特殊性。每個孢粉學資料，可能包含了兩百到三百個或者更多獨立的證據單元。對我而言，從統計數據中整理和計算結果，是整個調查過程中最令人興奮且有趣的部分。

這是讓一切辛苦變為值得的最終圖像，就目前的情況看，這次的統計數據非常漂亮。「史努比」睡衣從玫瑰家族裡沾帶了大量花粉，這可以解釋為它被拋在當時開滿花的栒子灌木叢上。從女孩和男孩的衣服中提取的花粉，也都屬於林地中發現的所有樹木和灌木叢，尤其是橡木、樺樹、松樹和一些老灌木叢，這是林地上的四種主要花粉類型。

我也驚訝於真菌孢子提供的「接觸證據」。衣服上的每個樣本都有真菌孢子和花粉結果，這意味著我們將有兩個不同物種的鑑識證據，使它成為極具說服力的強大數據資料。真菌孢子的結果與花粉和植物孢子的一樣，因此植物和真菌的證據可以相互支持。

令人感興趣的是，「缺少」某些孢粉分類單元與看到它們同樣重要。在草屑中，紫色附球孢菌的真菌孢子非常豐富，但在林區的樣本中只有一個，因此這種真菌孢子就變得相當重要。由於在草屑中有大量的紫色附球孢菌孢子，如果女孩和男孩真的躺在草地上，那麼無論男孩或女孩的衣服上一定都會沾帶到。三葉草花粉的情況也一樣，草地上的草屑非常多，但雙方衣服和鞋類只觀察到一個微粒。因此有無三葉草花粉的巨大差異，與有無紫色附球孢菌孢子的差異，都變得非常重要。

與公園相比，林地的樹木下方有大量枯枝碎屑，而這種地方已被證明會帶有大量生長在各種枯木上的不同真菌。此外，雖然真菌本身很小，但大多數真菌會產生較大的孢子，導致這些孢子無法自由地散布到空氣中。因此，若它們被沾帶到衣物上，這就成為絕佳的局部地點接觸指標。女孩和男孩的衣物都出現了多種真菌孢子，而這些真菌孢子在公園草皮裡並沒有發現。特別是較為罕見的柔孢菌，這是枯死樹木所特有的。更重要的發現是，女孩衣服上比男孩衣服來得多，這很可能是因為她的身體與地面接觸的面積比男孩大。而要能轉移這麼多真菌孢子，他們必定在假定的犯罪現場中與地面有直接接觸。

儘管有些痕跡證據來自其他地點，而且這兩個位置也還帶有一些共同點，不過最後仍然有一百一十五個單獨的孢粉類別，證實了女孩所說的故事是真的。在我身為孢粉鑑識學家，在過去二十五年累積的經驗裡，從未遇過兩個地點同時具有相同孢粉學特徵的情況。當然我必須自問兩人從隨機地點偶然沾帶到這些特徵的可能性為何？然而，從女孩的衣服上得到的花粉和真菌孢子計數，都與男孩的所有衣服和鞋子相當類似。最後，我判定這兩套衣服更像是林地的花粉輪廓，而非男孩所說的公園，如此證實了他們兩人都曾躺在這塊林地上。原先假設的犯罪現場，變成了真實的場景。

這些樣本不需要完全一模一樣，就能讓我們對發現的結果充滿信心。大自然給了我們一個混亂且不盡完美的世界，因此很少有事物能完全匹配，但我們在此發現的關連強度強到無可否認。犯罪嫌疑人和受害人衣服上的孢粉輪廓彼此相似，同時把結果合在一起比對後，又與我們從林地（女孩宣稱遭強暴的地方）採集到的樣本非常相似。

我走到樹木之間的空地上，觀看被修剪整齊的中產階級住家花園，那裡種滿了外來樹種和灌木。我很確定就比較結果來說，這裡是兩人扭打過的地方。他們就是在這裡，在這些樹木的陰影下，從地面雜亂的木屑中沾帶起花粉和孢子。雖然我們沒有目擊證人，也可能沒有足以判定是非的證詞，而且這事件如果發生在另一個時代，很可能就會是一樁「各說各話」（him versus her）的案件。這類案件總是無法通過法院上最重要的「舉證責任」（burden of proof）試驗。然而，我們現在所做的是建構一張由花粉和孢子構成的圖像，藉此描繪這兩人曾經去過的地方，以及他們衣服和身體與周圍看不見事物的細微差別。大自然在他們身上留下了印記，一旦上了法庭，這些印痕證據便足以證實被害人的說法，為被害人辯護，並且揪出被告的這男孩確實是個強暴犯。

我還要提另一件事，在整個案例中，首要任務是分析從兩名當事人的生殖器上取出檢體。其中，男孩的並沒有發現任何花粉顆粒，但女孩陰道的檢體樣本中帶有兩粒橡樹花粉和一粒草的花粉。想像當時的情況，很顯然是男孩的手先將花粉轉移到他的陰莖上，然後又經由性交轉移到了女孩體內。或者，也可能是他的陰莖有碰觸到地面，然後藉由性交直接帶入。強暴案發生那個地點旁有棵橡樹，如果兩人不曾躺在這裡有性交行為，橡樹和草的花粉怎麼可能會進入她的私密處呢？

年輕人的律師花了一些時間消化我們的證據之後，男孩很快就俯首認罪了。這為國家省了很多錢，因為訴訟過程會花上一筆巨款。我很高興地說，我們經手的很多案件都已經得到認罪招供，因此我們真的為納稅人節省了不少錢。謹慎對待供詞，以確保它們不是在被脅迫或在其他非法手段下取得，這點相當重要。無論如何，這樁假定的強暴案最終水落石出，男孩也因為自己所造成的傷害，被判處了相應的監禁刑期。

第七章：蜘蛛網

花粉和孢子相當強壯，當細菌和真菌證據都消失了，它們還可以在某些岩石中生存數千甚至數百萬年。在考古學和生態學中，這種特點讓它們對於重建過去環境和展示景觀變化方面，具有重要的價值。因此，植物在人類歷史上相當重要，它們所遺留下來的這些東西，可以證明幾千年來人類利用植物的方式。

有一次，我短暫地被警方交給我的一個案件所困擾，這是一樁發生在約克郡礦山鎮上的案件。有兩個男孩在路上發現一個看起來有些沉重的新運動背包。因為很重，裡面一定有什麼東西，於是他們興奮地把背包帶回家。當他們迫不及待想看看背包裡到底有什麼而打開時，隨之而來的驚恐場面讓人想罵他們一句「活該」。打開背包拉鍊看到的一切，可能會讓最堅強的男人也感到不安，因為裡面是一具已經「木乃伊化」的屍體，就像在恐怖片中看到的一樣令人驚嚇，男孩的尖叫聲引來父母，接著馬上打電話給警察。沒人知道這個死者的身分。

除了小腿和腳掌被放在鬆散包裹的塑膠垃圾袋內，他的整個身體都緊緊被保鮮膜包裹著。屍體大腿上黏著一片黃色無花果葉，顯得有點孤單。小腿以下的皮膚，則被黑色煤煙物質覆蓋。把樣本帶給我的兩名警官說，屍體的臭味聞起來像是來自那些黑色的東西。他們跟我都認為這是一種化學氣味，可能是某種機油。我很快就做了這層黑色「煤煙」物質的載玻片準備工作。結果在顯微鏡下，那竟是一層厚厚的真菌孢子，這點讓我非常困惑。我察覺到，包裹小腿和腳掌的塑膠袋有些鬆散，代表這些部位會暴露在空氣中，但屍體其餘部位的保鮮膜能阻隔氧氣。所有真菌幾乎都像我們一樣，需要氧氣才能存活與生長。雖然身體其餘部位呈木乃伊的褐色，但腳卻如煤煙一樣黑，而這種煤煙物質是活躍生長的真菌孢子所形成的。

每個人都對那片葉子感到好奇。經過一番努力，我從葉子表面獲得許多花粉粒。再次地，這裡的花粉輪廓呈現出一個凌亂的花園。奇怪的是上面竟然有很多玫瑰花粉、一些鐵線蓮和梧桐、松木、樺樹的花粉，這些都會是葉子來源處的線索。驗屍結果證實該名男子被刺傷而死，但無法確定他死亡多久。然而更令人好奇的是，他的軀幹前後皮膚和頭髮上竟然還有些沙子黏附著。年輕的警官被弄糊塗了，雖然他們看起來很享受這個案件的新鮮感和多樣性，但這可是他們第一次遇上謀殺案。

結果在純粹巧合的情況下，我們辨識出受害者的身分。透過屍體面部重建，警方在約克郡全郡四處張貼「尋人啟事」的臉部海報。一位在警察局附設倉庫工作的警車修理工人認出了這張臉孔，指出這張臉屬於一位住在警察局附近的葉門（Yemeni）移民，而受害者在失蹤之前也在同一個倉庫工作。很快地，他的住處和家人被查出來了，但警方卻循線發現他的房子已經張貼了出售告示。

當我到達整排維多利亞時期的紅磚砌屋前，後門外被砍伐過的巨大玫瑰叢嚇了我一跳。那片玫瑰叢連向一個狹窄的混凝土後院，老鐵線蓮植物的殘骸仍散落在玫瑰旁的籬笆上，花園的其他植物也已被砍光，整個看起來空蕩蕩，帶有一股詭異氣氛。不知道什麼原因，花園表土全被清除乾淨了。只剩下末端一棵懸鈴樹（sycamore tree），樹冠延伸在車庫和隔壁花園上方。

顯微鏡下花粉的輪廓證明，當凶手用保鮮膜包裹屍體時，曾把屍體放在後院，並且緊貼著玫瑰叢和鐵線蓮。清除表土後的混凝土上還留著大量有機的、可分解的植物凋落物，玫瑰和鐵線蓮的花粉可能因此被收集到。一般來說，當灌木遭到砍伐、殘留的花粉聚積時，就會發生這種情況。

懸鈴樹的黃色樹葉也提供了訊息。事實上，光靠那片葉子，我就能繪製出房屋附近花園的主要特徵，以及該名男子死亡時的可能圖像。如果葉子是在綠色時從樹上扯下來的，我會期待它保持綠色，因為當葉片過早從植物身上脫落時，葉綠素並不會分解。所以，這片已經變黃的秋葉，應該是從樹上自然飄落，並可能從花園底部吹到了後院。這也暗示屍體可能是在下半年，而不是在春天或夏天被包裹起來的。不過，懸鈴樹的葉子分解得很快，如果事情是發生在深秋或是初冬，就可能會變成那塊混凝土上糊狀有機物的一部分。因此，屍體沾帶的應該是一片早秋的葉子。此外，這種特別的包裹方式，缺氧狀態讓真菌無法在腳部上方以外的身體部位生長，防止了屍體的自然分解，也阻止了這項重要證據的分解。那片葉子雖然保留了花園的圖像，告訴我們故事的一部分，但還有許多其他證據表明可能是受害人的兒子和孫子涉嫌犯罪。

在房子的酒窖樓梯底部，警方發現了一個磚砌牢房，塗有看起來還很新的綠色光澤塗料，裡面充滿了沙子。分析結果顯示，這是建商留下的沙子，而且被柴油嚴重汙染了。後來我們才知道在波灣戰爭期間，葉門人會在死者身上淋上機油，然後把屍體埋在沙中。這當然不是約克郡處理死者的傳統作法。警方對肇事者進行長時間偵訊後，才發現這種作法是死者兒子和孫子在波灣戰爭中看過並學來的方式。這位祖父是位霸氣而殘酷的老人，兒子和孫子是在真的忍無可忍的情況下，才在盛怒中採取了激烈的行動。事發當時，老人將他的廓爾喀彎刀（kukri knife）放在火上烤，還故意用刀燒傷了孫子的腿，以示對一件小事的懲罰。結果，這對父子從祖父手中奪下刀，並用刀刺死老人。

在調查前期，我被要求盡可能瞭解這個房屋、這裡的住戶以及他們的習慣。屋內有一個從外面的活門直通地窖的煤炭豎井。我實在很難抗拒從豎井裡採集煤塵樣本，結果沒想到採集到的樣本內容竟然難以解釋，讓我非常頭疼。直到回想起一些往事，我才豁然開朗。樣本裡的豐富花粉輪廓代表了乾草地，雖然當時花粉應該早就掉落了，但意外的是這些花粉保存得很好。而這就是我頓悟的時刻：我想起小時候，當時人們仍然使用馬車。當時煤炭碎片和煤塵在街道上四處堆放，當煤礦工人停在街上，將煤鏟入每戶人家的地窖中時，一旁的馬也會跟著休息。從我的童年時代開始，我就記得那些馬匹每隔一段時間就會沿街散落糞便，馬糞在過去是很珍貴的東西，聰明的園丁會趕緊把它們鏟入桶中，而這就是地窖煤煙樣本呈現乾草圖像的來源。

馬糞乾燥後非常易碎，會被吹到周圍的水槽或任何角落。帶有花粉的糞便碎片便因此進入豎井，由於豎井的含酸量太高，阻止了所有微生物的活動，讓花粉得到良好的保存。它在井裡極端的化學作用中倖存下來，並且可能自維多利亞時代以來就一直滯留在那根豎井中，可確定至少能回溯到一九四〇年代或是一九五〇年代初期。

從那時起，這種特別發現的經驗，讓我在遇到奇怪的花粉特徵時能更從容面對，我學會了設想可能用途，或是曾經使用這類花粉的環境。後來有一次，我在林地深處也發現了乾草花粉，該地區雖然遠離附近任何耕地，但應該是馬徑上的馬糞乾裂成碎片後被風吹過來的。因此，當史前花粉從猛獁糞便中被提取出來，也絲毫不用覺得詫異；這團糞便出現在一萬年以前。而一九九一年發現的冰人腸道花粉，來自一位新石器時代的獵人，他在五千年前於阿爾卑斯山上漫遊時遭到襲擊，殺死他的箭鏃仍嵌在他的肩胛骨中。通常，這些來自腸道的花粉和孢子都能保存良好。

因此，像這樣存活了幾千年的花粉粒在北威塞克斯強暴案中被當成重要證據，也就不足為奇了。但即使一個人已經具備足夠的證據意識，犯案後銷毀自己的衣服或與別人交換衣服，也不一定就能躲避這類痕跡證據。不論活人或死人（我親愛的丈夫除外，因為他是專家），大多數人都會在不知不覺當中吸附或沾帶到孢粉。無論你走到哪裡，不管你有沒有使用髮膠、髮蠟或其他產品，花粉和孢子都會在靜電作用下，頑強地黏附在你的頭髮上。這也讓我想起了另一樁案件。

——

有個女孩失蹤了將近一年，在酷熱的夏日裡，她在約克郡林業苗圃邊界一個凹地中被發現，身上仍裹著凶手倉促中包裹在她身上的羽絨被。她失蹤時還不到十五歲，是在跟朋友一起購物後返家途中失蹤的，而這件事引發了約克郡治安史上規模最大的失蹤人口搜尋行動。兩百名軍官和數百名志願者沿街散開，沿著她回家的公車路線，敲開數千扇門，搜尋了將近八百棟房屋、棚子、車庫和附屬建築。當局發出搜查令，針對一百四十名涉嫌男子進行調查。警方也針對垃圾收集地點進行巡查，同時也搜查垃圾場，甚至因此暫停家庭垃圾的收集。當地一位慈善家還懸賞一萬英鎊，獎勵任何有助於找回她的訊息。但這一切都徒勞無功，因為她永遠不會回來了。

後來，有位正在遛狗的人找到了她，這種狀況經常發生，而且棄屍地點距十年前發現另一名被謀殺女孩的只有一百公尺。女孩的身體被包在棉質羽絨印花被中，還包裹了幾個綠色塑膠垃圾袋。一個黑色垃圾袋罩在她頭上，脖子則被一個狗項圈套住。這個棄屍地沿路都種植了原生硬木樹種（橡樹、柚木類），林業委員會的林地經常如此種植，好讓人留下外來樹種相當多樣化的印象。緊靠林地邊緣道路延伸過去，有一個由酸性草原（acid grassland）組成的開放區域，偶爾會看到石楠花、越橘（bilberry）和蕨類植物。這種地形在約克郡或英國其他地區相當常見，因為林業委員會和私人土地所有者，總是把這些黑暗、沉悶的林地種在山坡地上。這種林相內部非常陰暗雜亂，樹木總是成直線排列，嚴重影響到原生物種的生存。我一直把它們視為厄運和陰鬱的樹毯，完全不想以「林地」來稱呼它們。

當我到達埋屍處，一些警官和幾個穿著合適靴子的科學家正在忙碌著，現場安靜無聲。我看到鑑識考古學家已經進行了深度挖掘，瞬間覺得很不開心，因為他並沒有留意要先保護周圍環境。這也表示，對我來說相當重要的表面樣本採樣處，可能會被挖起的土壤汙染而遭到破壞。我趕緊盡可能地在靠近埋屍處採集尚未受到汙染的地表樣本，並調查了屍體周圍和附近，以及沿著犯罪者可能路線上的植被，列出完整的物種清單，以便在必要情況下能把將這片林地的植物特徵，跟我從嫌犯身上或物品上所取得的任何特徵進行比對，當然前提是警方會設法逮捕到某個人。

在這片淒清荒涼的景象裡尚有一絲希望：這個可憐女孩被包裹起來的方式，意味著她沒有受到土壤或周圍植被的嚴重影響。換言之，無論我從她身上取得什麼痕跡證據，都不能代表她的埋屍地點，而是代表她與「外界」接觸的最後一個地方。這點很可能直接導引我們找到殺她的凶手。

我在心裡牢記著這一點。在女孩屍體被帶出林地後，我來到利茲總醫院（Leeds General Infirmary）。她的屍體已在停屍間的不銹鋼桌上準備妥當，我的第一項工作便是盡可能從她脫落的頭皮上取得痕跡證據。

頭髮、皮草和羽毛都是非常好的採集載體，它們是由高抗性蛋白角質所構成，這些材質還構成了指甲、蹄和爪，非常堅固耐用。要說生物界還有其他與韌性相關的物質，那就只有幾丁質了，這是蟹殼、昆蟲外部骨骼和真菌細胞壁的主要成分。頭髮的堅韌程度不輸給一般天然纖維，而且非常耐用，對於那些希望將顆粒黏附在其表面的植物來說，簡直就是一大福音。我還發現，如果頭髮接觸到覆蓋著花粉、孢子甚至礦物質顆粒的表面，這些東西將會迅速轉移到髮束上。

每根頭髮都由好幾層構造所組成：首先是最裡面的髓質，僅存在於最濃密的頭髮中。然後是皮質，最後是由重疊的鱗片所組成的外表皮。隨著頭髮老化，鱗片會逐漸被侵蝕。由於頭髮會有各種靜電作用，因此會主動吸引顆粒物，這就表示在適當的情況下，它會像蜘蛛網一樣能捕獲各種孢粉型態，讓我們稍後得以將它們復原。花粉和孢子可以在頭髮和皮毛上維持很長一段時間，在考古學中，它們可能會在幾千年後被取出，並可用於協助我們重新構建史前景觀。從鑑識觀點來看，花粉和孢子可能會無限期地滯留在頭髮上。不論是在死亡前、死亡過程中、死亡後，頭髮都會吸引孢粉，因此我能從中獲取證據。我經常從受害人頭髮上的孢粉想像出身體被放置的地方，這種情況已發生不只一次。

雖然有時候受害者的頭髮乾淨整潔，但並非總是如此。我經常處理染有血液、其他體液和分解黏液的頭髮。頭髮也可能被汙垢、土壤和其他物質所覆蓋。在死亡後約一週時間，頭皮就會從頭骨上剝離，因為皮膚組織的腐爛速度快於頭髮腐爛的速度，因此現場發現受害者的頭髮與屍體有一段距離是很正常的。的確，如果犯罪現場的屍體是暴露在地表上而非被掩埋，頭髮就可能散布在周圍地面上。我看過小鳥收集這些頭髮，因為它們是很棒的築巢材料。

我在調查中拖延了一個月，原因在於雖然死者在失蹤的整整八個月中沒有被埋葬，但她的保存狀況非常良好。病理學家認為，她可能先被關在冰箱或其他冷藏處，後來才在罪犯有空或方便時被帶去丟棄。也就是說，她在棄屍地點的時間相對較短。然而，即使她的屍體有被凍結了一段時間的事實，我們卻無法確知冰凍期間有多長。警方雇用了冷凍食品專家，並對肌肉在冷凍中的狀態進行調查。但是，就跟許多其他的法務工作一樣，觀察和實驗不一定就是完全嚴謹的科學，因為人們永遠無法複製原始條件來檢驗模型或假設。一切都只是近似的，但這是現行法律下所能辦到的最好作法，當然努力嘗試更多創造性的方法來檢驗是否可行，也是絕對必要的。

「佩特，我們需要……」警探對我說：「對她長久以來被關押的地點的一些想法……。」

正是這種時刻，我才清楚意識到這個任務責任有多重大。警察、女孩的父母、新聞界和所有人都想知道同一件事，而我必須嘗試提供答案，我感受到很大的壓力。

當我被叫到停屍間時，入口處的洗腳消毒盆在空氣中散發出強烈的消毒劑氣味，而且現場太過明亮，光線在金屬表面上強烈地反射。我已在更衣室裡換上藍色工作服，並很習慣性地穿上當然不合腳的白色惠靈頓靴。因為我的腳只有小孩大小，所以我必須用拖的方式，沿著地板把我的腳拖到工作用的金屬桌邊。接著，我熟練地在長凳上擺上對我來說必不可少的裝備，包括不銹鋼碗和水罐、手術刀、鑷子、樣本瓶、標籤紙、漂白劑瓶和藥用洗髮精。我的工作是從屍體的頭髮、鼻孔、嘴巴和皮膚中提取任何可能證據。透過分析植被的顆粒或碎片，或者其他任何可能的切入點，也許就有機會對女孩死亡前後發生的事，以及最重要的事發地點，進行場景重建。

令我驚訝的是，我竟然必須從這女孩的身體中移除掉相當多的植物材料。一開始我以為這可能會對案件有幫助，但我很快就意識到，從垃圾袋裡取出女孩屍體的人員可能不夠小心，以致在打開垃圾袋時，某些現場土壤掉落在她的皮膚上。幸好跟之前的情況一樣，這些落下的植物汙染物並不是掉落在她的頭部。我很高興她的頭髮上沒有任何東西掉落，否則我就必須將埋屍地點的孢粉特徵與我們正在尋找的地點特徵加以區隔。

儘管女孩的屍體保存良好，並在這樣的高溫下安然度過八個月，不過現在她躺在冰冷的不銹鋼檯面上仍面臨快速分解的命運。屍體沒有腐爛到無法識別的程度，但正在積極分解中，而接近時的惡臭使人無法承受。我差點就退縮了，在設法化解掉這股作嘔的衝動後，我繼續執行工作。腐爛屍體的噁心氣味是由許多氣味複雜混合而成，是自溶作用和細菌酶作用的副產物。這種氣味真的令人作嘔，而且隨著分解作用不斷持續，還會隨時間產生變化。當人的心臟停止跳動時，身體不會立即死亡。當然那時大腦已經停止運作，儘管某些部位會在大約四分鐘內開始分解，不過細胞還需要一點時間才會完全衰竭，身體也是逐漸失去血色。皮膚中的黑色素細胞在死亡後，至少還能維持十八小時的作用。我記得曾經有一次，有片葉子從樹冠飄落，落在到一位裸體年輕女子蒼白屍體的大腿上。當我從她的大腿上拿掉樹葉時，很驚訝地看到皮膚上留下了白色的葉子形狀。她的皮膚很白皙，所以葉子蓋住的部位膚色很白，但由於她躺在林地斑駁的陽光下，葉子周圍的皮膚已被曬黑了。

在我眼前的身體持續散發出乳酪和糞便混合的味道。很明顯地，在這個特定分解階段中，丁酸細菌（butyric acid）非常活躍。她的皮膚很黏，可能充滿了分解細菌和酵母菌。由於頭皮已經剝落，所以我把它放入一個深底的不銹鋼壺裡，並在加入稀釋過的「好友和伙伴」洗髮水溶液後，進行劇烈攪動。當洗髮水溶液對頭髮進行了充分處理後，水變得很渾濁，我把沖洗液倒入通用塑膠瓶裡，並貼上詳細說明的標籤，先將它們放在一旁，準備送回倫敦的實驗室。為確保能最有效地回復花粉，我盡量使用少量的水來沖洗頭髮，然後把沖洗液放入另一組瓶子裡。每次沖洗出來的髒水都是一份樣本，最後我會把瓶裡的內容物混合在一起，然後將混合物分成兩份。如果其中一個樣本不小心出了問題，我還保留另一份樣本。

在停屍間的工作過程中，我還觀察了女孩的嘴唇、牙齦和鼻腔。停屍間裡的技術人員都很友好且樂於助人，我相當感謝他們，因為我並非每次都能被全心全意地接納，尤其是遇到病理學家時。病理學家可說良莠不齊，其中許多人還患有「神靈妄想症」，認為他們是這房間裡的無上神靈，儘管有時也會出現「好神」，但某些病理學家似乎真心覺得，自己會被其他專家的古怪想法所冒犯。

在我準備樣本時，停屍間對面傳出另一個聲音。

「你應該想吃午餐吧，佩特？」我環顧四周，原來是將我帶入這個案件的那位帶著友善面孔的高級調查官。

「哦，可以，走吧。」我回答。

當我們到達員工餐廳，剩下的東西已經不多了，因為我對屍體進行採樣花了很長的時間。

「你想吃點什麼，佩特？」

我累到無法專注，老實說我好像已經餓過頭而不覺得餓了。但我回去時還要往南開很長一段路，因此必須吃點東西來讓我撐下去。

「你幫我選好嗎？」我說。「任何不帶肉的東西都可以……。」

片刻之後，他拿著一個滿滿的餐盤回來，然後把餐盤放在桌上。我看了一眼，聞到餐點的氣味時立刻感到噁心，因為眼前放著乳酪花椰菜。我通常很喜歡這道菜，但現在聞起來卻有丁酸和硫化氫的氣味。換言之，我聞到「屍體的味道」。菜的顏色也是屍斑那種灰褐肉色，邊緣看起來就像大腦的淡灰色調。好吧，我心想這些當然可以吃啊，丁酸來自奶酪，而硫化物來自花椰菜。包括花椰菜在內的捲心菜家族都會產生許多硫化物，我想這就是為什麼有些人討厭捲心菜、花椰菜和豆芽的原因。丁酸是細菌發酵形成的，而製作奶酪的相關細菌，與屍體分解及腳臭味的產生原因是一樣的。我試著盡可能客觀，但每當想吃時反胃的感覺就會上上下下。我只好拍拍自己的臉，想像外婆說的「別再抱怨了，繼續吃吧！」我是這樣吃完的。

裝上一整袋珍貴的樣本和設備後，我開始向南行駛返家。由於高速公路上的各種狀況，開了七個多小時後，我終於回到家，大約凌晨一點時在電視機前面躺了下來。我的寶貝米奇（Mickey）是隻獨眼緬甸貓，毛髮如絲綢般柔滑，牠躺到了我的腿上。下一個清醒時刻已是凌晨四點半了，我的脖子僵硬，米奇的鬍鬚在我的頰上搔癢著，荒謬恐怖片般不和諧的音樂在電視雜訊畫面上播放著。我關掉電視，米奇仍抱在懷裡，我倆都上床睡覺，直到早上十點才醒過來。

——

透過各種反複的實驗，我發現頭髮是花粉和孢子的奇妙來源，也對它吸附微物顆粒的能力感到驚訝。在我帶的一位碩士生所做的研究中曾經證明，不管你的頭髮上是否使用造型產品或是髮膠，全都無關緊要，因為花粉和孢子會一視同仁地黏在乾淨的頭髮上、擦慕斯的頭髮上或是很髒的頭髮上。在驗屍檢查中，我曾見過病理學家刻意將一把梳子穿過受害者的頭髮，當時人們認為這種證據沒多大用處。然而事實是，你必須對整個頭髮進行採樣，只梳理一小部分頭皮並無法有效取得較大的植物顆粒。然而，這種作業方式是如此根深蒂固，成為執行過程中一項例行公事，而非有意義的「調查行為」。我從不認為任何事情都是理所當然的，而且因為我的好奇心很強，所以我總是想更進一步瞭解。這點也經常使我在謀殺案裡取得最佳結果。

還記得有一次，受害者是名非裔的加勒比黑人女性，她穿著昂貴但不協調的衣服。我從未碰觸過非裔加勒比人的頭髮，因此在停屍間裡，當我一如往常試圖在大碗裡沖洗受害者的頭髮時，頭髮竟然不會被弄濕，讓我大感驚訝。它們有點像是羽衣草屬（lady's mantle）那種鬆軟毛茸茸的葉子，上面的細毛髮能有效排斥水分，於是水珠就像上面鑲了小鑽石一樣地掛著。在場的一位病理學家，也是我見過最具創造力的一位專家，當場提出一個解決方案，建議割開她的脖子和喉嚨，把整個臉和頭皮取下。我說不出話來，因為取下後的樣子就像手套木偶一樣，只剩下一個沒有臉和頭皮的屍體。我把戴手套的手放進這張「面部頭皮手套」內，然後在熱洗滌劑溶液的大碗中充分攪動，設法取得了一個很好的樣本。完成後，我們再把這個「面部頭皮手套」套回屍體上，希望沒人知道她的臉曾被整個取下來過。還好眼睛完美地吻合眼瞼的部位，她看起來和以前沒有任何不同。現在我知道整形外科醫生如何對待面部了，因為它只是肌肉和骨骼上面的軟薄覆蓋物。令我震驚的是，整形外科醫生可以輕鬆整齊地切割、移位，甚至去除皮膚，以滿足整形者的需求。

回到倫敦的實驗室中，我著手處理樣本，將所有樣本放入離心機，然後去除每瓶試管裡的「上澄液」（supernatant），即每個試管底部夾子上方的液體。

處理八個樣本需要花上一整天的時間，並且必須使用一系列強鹼和劇烈的強酸（包括氫氟酸），來消除不需要的纖維素、其他聚合物和二氧化矽這些背景物質。最後我在工作檯上排滿了長長的樣本，然後進行顯微分析。當電話在我頭頂上發出沙啞的鈴聲時，我嚇了一跳。

「有什麼結果了嗎，佩特？」電話線另一端傳來警察的聲音。是的，有點眉目了，畫面已開始浮現。我本來以為會看到一個非常荒涼的破敗花園景象，但這次是營火晚會般的景況。針葉樹和闊葉樹被燒過了，它們特定類型的木質細胞證明了這一點，因為我看到針葉樹的管胞（tracheid）和闊葉樹寬大的木質部導管（xylem vessel）。它們是以完整的木炭形式保留下來，但也有很多黑色的、燃燒的、無定形的材料，以及有稜角和圓形的二氧化矽顆粒（也就是沙子）。她的頭髮上有太多沙粒和燒焦的碎屑，因此不只是短暫的接觸。看起來就像是很接近，甚至躺在營火的灰燼中。

女孩的受害地點立刻從我腦海裡浮現出來。女孩的屍體被放在一個很可能被忽略的水蠟樹（privet）樹籬附近。那裡的花朵必然盛開著，才能解釋受害人髮中相對較高的花粉含量，如此也意味著這裡可能已有很長一段時間沒有修剪過，所以這裡的灌木叢可能很大一片，樹籬也很高。這也代表她躺在很靠近樹籬的地方，因為水蠟樹是由昆蟲授粉，不會產生大量花粉，而受害人的頭髮所採集到的水蠟樹花粉比預期的多。白楊樹是由風授粉的，花粉可以傳播很遠的距離，樣本中出現豐富的白楊樹花粉可能代表在水蠟樹附近至少有一棵白楊樹。白楊樹會產生柳絮和豐富花粉，其微粒是薄壁的球形小突起，表面上有細小斑點，不是很結實，可能很快就會分解。我很少遇到發現這種花粉的案例，更不用說看到它的花粉了。因此對我來說，這是一個很好的學習標記。

其他可能也很重要的類型是接骨木（elder）、山毛櫸（beech）和李屬類（Prunus-type）：李子、櫻桃、大母松李（damson）或黑刺李。如果花粉屬於黑刺花，那可能就是一個野生樹籬。當所有野草陸續填進我腦海中的畫面時，我開始認為這裡顯然是一個疏於照顧的地方。首先，在我的花粉統計裡有二十四顆是我根本不認識的。它們並沒有在我的識別資料中出現過，因此很可能是非本地栽培的物種。我不想在鑑定花粉上浪費時間，因為有時候可能要花上大量時間，來過濾參考資料和文獻資料。由於警方要求的是快速答覆，因此在這個時候，我可以告訴他們這是一個花園，或者可能是個公園就足夠了。因此我決定務實一點，專注在可以立即識別的花粉和孢子上，等到案件解決之後再來檢視這些難以識別的物種也不遲。整個孢粉學特點是由各種雜草所主導，有許多有開闊土地和開墾土壤的特徵——像蒲公英類的植物、藜草、蕁麻、薺菜（Shepherd's Purse），原拉拉藤（cleavers）等，還有蕨類植物，甚至還有泥炭蘚（Sphagnum moss）等。

在城市環境中發現泥炭蘚這類沼澤或高沼地荒野植物，已不再會讓我驚訝了。想想看我們從高地鏟下了多少泥炭（從蘇格蘭、彭尼山脈，到光禿禿但美麗的愛爾蘭地貌開始）以滿足所有的園藝需求時，就能想像只要有熱心的園丁，便會讓泥炭裡的大量孢子和花粉，落在花盆和城市土壤中的任何地方。令人驚訝的是，女孩的頭髮上出現了大量的真菌菌絲和真菌孢子。這些真菌不太可能會在頭髮上生長，因為很少有真菌具備能分解頭髮、指甲和羽毛角蛋白的酶。一般引起癬和趾甲感染的是土壤真菌，它們雖然可以把頭髮當成食物，但女孩頭髮中的真菌更可能是原先在植物殘骸上生長的真菌，直接接觸到植物凋落物而被吸附到頭髮上的。

我還發現頭髮中有穀類花粉，這是否意味著園丁有時會種植草莓或大黃（rhubarb）？這也可能暗示了稻草和馬糞，因為這兩樣都會用來種植這些植物，即使是腐爛的馬糞肥料，通常也含有來自馬廄裡的草料。我向調查人員說明了這名可憐女孩在屍體被掩埋之前，曾被埋藏過的地方環境樣貌。儘管資料有限，但至少可以告訴警方，他們要尋找的地方是個家庭居所，而非野外的某個地方。他們還特地尋找了那些對住宅和花園管理態度可能比較「散漫」的人。

早在我參與赫特福德郡的第一起案件時，我就意識到有必要消除任何不相關或不是現場的地點。而現在我知道，在這個案件中自己也必須做同樣的事。在那起婚禮當天被綁架的男子意外窒息案件裡，我必須確定從犯罪嫌疑人的汽車中回收的花粉，確實是來自被害人棄屍地點的樹籬。因此，我在滿臉困惑的警察陪同下，前往倫敦東區受害者和被告已知的出沒地點。我努力記錄物種清單，並收集了被害者與犯罪嫌疑人相互關連的各個地區所有可能接觸過的地面樣本。我也盡力消除車輛上各種可能的其他花粉來源，以比對出嫌犯身上所沾帶的花粉。雖然當時我們的任務成功了，但由於各種原因，這個案件現在仍然牢記在我的腦中。

我邊走邊把頭埋在筆記本裡仔細記錄，在我身旁兩側各有一個身形高壯的警察，直到其中一個警察輕聲對我說：「佩特，我們現在必須離開了。」

當時我還很生嫩，正在邁出警察工作的第一步。也許我在大學生活的安全感上停留了太長時間，以至於還無法完整思考呈現在我面前這個新世界的意義。由於我還沒打算離開，因此我表達抗議。不過我們還要去看很多地方，還要記錄其他地區的植被。而且那是我第一次嘗試警方的工作，最重要的是我想做到完美，但是……。

「不，佩特，」那位警察更嚴厲地說，「我們必須走了。」直到那時我才抬起頭來。雖然當時是和便衣警探一起工作，但不知何故，消息傳開了，也不知何故，大家都知道我們是誰了。坦白來說，我們看起來一定很可疑，而且也一定很可笑：兩個身穿深色長褲、漂亮白襯衫的大個子，中間站著一個小女生在筆記本上亂寫。我想這種事對當地居民來說，應該不是每天都能看到的景象。因此每條街道的拐角處都聚集著一些人，一雙雙眼睛從人行道上、十字路口到某人前院的盡頭處，都看著我們。這是我第一次正確理解到：在警察工作裡，你必須注意自己去的是什麼地方，而且不論如何都必須去。因為若將檢驗結果解讀錯誤，其代價將會相當沉重，若無法使用對照組來支持你的發現則將更加麻煩，起訴案件也可能因為缺乏支持定罪的證據而宣告失敗。因此，值得付出徹底的努力。

讓我們回到那個被被套裹著的女孩案件上。為了減少目標地點，我必須排除所有不相干的地方。我已經從她家的前後花園以及最後一次見到她的地方取樣了，因為我必須確保她頭髮上的孢粉型態確實代表她被綁架後抵達的一個或多個地方。在這些花園以及她家附近的所有植被中，我還列出了許多植物。因為辯護律師們都很聰明，為削弱法庭上檢察官的起訴論點，他們做的所有申論都致力於證明屍體裡的任何東西，可能是在某個或多個地點被沾附，而不只是與被告有關連的地方。因此，我很早就開始考慮法庭證據攻防的部分，設想辯護律師會如何竭盡所能地破壞我的證據立場，向我提出各種質疑。然後，我會試著回答這些問題，並在心理上預先填補好調查證據裡每個可能遺漏的小缺陷。

正當我處理花粉時，警方也同時進行啟發大家回憶的警察工作。當女孩失蹤的故事占據所有新聞焦點時，她的面孔也出現在連鎖超市裡，在所有號稱來自冰島的牛奶外盒上。有兩個人分別聯繫了警方，提到同一個人，他們都是透過報上交友欄認識他的。這名嫌犯和女孩的家人住在同一棟屋子裡，據他的鄰居說，他只是個普通人，靠販賣寵物食品維生，經常在發現女孩屍體的樹林裡打獵，而且總是獨來獨往。然而，平凡的外表掩飾了全然不同的個性。根據他過去女友的說法，他有性奴役的傾向，會把女友綁起來鎖在櫃子裡。而更令她驚恐的是，他曾向過去的一名女友坦承，很想把她的女兒用電線綁住，並與她發生性關係。

所有說法都讓這個人受到密切關注，但這還不足以發布逮捕令。而且，由於警方正在努力工作，以便發現更多實質證據，而非只靠這些傳聞，因此我仍要做很多事來推進此案的調查進度。要找出女孩與這男人的關連，或是把她和一個與他相關的地方聯繫起來，這點相當重要。在二〇〇八年之前，英格蘭和威爾斯的法律制度規定，在「超出合理懷疑範圍」而被證明有罪之前，都必須將被告視為無罪；換言之，起訴方必須負責證明嫌犯的罪行。這項要求依然存在，因此法官還必須告訴陪審團「必須確保他們完全確定被告有罪」。「超出合理懷疑範圍」的概念是有商榷餘地的，因此在我提供的痕跡證據出現時，被告的辯護律師經常對陪審團暗示，痕跡證據很可能是從任何其他地方沾帶來的。有趣的是，幾乎每次我在重大案件提供證據時，就能明顯看出律師可能懂一點科學知識，但對植物學一無所知。有些人會讓年輕律師們熬夜研究，試圖提出一些問題來讓我感到不知所措，但由於他們甚至無法理解自己所提問題的真正含義，因此這些辛苦準備的問題總是很容易回答。*

最後警察取得了突破性進展，讓他們可以去這位具有綁縛性傾向的寵物食品銷售商家裡徹底執行搜查令。警方在調查中發現，女孩頭上罩著的黑色垃圾袋上用來固定頸部的皮質項圈，是由諾丁漢某家公司所生產。這家公司為二百多家零售商提供服務，警方細心查訪了這些零售商的交易紀錄，發現位於利物浦的一家郵購公司，曾在鄰近謀殺案發生處的地址有過三筆銷售記錄。其中一筆交易連結到此人的地址，這就是警察得以進入他的屋內和後花園的理由。

我知道警察進入花園時會發現什麼，因為我已在腦海裡看到這場景了。當警察將我帶到現場時，我注意到花園很小，是這個地區的典型建築。令我印象深刻的是那棵巨大的大母松李，它的樹冠懸在道路上方。所以這裡就是李子／大母松李／櫻桃等花粉的來源。後門左側是個單獨的儲物櫃，我發現裡面有動靜。哦，竟然是一隻可愛的小雪貂凝視著我，牠像小貓般的臉龐緊貼著網眼看我。於是我現在必須關心這個被關在籠子裡的可憐小動物的福利，牠在整個過程中遭到嚴重的忽視。因此在警方承諾將雪貂列為優先處理事項之前，我拒絕做任何事。不過，我也注意到一件事，儲藏箱中的稻草就是穀類花粉的來源嗎？事實上，花園四周也散布著許多稻草。嫌犯有養狗，花園左側是一整排磚砌的狗窩，不過現在已經廢棄失修了，裡面仍然放著許多舊稻草。營火的遺跡則要再遠一點，那一側的花園邊界也更遠。它藉由一株巨大的白楊樹樹籬與附近的房屋隔開，懸在上方的是白楊樹下半部的樹枝，以及穿過空隙出現的老灌木叢樹枝。那一小塊花園有著廢棄但蓬鬆的花床，很可能種植過各式各樣的花園式花卉。根據我先前的推測來看，這些應該就是我無法立即確定花粉的原因了，不過現在這些花粉已經沒那麼重要

＊原注：我一直認為我所提供的證據就像彈藥一樣，我把子彈提供給檢察官，他就像拿著武器瞄準目標，將子彈射向對方辯護律師。但如果他不是好射手，就會讓代表的當事人敗訴，也將在法庭上敗訴。從我的經驗來看，法律界經常有許多差勁的射手。我只遇過一位厲害的檢察官，他在起訴時帶給我很大的難題，那次我們共同努力，對付來自東安格利亞（East Anglia）兩個漂亮小女孩的高調謀殺案。他讓我花了大量時間，在房裡仔細教他生物證據上的優缺點。而在老貝利街會議（倫敦法院）之後，我再也沒有見過這位檢察官，直到伊普斯維奇（Ipswich）當地一件謀殺婦女的案子才又見到他。我跟這位檢查官卡里姆・哈利勒（Karim Khalil）的相遇本身就是一個好故事。我除了佩服他（即使討厭他為我帶來工作上的麻煩）之外，也認為他被任命為倫敦法院的皇家刑事法庭兼職法官，確實當之無愧。

了，只要知道有種植過的園林植物證據就足夠了。

在較遠的那一小塊花園另一側，還有一堆營火的殘留物延伸向籬笆，不過我知道那女孩的頭髮沒有跟灰燼接觸。花園那一側的植被與她髮中的植物明顯不同。在那邊堆積的垃圾上還布有荊棘，整個區域都被旋花植物交纏著，一些雜亂的柳葉菜屬植物在糾結的樹叢中穿出。如果女孩離它們很近，她的頭髮上就可能出現它們的花粉，但事實並非如此。從頭髮和羽絨被覆蓋物的角度來看，那些花粉輪廓在營火和大母松李樹籬底部，周圍是白楊樹和接骨木樹。因此我的花粉和孢子的特徵，屬於那些在院子的緊實土壤中掙扎生長、豐富但發育不良的雜草所有。其中最多的是藜屬、蕁麻、三葉草、貓耳菊（cat's ear）和薊屬（thistle），後二者占了我所統計蒲公英類花粉的最大比重。院子這一側也有許多其他雜草，但比不上其他營火遺骸覆蓋的頻率，因為這一區已被旋花和荊棘所淹沒遮蓋了。

因此毫無疑問地，女孩和羽絨被在被埋葬之前，已經躺在這個後院裡一段時間了。她的頭髮也一定散落在地上。隨後，我從院子裡取得的對照組樣本，也證實了我們之前的分析已經足夠證明，這裡很可能就是女孩所在的花園以及那女孩躺在花園裡的特定位置。

正如我之前所說的，大自然總會存在著異常狀況。在這個世界或任何其他世界裡，完美匹配的狀況並不存在。花園的情況顯示了某些沒出現在花粉輪廓中的植物證據，但這是可以預料的，尤其是風媒授粉類植物。在鑑識生態學上，沒有任何一種方法是百分之百準確的，但是結合狗項圈以及我所提供的證據，便足以使凶手認罪。這使受害者家屬免於經歷刑事訴訟的痛苦，不必在法庭上度過最後的時刻。但我堅信，即使凶手宣稱自己無罪，但孢粉學上的證據力，將足夠把嫌犯在任何法院案件裡定罪。

事實上，他的故事發生了幾次轉折。首先，他說掩埋屍體的動作是突發的，說那是一時衝動，連自己都不明白為什麼，他在殺死她後立即將她掩埋在森林中。但後來他又說出另一個感覺很接近真相的版本，也就是孢粉型態一直在告訴我們的內容：謀殺發生後，沒有地方可以藏屍，於是他把屍體用羽絨被包住，然後包裹在垃圾袋中，藏在他家後花園的托盤貨板下面。此時她的頭髮一定散落在地上，吸附起我在頭髮上發現的所有花粉。也許因為這點，才讓他把女孩頭部套到垃圾袋裡，用身邊可以拿到的第一件東西，也就是他訂的狗項圈來固定住塑膠袋。也可能他不敢看她的臉，但這無法解釋為何她的身體會被保存得如此完好，而且由於許多壞人也同時是騙子，所以有人會相信他嗎？水蠟樹、白楊樹、接骨木、大母松李、藜屬、蕁麻、泥炭蘚屬的孢子和那些我不必完全鑑定出的外來園林植物，都在悄悄地告訴我們，她在何處度過了最後的寂寞時光，也協助我們將這個殺死她的男人定罪。

第八章：死亡之美

我與外婆和她的表兄弟，一起在北威爾斯州里爾的大房子裡住了幾年。屋頂垂下的部分形成大片屋簷，成為野生動物的美好天堂。我很習慣蝙蝠在屋簷下方棲息時嗡嗡作響的聲音以及顫動的聲音。而在一個氣候宜人的溫暖夜晚，我第一次與蝙蝠有了近距離的接觸。記得那是個特別炎熱的夏天，臥室窗戶是敞開的，窗簾也有部分拉開。外婆手拿捲起的雜誌在臥室四周拍打，我嚇了一跳。於是我坐起來，揉著眼睛，驚訝地發現她正在追著的是一隻蝙蝠。那隻可憐的小東西不小心穿過窗戶飛了進來，正在臥室四圍以盲亂的弧線，在障礙物之間以難以置信的高速飛掠而行。這些障礙物中最致命的就是我外婆手中的武器。在她的手中，捲起的雜誌像木製警棍一樣堅固。最後她做了致命的一擊，蝙蝠在我床鋪上方從半空中落下，不知是死是活。外婆馬上把蝙蝠撿起，扔出窗外。

她鬆了口氣，躺回我們那張溫暖的大雙人床上，很快就入睡了。醒著的我躺在她身邊卻感到難過，為什麼要殺死牠呢？當然現在我知道了，我外婆在澳洲出生長大，在那裡任何事物隨時都可能威脅生命，所以她不會冒險讓蝙蝠在臥室裡飛來飛去，她甚至可能相信，蝙蝠在我們睡覺時會飛來吸我們的血。

吃完早餐後，我以最快速度沿著房子的外牆跑到臥室窗下，蝙蝠仍然躺在那裡，不過已經死了。我跪下來小心摸牠，因為過去從未如此接近過蝙蝠而有點害怕，蝙蝠的皮毛摸起來很柔軟。我抬起牠的翅膀，末端的手指是爪形的小鉤。雖然只看了一下子，我就相當著迷了，因為蝙蝠的翅膀實際上是一隻「手」。牠的翅膀不是羽毛，而是細薄的深色皮翼，細長的手指在翼間伸展著。牠非常漂亮，牠的死讓我難過地哭了。於是我把牠抱到裡面，用乾淨的襪子包住牠，然後把牠藏在床邊的抽屜裡。過去幾週，我一直刻苦地自學編織，因此我在我的羊毛袋裡，挑了一個花了我一整年編織的毛線方塊，小心翼翼地用這個淡藍色的羊毛方塊包裹住小屍體，直到牠被完全包裹住為止。牠像木乃伊一樣孤零零的。接下來的儀式是：我走到紫紅色籬笆下一個僻靜處，將牠的屍體葬在一團垂下的猩紅色花下方，用我藏在口袋裡的勺子掘開鬆軟的土地。我始終不曾忘記這種無端毀掉一個可愛生命的事，而且這也是我第一次覺得外婆並非完美。

蝙蝠躺在地下三英寸處的毛線裡將會發生的情況，與所有人將會遇到的很類似。死亡的浪漫，在藝術和詩歌中被如此飽滿地描繪和書寫，事實上卻是如此虛假。總有一天，你我都將與這隻蝙蝠一樣：只是一團死氣沉沉的肉、血和骨頭，我們身體錯綜複雜的運轉將完全停止——這就是死亡。

在我出生的年代和地區，沒有人質疑上帝的存在或宗教的價值。因此我常常去教堂，完全不會質疑耶穌基督為何為我們的罪而死，而且似乎也沒有其他人對此表示過懷疑。如果你是好人，你就會去天堂；如果你是壞人，你就會下地獄。但經歷過生活的多采多姿後，我逐漸對這種非黑即白的簡單想法產生抗拒。我慢慢地開始體會到生活的艱難、複雜和不公平，我也看不到自己可能永遠存在的來生有任何合乎邏輯的原因。從邏輯上來講，唯一的來生是將自己的基因傳給後代。當然，我們仍然可以透過留下文字、藝術或音樂來獲得永生，雖然這種方式是漸進性且不明顯的，但我相信並沒有永恆靈魂的存在，也知道自己終其一生都將是堅定的、甚至是基本教義派的無神論者。我堅信我們的存在是基於化學和物理的作用，我們的物理存在（身體）將跟所有過往相同方式一樣，進入回收利用的循環當中。

你的身體只有很短一段時間是完全屬於你的；它的構成元素是從外面的世界借來的，你最後也必須把它們還給這個世界。你所認識的各種實體，是由許多不同類型的微物所定居的生態系統集合而成。儘管你可能會死亡（當大腦和循環系統無法恢復而停止工作時），身體裡的細菌和真菌群落，甚至毛細孔中的蟎和腸道中的蠕蟲（如果有的話）都還會存活一段時間。

血液停止流動後不久，你的身體就會開始冷卻，直到達到死亡地點的環境溫度為止。這些環境條件將對未來發生的事產生重大影響。微血管和靜脈中的血液不再被心臟跳動所引導，因此血液會沉澱並積聚，形成皮膚的首次變色，即所謂的屍斑（Livor mortis）。接下來，你的肌肉將不可避免地逐漸僵硬，首先是臉部，然後是整個身體，因為你的肌絲（肌小節）會開始溶解在一起。這是被稱為「死後僵直」（rigor mortis）的階段。

你的身體不會立刻完全死亡。由於缺氧，大腦將在三到七分鐘內停止運作，但身體其他部位可能還需要幾個小時才會停止運作。你的皮膚仍然可以在實驗室裡進行培養，而且可以在大腦停止所有功能後繼續生長二十四小時。你的身體裡面正在發生最戲劇性的變化，你體內住著幾百萬種微生物支持你的身體運作，尤其是維持腸道的正常運轉，但現在一切即將改變。現在你的心臟沒有跳動，肺部也沒有呼吸，無法一起將氧氣散布到體內每個細胞，因此體內依賴氧氣生存的微生物，都將迅速耗盡剩餘的所有能量。它們會讓二氧化碳和其他氣體充滿你的身體，並對你的細胞產生毒害。你自己的細胞也會釋出酶，這些酶會在「自消化」（self-digestion）或「自溶」（autolysis）過程中破壞你的身體組織。

在此同時，厭氧微生物——即那些不僅可以在缺氧情況下作用，在有氧氣的情況下還會中毒的那些微生物——開始大量繁衍。當你的細胞瓦解時，這些厭氧菌得到了巨大的獎賞。它們會開始大量繁殖，如此龐大的生長數量迫使它們無情無義地透過血管提供的方便運輸系統，布滿你的每個組織和器官。它們會把你的身體當成食物，從你身上的蛋白質、碳水化合物和體內的每種複雜化合物中吸收能量和營養，並在此過程中產生有害的酸和氣體，以及它們所代謝的各種有害副產品。它們產生的惡臭氣體（如硫化氫），會使周圍的血管變黑，並導致屍體出現惡臭的死亡氣味。這種「腐敗作用」（putrefaction）會讓你的身體失去連接它們的肌纖，細胞間的凝聚狀態消失，組織和器官也開始變得糜軟。

分解不是一成不變的過程，決定這項過程的變量有各式各樣。事實上，我們仍然不太清楚其中的許多變化。在我的工作裡一次又一次證明，生命就像生活一樣，不會有兩個人在各方面完全相同。然而，我們在死亡方面也大不相同，有些物體的衰變慢於其他物體。如果你在死亡時正在服用一個完整療程的抗生素，那麼你的分解可能要花費相對較長的時間：你用來治療胸部感染的那些抗生素，不僅能殺死並抑制你胸部裡的細菌和微生物，在你的腸道也會發揮作用。倘若你腸道裡的細菌和微生物居民已被你的藥物給清除了，它們就會暫時無法把你由裡往外進行分解。

你死亡或放著等待腐爛處的地點溫度；周圍大氣中的水分；以及你躺下等待腐爛時身上

衣服的寬鬆程度；你被埋在淺層表土或較深處的稠密黏土，甚至乾燥的沙土墳墓中……所有這些都會影響你身體消失的速度。人們一直在努力確定加速或減緩分解速度的因素，但事實上有太多因素影響這個過程，如果不多瞭解發生地點的現場條件就妄加推斷，結論將會相當危險……，有時甚至葬在同一墓地中的屍體（條件似乎幾乎相同），也可能以不同的速率腐爛，沒人真正知道到底為什麼。

一九九八年，曼徹斯特附近海德市的當地醫生哈羅德・希普曼（Harold Shipman），因為涉嫌謀殺病人而遭逮捕，沒人預料到這即將揭露一連串的恐怖秘密事件。希普曼最後因十五項謀殺罪被判處終身監禁，但隨後進行的調查又追查出二百一十八名不同的受害者，警方預估在希普曼整個職業生涯中，可能造成了二百五十多起非法死亡。這些調查包括必須從墳墓裡挖出一些受害者，以進行仔細檢查。我看到的屍體照片令人震驚，記得照片中有一位風度翩翩的紳士，仍然穿著晚禮服和領結。他已在地下躺了很多年，但看起來完好如初，還可以辨識出來是誰。由於殯葬業者在他的棺木裡放入了大量防腐劑，大家不禁懷疑他的屍體是否有機會消失，還是會像埃及木乃伊一樣延續數千年不腐壞。其他挖掘出的棺材內容各不相同，有些屍體剩下的東西很少，有些儘管受害人埋藏時間更久，卻保存得相當良好，真是令人困惑又著迷。

在某些大學裡，人類屍體分解的過程和時間，已成為非常流行的研究領域，受到修習人類學課程並夢想自己能成為警方「諮詢專家」的學生歡迎。當然，只透過分解階段就可以預測某人的死亡時間將會很有幫助，然而這種過程的多樣性質，可能代表我們永遠無法構建出一個通用且可預測的模型。

對該領域的興趣始於一九七〇年代，當時美國人類學家威廉·巴斯（William M. "Bill" Bass）博士被警方要求參與犯罪現場的調查，以告知警方受害者在該地點已放置了多久。然而據他所說，這是一個令人難以置信的挫敗經驗，但如果他能觀察到自然環境中的真實屍體腐爛時程，就能讓預測變得更容易與準確。因此，在與當地浸信會和其他示威者進行多次角力之後，他得到一塊土地，地點就在靠近諾克斯維爾的田納西大學附近。他在那裡建立了一處「設施」，也就是業界俗稱的「人體農場」（The Body Farm）。在這個農場中，屍體被暴露在各種條件下進行研究，以瞭解環境如何影響屍體的衰變。該地被高大的防腐柵欄和鐵絲網包圍，而後巴斯在他的回憶錄中也將這裡命名為「死亡之區」（Death's Acre）。從那時開始，這裡成為了世界上最著名的地區之一，尤其是暢銷書作者派翠西亞·康薇爾（Patricia Cornwell）在小說中宣傳之後，這裡常被稱為「人體農場」。我是她早期小說的粉絲，本來很願意拿我的臼齒（比喻珍貴之物）去交換參觀這個地方，但現在我不必犧牲臼齒了，我目前從事的職業讓我拜訪這裡成了一件容易的事。

為了進行研究，巴斯博士要求當局把屍體捐給他們作為科學用途。他將把這些屍體暴露在設施裡的不同環境條件下，讓他和學生進行仔細的觀察，以便充分獲得對屍體分解過程的瞭解。請先想像一下當警方被通知發現屍體的情況。在現實世界中，屍體肯定不會被整齊擺放，然後等待警方取回。一般屍體比較可能是被全部或部分掩埋；可能隱藏在植被中，或者可能淹沒在水中；屍體可能有穿衣服或赤身裸體，或是被捆綁、包裹，甚至被肢解後被丟到不同的地方。在人體農場裡，捐贈的屍體會用來模擬各種不同的處置方式。它們被安排在各種情況下，甚至有時是非常奇怪的狀況下，然後詳細記錄它們的分解過程。如果這些場景能多次重複，我們就可以建立一個資料庫，瞭解在特定條件下將會發生什麼情況。自該設施成名以來，許多博士生紛紛對屍體本身以及屍體下方、上方和周圍土壤，還有定居在屍體內的昆蟲進行了各種研究。有些實驗則設定來檢驗可能影響人體腐爛的特性，以及腐爛速度的各種變量。

二〇〇五年，當我成為一部談論我工作內容的電視紀錄片主角時，受邀參觀了這處設施。當時我很不情願，因此想辦法拒絕，結果事情拖了好幾個月。導演莫里斯・梅爾扎克（Maurice Melzak）是我見過最安靜的人，雖然他的態度相當有禮，但實際上他騷擾了我好幾個月。他耐心地忍受了我每次的拒絕，直到有一天他問我是否願意一起喝茶。我記得他坐在陽光明媚的溫室裡問我：「你難道不想和比爾・巴斯聊天，看看他們在那裡做的工作嗎？」這一招打動了我，我當然想去，我的好奇心太強了，絕不可能錯過這個機會。因此在度過剛開始的不順之後，他成了我最好的朋友。

我不是一個很好的旅伴，我很討厭在國際機場轉機這一整個的乏味過程。當我們到達諾克斯維爾時，已經轉了三次飛機，面對排不完的入境隊伍，翻倒、絆到超大行李箱，以及不時傳來的嬰兒啼哭聲，都讓我好想大聲尖叫。我們在從費城到諾克斯維爾換機時，甚至還必須快跑才能趕上飛機。

最後終於抵達田納西大學，跟比爾．巴斯和他的同事見到面了。這些人都是人類學／考古學家，而且多數人似乎都對骨骼感興趣，例如骨骼如何斷裂、在射擊時如何破碎，或在各種情況下保存的狀態。我們在各系辦公室間遊走，禮貌地向各種學者致意。他們會抬頭，並在繼續埋首工作前露出必要的「哈囉」微笑。有個女孩為我們做了一場精彩的示範，演示如何確定子彈進入點以及找出匹配頭骨上孔洞的各種工具。我想她的工作一定與警方調查息息相關，她確實是一位好老師。

比爾．巴斯給我的印象是個樸實而愉快的人。他出生於一九二八年，研究生涯始於一九五〇年代發掘美國原住民墓地的工作。但他一生中的大部分時間，都在協助聯邦和地方警察識別遺骸。這不是件容易的事：美國國土遼闊，謀殺案數量相當多，導致美國當局可能永遠不知道每年有多少人被謀害而死去。美國調查體系分成好幾種類型和級別的警務，許多調查工作無法得到其他方面的支持和協助。因此對外人來說，美國的調查體系非常複雜，據推測各單位之間的訊息協調也不容易。有人告訴我，各種警力之間不常交流。因此，比爾．巴斯在一九八一年成立這處設施，為各方提供協助，能做到這種程度可說是很高的成就。

在我們使用該設施的過程中，我像一個聖誕節早晨醒來的孩子一樣心中充滿期待。當我們經過守衛森嚴的大門後，便進入一個涼爽、陰暗、長滿樹木的地方，腳下有明顯路徑但植被稀疏。在設施一側邊緣，地面完全被葛藤（kudzu vine）所覆蓋，葛藤令人窒息地大量生長形成一大片綠色地形。這種植物是從東南亞引進，目前已被認為是美國南部各州危害最大的雜草。它會蔓延、攀爬、捲曲並纏繞在經過的所有物體上，導致任何障礙物最終都會被一片綠所包裹，成為擁有原本輪廓的綠色幽靈。

但這只是我走進大門時引人入勝的迷人事物之一。我幾乎馬上就抵達放置屍體的空曠地區，而它們都處在腐爛過程的各個階段。我對沿路以各種姿勢出現的屍體很感興趣，有些被部分遮蓋，有些全部被掩蓋起來，有的則是全裸的屍體。我竟能如此隨性地面對一具又一具的屍體，這讓我感到難忘。但我並不感到驚嚇，即使有些景像看起來比恐怖電影中的任何畫面都來得可怕。唯一令我感到震驚的是，與我在個案工作中所見到的許多死者相比，這些屍體缺乏色彩；它們都已經全部腐解為普通的褐色，那褐色沿著皮膚、頭髮和指甲散布。只有新鮮屍體的顏色比較接近真實。

多年來，屍體的分解階段一直被用於確定「死後間隔」（postmortem interval），也就是一個人從死亡開始經過的時間長度。被捐贈用來進行分解研究的屍體通常是白人、中老年男性，這當然也意味著觀察對象的樣本中存在著內在偏差（inbuilt bias）。老年人往往對藥物需求更大，這也可能影響分解的速度。黑人和西班牙裔的捐贈者很少，女性捐贈者也不多，我也不確定這裡是否接受捐贈的小孩屍體。不論原因為何，黑人、西班牙裔和女性似乎很少出現在這類被暴露及腐化的研究中。若要真正有用，就不能在屍體選擇上有所偏頗，當然這點只能盡力而為。在訪問此地期間，我只看到林地裡放著一具黑人屍體，而且他的故事還很令人難過：他的家人不想花錢為他辦葬禮，認為把他捐贈到這裡是個很好的解決方式。而在另一個案例中，那人因為曾在生活中讓家人感到恐懼，以至於他的家人想藉由捐贈來「懲罰」他。我記得有人聽到他的故事時被逗樂了，但我認為這個故事應該讓每個涉及其中的家人感到悲傷。

當我們安靜地走路時，一位資深女學者說：「哦，請避開葡萄藤，小心裡面有很多銅頭（copperheads）。」我以前就聽過這個名字，一直以為是一種蝴蝶。結果錯了，銅頭蛇是在凹處隱藏的毒蛇，儘管成年人被咬傷後死亡風險不高，但若被咬還是會帶來很多麻煩。我還瞭解到這些蛇的一個驚人事實：在沒有公銅頭蛇交配的情況下，母銅頭蛇可以在沒有精子的情況下生出下一代。她的卵細胞將分裂兩次，形成四個細胞，其中兩個會結合形成一個胚胎。因此，即使在脊椎動物及無脊椎動物中，也存在著單性生殖！如果我沒有去過諾克斯維爾，也許永遠也不會遇上這種事，因此我想要學習更多關於「人體農場」的事情。

我注意到大學裡所有人都拿著長棍，後來才發現那是拿來敲下棕色遁蛛（brown recluse spider）蜘蛛網用的。這些蜘蛛對大多數美國人來說像毒藥般令人恐懼，被牠們叮咬後會造成嚴重後果。不過，教科書上說牠們不像人們所想像的那麼危險。我確定自己害怕三樣東西，這肯定跟許多人一樣——我怕高處、蜘蛛和蛇。而現在，這三者中的兩種剛好都在我身邊。我一點也不擔心那些爬著滿滿蛆的腫脹肚子，或是塞滿蒼蠅卵的眼睛和鼻孔，那看上去就只是像塞滿了棉花；我也不擔心難聞的氣味、空洞的眼窩、張開的下頷骨或是從頭皮上滑落的頭髮，因為我更擔心與野生動植物有著太過近距離的接觸。

雖然蜘蛛和蛇都沒能咬到我，但很諷刺的是，某種看來一臉無辜的植物辦到了。我當時穿著輕薄的棉質七分褲，回到旅館之後才發現腿上有紅色斑點，就像被跳蚤咬過一般搔癢，而且還很痛，讓我不得不處理它。原先我以為可能是碰到了紅色的恙蟎（jigger），這種蟲在幼蟲階段會在皮膚上蝕孔並吸收所產生的「湯汁」，但後來當地人跟我證實這是毒漆藤

（Toxicodendron radicans）所致。那天晚上真是我這輩子最痛苦的一天，大約凌晨三點，我撕開睡衣，露出腿上的瘡痕，接著整夜都用指甲搔抓。出於本能，我起身洗了熱水澡，用指甲刷和沐浴露瘋狂刷洗著痛苦的皮膚，然後把雙腿放在冷水龍頭下沖洗。經過一番劇烈的治療，再用爐甘石洗劑（calamine lotion，一種皮膚藥）輕拍，我的腿立刻覺得好多了。後來我才知道，罪魁禍首是一種可以黏在皮膚和衣服上的油（urushiol，漆酚），一旦去除了這種植物分泌的油，皮膚就可以癒合。每個美國小孩可能都聽過「如果葉子是三片，就不要碰」。毒漆藤的莖末端有三片葉子。這件事我永遠不會忘記，而且還留下傷痕可以證明。

第二天，我們回到這裡拍攝一名博士研究生，並就她對其中一具屍體的研究進行交談。當天早上那具令我們感興趣的新鮮屍體，吸引了許多種類的食腐類和食肉類蒼蠅接連不斷地出現。這名博士生正在研究一系列的果蠅群落，並試圖對前來對腐肉大快朵頤的蠅類順序進行分類。通常是從青蠅類（如 Calliphora vomitoria，反吐麗蠅）和綠蠅類（如 Lucilia sericata，絲光銅綠蠅）開始。當然，世界各地各有不同物種，但在許多地方，青蠅和綠蠅似乎都是新鮮屍體常見的先行開拓者。牠們在屍體出現的幾分鐘內就有本事找到屍體，而雌蠅會立刻在每個裸露的孔洞中產卵。牠們的天性會讓牠們鑽進黑暗的地方，有時甚至會進入較深的鼻腔內。

所有科學知識都是循序漸進地累積出來的。然而，在紀錄片拍攝完成後，我卻清楚意識到，像這樣具開創性並令人興奮的諾克斯維爾人體農場，僅僅讓我們瞭解屍體衰變過程的一部分而已。在某種特定的氣候條件下，在某種土壤上，在某片林地中的某個地點，永遠無法產生包羅萬象的人體屍解模型。這就是為什麼自最初設施在田納西州啟動以來，已陸續在美國其他地點建立了另外六處類似的機構，其中北卡羅萊納州、伊利諾州、科羅拉多州和佛羅里達州各有一處，剩下兩處在德州。在澳洲雪梨郊外也有一座。英國的科學家也試圖建立一個類似的機構，但總有人對這種冒險精神持反對態度。但至少現有的機構設施已提供了各種不同的生態條件，包括不同溫度、濕度、土壤、微生物和食腐動物。

要建構出真正有用的預測模型，可能還需要很長的時間。儘管我們必須在檢查結果裡加上一些額外備注，但人體農場依然是增進我們理解人類屍體分解的最佳方式。多年來，英國及歐洲其他地區的科學家及學生們，一直把豬屍當成人類屍體研究的替代物種。觀察豬屍的分解很有趣，然而各個物種之間總是存在著差異，因此我向來懷疑用豬的屍體代替人的屍體進行研究是否有效？它們似乎在許多方面與人體相似，而且顯然把人煮熟之後嚐起來的口味也很像，但屍體分解過程的障礙之一是皮膚……，顯然豬的皮膚比人類皮膚更厚、更堅韌，而且豬的皮下脂肪也比較多。

這些差異會影響早期就會介入衰變過程的食腐類和微生物數量。當然和其他研究者一樣，我也在各種環境地點埋過豬屍，希望能解釋某些事情。不過，我只在已知土壤和已知溫度下，打算重建一系列已知事件的特定情況下才會這樣做。這麼做很有啟發性，對於特定案例來說絕對值得。藉此我能證明，在大多數情況下，聖誕節前夕被埋在酸性黏土林地中的受害者屍體，直到四月都不會被狗和狐狸發現；而一般作法通常會去識別屍體上最大群（最古老）的蛆種。於是，負責這個案例的昆蟲學家會宣稱受害者是在二月份死亡。但從警方搜集的情報卻告訴偵查人員並非如此，於是我被詢問是否可以重新測試這項結果。

我用了三頭剛被宰的豬進行獸醫研究，這些豬是由我熱情洋溢的愛爾蘭朋友海倫・奧黑爾（Helen O’Hare）所提供，她在劍橋主修獸醫學。我永遠不會忘記在那個寒冷、黑暗的聖誕夜，我和海倫在一群熱心警察的協助下，在犯罪現場掩埋了仍然帶著微溫的豬屍。這項實驗的最後結果證明，受害者可能在聖誕節前夕就已被埋葬。我提出了一種涉及土壤效應的理論，並與國王學院的昆蟲學家合作出版研究結果。這篇論文目前已成為經典，經常被引用。在我看來，埋葬豬屍的相關研究大多並沒有真正用處，因為這種實驗必須在特定的調查背景下進行。透過這個簡單的實驗，我們收集到許多有用的東西。長達好幾個月，我每週都去檢查豬屍，還必須透過與電腦相連的溫度計，來持續獲取土壤和空氣的溫度。

如果能為人類屍體的腐解方式構建一個強大的預測模型，肯定會很有幫助。但是有太多因素會影響這種現象，所以要構建有用的模型還有很長的路要走。不可思議的事物實在太多，有時無法應用一般性的規則。因此，當我讀到關於屍體的描述時，通常會很不舒服，例如該具屍體處在「腐爛階段」（putrefaction stage）或「膨脹階段」（bloated stage）等。有些屍體在腐爛階段時會膨脹，但有些根本不會膨脹。目前已有許多巧妙的技術應用在死後時間間隔的估計上，其中大多數涉及觀察人體組織和體液的變化順序。有一種技術牽涉對眼內玻璃體液的化學分析，還有一種技術是檢查在一定時間後所生成的氨基酸（amino acids）、脂肪酸（fatty acids）、揮發性有機化合物或氨（ammonia）、尿酸（uric acid）、乳酸（lactate）和許多其他化合物的組合。當然，人體農場提供了很多訊息，但我發現最有趣的是這一切的「完全可變性」——亦即無論我們發現了多少屍體死後經歷腐解過程的技術，每個死亡本身在生物學的確定性上都是絕對「唯一的」。

——

在我訪問諾克斯維爾之後過了幾年，導演莫里斯．梅爾扎克生了重病，因此在他身體逐漸虛弱的那段時間，我和大衛在他身邊照顧他。癌症專門醫院離我家很近，我們帶他去那裡治療，然後大多數晚上會把他帶回我家，讓他被家庭的溫暖包圍，並得到我家黑貓莫迪（Maudie）的安慰。他最終屈服於這種惡疾時，只有六十三歲，我到現在仍然很想念他。他是個富有創造力的好人，熱愛大自然。我也慢慢愛上他，愛上他古怪的樣子。

去諾克斯維爾人體農場的這趟旅行，也讓我深深瞭解自己的不足，以及人類對屍體死後到底會發生怎樣的變化所知有限。如同之前說過的，屍體從腐爛到僵化，各種可能性相當複雜多樣。而且，似乎為了證明這一點，我牢牢記得一個特別的故事，當然可能是因為這件事就發生在威爾斯，而且離我出生的地方很近。

有一個家庭，他們的生活以自己經營的酒吧為中心。他們經營酒吧已有相當長的一段時間，酒吧也成為那個威爾斯小村莊人們生活的中心：不僅是大家聚會的地點、社交場所，同時也是慶祝某事或安慰某人的地方。酒吧就坐落在他們住家帶有夾層樓的外屋旁邊，而外屋的一樓主要用來堆置條板箱與桶子。多年來，都是由家中父母經營這間店，後來變成與兒子媳婦共同分攤職責，這是一般家族生意的傳承方式。然而，某一天妻子失蹤了，於是一切都改變了。

在我們的社會上一直都有人失蹤，英國警察部門每年可能會收到占人口總數百萬分之一的失蹤報案。不過這些失蹤人口多半會重新出現，而且大多會回到自己的生活中，無須動用到警方搜查。但總有一些人離開了自己的生活，或是在某些情況下消失，此後再也沒被看到過。

在妻子失蹤後不久，酒吧老闆決定報警處理，於是警方開始搜尋，聯繫他們的朋友、家人甚至遠方親戚，抱著渺茫的希望有可能她跟他們在一起或是曾經見過她。但是整個威爾斯乃至整個世界人們的說法都一樣：沒人見過她，她確實消失得無影無蹤了。這位丈夫說，她可能是因為跟大家「處不好」而逃家離開英國了，他自己也接受這種看法。歲月流逝，這個世界再也沒有出現關於她的任何蹤跡。她就這麼消失了。但是村子裡有些人從來沒相信過她丈夫的說法，況且這人身上總是充滿疑點，因此許多人堅信是他把妻子給「做掉了」，但大家都沒有證據。搜索工作結束後，人們看戲的興致也逐漸消失，生活回歸正軌。對失蹤女店主的記憶逐漸消失，包括酒館老闆和他兒子在內的人們也開始繼續忙碌地生活。

在妻子失蹤二十年後，酒吧老闆也過世了。兒子希望一切重新開始，便和他的妻子決定翻新這家老酒吧，好讓生意更加興隆。那間有夾層閣樓、用來儲藏桶子的外屋一直讓他覺得心煩，認為浪費空間，應該被更好地利用。進入夾層樓的唯一方式是使用一把老梯子，而這把老梯子始終被放在桶子堆後面。在某個週末的休店時間，他決定確認一下夾層樓的狀態，於是架了梯子爬上去。當他的視線與上層建築的地板齊平時，他看到了令人震驚的東西，差點害他摔下梯子。他母親根本沒有逃家過。

那兒子發現屍體的時刻，我恰巧在格溫特探望我的母親和她現任的丈夫，也就是多年前她與我父親離婚後再婚的那個男人。在經過兩天小心翼翼對待、避免跟她吵架之後，我很高興警方打電話來的正是時候。這裡離那座酒吧不遠，我可以在幾小時內輕鬆來回。

酒館老闆的兒子發現他母親時，屍體已呈現木乃伊化，距離梯子靠著閣樓地板處只有幾英尺遠。輪到我爬上梯子時，一種怪異的景象正對著我：一具咧著嘴笑的頭骨，包著一塊看起來很像舊地毯的東西，而且屍體的眼睛似乎正盯著我。鑑識病理學家跟著我進入這個不可思議、竟被所有人忽略的房間。常春藤透過屋頂上的小孔茂密地生長下來，而且沿著木頭攀爬。每個地方看起來都很骯髒且塵土飛揚，就像恐怖電影中的誇張佈景一樣。

她失蹤的那一天，可能是覺得這種生活不值得繼續活下去，於是她爬進閣樓躺下，並且吞下很多藥丸。藥丸的空瓶子就在她旁邊，應該是她的手開始癱軟後落下的。小心放在她旁邊的是一個老式的寬頸牛奶瓶，裡面看起來依然很渾濁。最奇怪的是，一對假牙深埋在距她頭部約一公尺遠的汙垢中。病理學家對我解釋說，服用了這麼多藥丸和液體以後，她在死前曾經有劇烈嘔吐，因此假牙肯定是從口中噴出來的。她也不是被裹在舊地毯裡，裹著她的是她的羊毛禦寒外套。可悲的是，她的頭躺在一個捲起的麻袋上，顯然她死前並不關心舒適與否，只是一心求死以擺脫生活裡的一切紛爭。我們就她死前所受到的折磨做出的推測，讓我們感到驚訝：她就像是受傷的動物一樣，偷偷躲起來自己面對死亡。

由於屋頂上有一個洞，並不斷有微風吹過，所以整個夾層閣樓非常乾燥。這讓她的身體快速乾燥，所以她的腹部沒有發脹，皮膚和頭髮也沒有變得濕潤和脫落，而是逐漸變乾而木乃伊化。現在她所留下的，是一具脫水後皮革包裹著的身體。之前說過人體農場可以提供許多訊息，但屍體似乎總會以不可預測的方式出現。這名婦女死後屍體分解的方式，並未依循我在許多被遺棄在林地、溝渠裡甚至扶手椅上的受害者身上見到的方式。她體內的腸道菌群一定有促使她的內部組織分解，但即使在屍體內部，我們也發現了器官殘留的部分。當初一定有蒼蠅循著她身體周圍的嘔吐物而找到她，不過這些蒼蠅卵都已孵化為成年蒼蠅，早就飛走了。她的身體一定很快就變得太乾，以致蒼蠅無法繼續在裡面產卵。

第二天早上，我到卡地夫（Cardiff）的醫院停屍間去檢查這個木乃伊女人的屍體。通常每次檢查屍體作業，都會陸續得到關於死者的不同訊息，但這次因為在沒有臭味的屍體上工作比較容易，狀況不太一樣。不過在閣樓上自殺的後續故事依舊令人震驚：當我們打開屍體時，病理學家從她肋骨內側取出看來像是一串小珠子的東西。就算我可以立刻辨識出來，依舊覺得難以置信——這是老鼠的腸子在糞便乾燥後的模樣。它們很規則地像一串珠子似地被平均間隔開來，這場景看起來有點喜劇意味。我往屍體的胸部內側戳一下，果然找到了一個漂亮的小老鼠頭骨。

我們只能對眼前發生的事進行推論。吃到浸潤在巴比妥酸鹽飽和濃度下的人肉，囓齒動物也被毒死了，並死在如繭般包覆的人體中。奇怪的是（是真的很奇怪），我們找不到其他的老鼠骨頭。頭骨以外的部分到哪去了？是否還有其他食腐動物（可能是貓）在洞中找到了老鼠，然後咬掉胸部以下帶走，只留下頭骨？這樣就會像是俄羅斯娃娃的情況，螳螂捕蟬、黃雀在後，一個套一個。

——

腐爛可能會受到許多自然和人為因素的延遲。像砷（arsenic）和番木鱉鹼（strychnine）這類毒素可以阻止衰變，抗生素和其他藥物也可以。此外，死亡時周邊的環境也可以保護屍體的軟組織，如果條件適當，這種天然木乃伊可能還會保持數千年。一九九一年，兩名德國遊客沿著奧地利、義大利邊境，穿越奧茲塔爾阿爾卑斯山脈（Ötztal Alps）徒步旅行，當時他們碰到一具保存狀況非常完好的木乃伊屍體，還以為是剛過世的登山客。屍體底部被凍結在冰中，但軀幹上方，這人與去世當天幾乎維持完全相同的狀況。登山客報警後，當地憲兵趕到並取回屍體，將其送往附近因斯布魯克（Innsbruck）的醫學人員做檢查。就在這裡，屍體被判定為至少有四千年以上的歷史。

這位後來被稱為冰人奧茲的人，從新石器時代以來就已在山腰上躺下了嗎？他是石器時代的人。低溫和大風不僅保存了他身體的組織，也保存了他的衣服和鞋、弓與箭、他放在小袋中的食物，以及他作為引火物而隨身攜帶的真菌植物。研究人員對他的胃進行分析，也顯示出他吃的最後一餐內容。最近，還證明了導致他死亡的箭頭仍卡在他的肩胛骨中。只有當我們的屍體內部和外部環境有利於微生物的生長活動時，我們才會被分解。如果微生物活動被抑制，便會形成木乃伊。在亞洲草原和南美洲山區，均發現許多這類的木乃伊，因為當地的條件太極端，以致微生物無法活躍地分解屍體。

如果無法依靠分解的各個階段來提供某人遇害的準確時間訊息，就必須靠其他線索。鑑識生態學家的武器庫裡還有另一項重要武器，這種武器存在於整個生物王國裡，在海洋中的魚類出現之前、在空中的昆蟲或陸地上的動植物出現之前，就已經在地球上出現。它們無所不在，會出現在土壤中，在植物和動物的內部和外部，遍布在我們的鄉村、花園裡、房屋中以及我們自己的身體內外。它們常被證明是最重要的訊息來源，它們的名字叫作真菌（fungi）。

第九章：朋友與敵人

我畢業於倫敦國王學院的植物學系，其中真菌學（mycology）和細菌學（bacteriology）是我最擅長也最喜歡的兩個科目。傳統分類上，真菌包括了霉（mildew）、黴菌（mold）、枯萎病菌（blight）、酵母（yeasts）、地衣（lichen）、鏽菌（rust）、黑穗病菌（smut）、黏菌（slime mold），當然還有各種蘑菇。因為真菌曾被誤認為是植物，所以直到不久之前，植物學家還在對它們進行研究。瑞典植物學家卡爾·馮·林奈（Carl von Linné）在一七五三年發表的兩卷《植物種志》（*Species Plantarum*）中，發布了這項重大的生物學錯誤。當時他進行各種已知生物的分類，將這些生物分類個別加以命名，不過卻把真菌歸類為植物，因此直到一九六〇年代，它們已被當成植物兩百年了。一直到了二十世紀，我們才開始有了概念上的飛躍，現在真菌自成一界，被歸類在真菌界中，而一些枯萎病菌和黏菌則分別歸類到藻類和原生動物中。

真菌大約在十五億年前就和其他生命形式分離而自成一格。根據最近的分子研究顯示，它們與動物的關連比與植物更緊密。它們也以動物一樣的方式進食，而且就像動物一樣，它們只能靠主要由植物或植物衍生的有機物製成的食物存活，因此最終算是靠植物填飽肚子。它們也像某些動物一樣，消化食物的過程發生在體外，例如蜘蛛捕獲了蒼蠅後，會把消化酶倒在蒼蠅上，將不幸的獵物溶解成糊狀，吸收液體後丟掉昆蟲外殼。真菌也有類似的過程。事實上，某些生活在土壤中的真菌會以套索捕捉細小的線蟲，接著真菌會在整個蟲體中生長，並釋放出酶來消化獵物的組織。獵物的組織會被分解成分子，然後被真菌吸收到自己體內。真菌孢子萌發時會形成菌絲（hypha），這些菌絲分支會重複形成輻射狀相互連接的細線團，稱為菌絲體（mycelium）。真菌的優勢在於能推進並穿入自己的食物內，然後在其表面上生長。它們當然不是植物；植物會利用神奇的分子葉綠素來取得陽光的能量，並藉此將二氧化碳和水轉化為糖。然而真菌就像所有動物一樣，為了生長和繁殖，會以其他生物的活組織或死組織為食。

真菌確實很古老，但不容易形成化石。即便如此，仍有一些證據表明，類似真菌的生物可以追溯到二十四億年前。在大約五億四千兩百萬年前，早在植物掌管地球之前，它們就已經從海洋中登陸土地。而且在志留紀時期（Silurian period，大約四億四千四百萬年前開始），它們已經高度多樣性地演化，占據了許多生態位。換個更容易瞭解的說法：在恐龍第一次爬上陸地之前大約十億年，真菌就已建立了它們的生態體系。

分類學家都同意，除了線蟲和一些昆蟲類（如甲蟲）以外，我們所知道的大多數植物和動物，其種類都在不斷增加當中，其中真菌的情況更令人震驚。透過最新的分子研究，目前已發現記載的每個真菌物種，可能都由五個或更多個物種所組成。而最近的研究裡所分析的一種麴菌屬（包括人類重大疾病病原體的屬），是由四十七種生物體所構成。真菌王國的規模和多樣性相當龐大，但到目前為止我們對於這個與我們共享星球的物種，認識的只不到5%。

植物生長，而真菌分解。真菌是植物原料降解的主要物質。的確，它們是唯一能分解木質素的生物，而木質素是使木材變硬的複雜聚合物。真菌在所有死亡生物的分解過程中也發揮一定的作用。哪裡有死亡，哪裡就會變成真菌的盛宴。若非如此，生命的所有化學構成要素，將會永遠被鎖在動植物（包括人類）的屍體中。一旦如此，那麼以後的一切就沒有機會誕生，生命將陷入停頓。如果生命要存在的話，分解是絕對必要的。因為生物會被不斷地回收利用，而且最後也將包括你和我。

直到最近，鑑識科學界還認為，真菌在調查中的唯一用途，是幫助辨識在中毒或非法使用迷幻（hallucinogenic）藥物的案例。但事實上，真菌本身就是豐富的訊息暫存區。真菌的生長方式、生長速度、生長模式等等，所有這些都可以被記錄與解釋，協助敏銳的觀察者估算，自受害者停止呼吸以來已過了多久，以便確定實際的死亡原因。就像花粉一樣，真菌生長的任何地方都會留下見證。

真菌雖然在微觀上可能很小，但也可以生長到巨大的地步。菌絲從微小的孢子中萌發，這些細線聚集在一起形成菌絲體後，散布、相互連接並往外分枝成錯綜複雜的大團菌絲體。這些延伸的細線只有在遇到障礙或食物耗盡時才會停止。如果沒有東西阻止它，也有足夠分解的食物，菌絲體甚至可以傳播數英里遠。據報導，北美有幾個蜜環菌（Armillaria）的龐大殖民地，其中最大的蜜環菌體是目前世界上體積最大生物紀錄保持者，它們於一九九八年在俄勒岡州的馬盧爾（Malheur）國家森林中被發現。根據目前的生長速率推斷，它約有兩千四百年的歷史，甚至可能長達八千六百五十年。它覆蓋了將近四平方英里的面積，當它從細小的孢子發芽點輻射延伸出來時，殺死了周圍的樹木並以它們為食，所以永遠不缺食物。除了樹木枯死之外，從樹幹底部長出的大量蜂蜜色蘑菇，也揭露了它們的存在。

這是世界上最大的真菌之一。但是，在通風不良的浴室瓷磚間生長的黑色黴菌（Cladosporium，分枝孢子菌）也是一種真菌。過期的麵包上出現的綠色、白色斑點，或者放在水果盤底部的柳橙上出現的各種綠色也是。麵包師添加到麵粉和水中以製成麵包的酵母，或者啤酒廠用來釀造啤酒的酵母，也都是真菌。沒有真菌，我們就少了很多抗生素，沒了檸檬汽水、生物肥皂粉、茶、咖啡、樹木、花、食物櫃裡的大部分食品，以及現代生活裡的許多必需品。甚至我們畜養來吃的許多動物，也不能在內臟沒有真菌的情況下茁壯成長，而牧草也會無法生長出來供牠們食用。人類的生活被真菌包圍和滲透，沒有它們，我們將無法生存。我們餵養真菌，真菌也填飽我們。

哪裡有可消化的食物，哪裡就會有真菌。地表上滿滿一茶匙的泥土裡，便可容納十萬多個活孢子和少量真菌，而且每一個孢子都能形成菌落。下次你望著窗外並真正思考周圍的世界時，請順便思考一下真菌。我們自己的身體和大多數哺乳動物的都被酵母菌所覆蓋，例如馬拉色（Malassezia）菌屬，儘管其中一種是造成頭皮屑最常見的原因，但這些真菌通常不會對人體造成任何傷害。當然還有許多人都知道的念珠菌屬（Candida）中的鵝口瘡菌（thrush fungus）會引起發炎，在極少數情況下，如果它進入血液和內臟中，還可能導致死亡。大多數人一生中都會受到某些真菌的感染，如果你曾經得過香港腳，那麼你是被一種頑癬菌（Trichophyton）或絮狀表皮癬菌（Epidermophyton floccosum）所定殖。這些都是常見的土壤生物，因此在裸露的土壤中工作或行走時，記得保護腳部是比較明智的作法，因為這些真菌會讓腳（通常在腳趾之間）發癢和脫皮。當頑癬菌在身體其他任何部位（甚至是頭皮）造成紅色、發癢、皮屑狀的圓形斑塊時，就被稱為「癬」（ringworm），當然不是真的有蟲（worm）。眾所周知，真菌相當難以革除，因為大多數會殺死真菌的藥物也會殺死你。一般的細菌感染比較容易消滅，因為細菌在各方面都與人類有很大的不同，但真菌與我們的關係更為密切，並且我們都對某些毒素具有相同的敏感性。

如果活著的人體在所有防禦和免疫系統都處於良好狀態下，都能為真菌提供如此肥沃的棲息地，那麼死後的人體又當如何？對於許多種類的真菌來說，人類屍體是大塊等待消化的養分。在我腦中經常浮現的一個特殊案例中，真菌便以這種方式大啖盛宴，並延伸散布在一個受害者的地毯和沙發上，而且在最後對指認出凶手作出了貢獻。

——

在淒涼陰冷的丹地公寓區裡，有人向警方報案說自己的朋友失蹤了，於是警察強行打開失蹤者的住家前門。結果看到一個人呈大字形躺在地上，臉上覆蓋著地毯，身上有多處刺傷，周圍沒有發現任何特別的線索。

現在，請想像一下從刺傷傷口處噴出的血液和其他體液，它們飛濺到家具上，並且滲入了地毯。當時窗戶關著，公寓內部非常熱，因為中央暖氣已經開了好長一段時間。真菌的灰色、白色、綠色和棕色群落突顯了血液飛濺的分布情況，當這些休眠的真菌碰到血液時，躺在家具中的孢子就被喚醒了。由於直到發現屍體為止，公寓一直是緊閉著的，於是屍體被保護起來沒被食腐動物侵害，否則蒼蠅可能會飛來在屍體的孔洞中產卵。真菌散布在任何有食物的地方，但由於血液和體液已經乾涸，或是真菌已經把可以食用的部分食用完畢，因此真菌已停止生長。這些真菌殖民地就像地毯上的地圖集，標記了死者血液抵達的海岸線和國界。

這就是我在二〇〇九年時看到的一幕，我丈夫大衛和我搭乘夜班班機飛往丹地後，直接前往死者的公寓。因為有位警官曾聽說可以用真菌來預估事件發生的時間，而且也很聰明地將這項知識推薦給資深調查官，於是我們受邀加入現場調查。

我們經常遇到奇怪難解的問題，然而想要弄清楚這裡發生的事，關鍵在於從濺出的血液裡面觀察真菌生長的程度。首先，要選定一個具代表性的樣本區域、進行拍照並繪製其中的菌落圖，於是我切下代表區域的沙發墊和地毯，將它們放入無菌的塑料容器中。在之前的電話裡，我們已要求監控現場的濕度和溫度，而且也已看到關於這間公寓的大量紀錄。這裡的平均溫度約為攝氏二十六度，相對濕度約為34%，是一個可愛溫暖、適合真菌生長的地方。不過有點太乾燥了，因為大多數真菌需要大約95%的相對濕度才能完全生長。你在自己家中就可以知道這點，如果屋頂漏水，壁紙很快就會變成黑色或綠色，並且會伴隨著黴菌的生長，因為黴菌生長的地方必須潮濕。這表示在這座公寓裡，在死者血液濺到地毯上之前，並沒有足夠的水分供給地毯和家具上的休眠孢子生長，因此它們處於休眠狀態，無法發芽。然而血液一出現，食物和水分立刻變得豐富起來。

我詢問警察是否可使用他們鑑識實驗室裡的設備。雖然他們沒有專門從事微生物學研究的設備，不過確實有一檯很好的層流櫃（laminar flow cabinet，實驗室用的通風過濾設備），可以保護我的樣本免受空氣中散布的其他孢子汙染。就和往常一樣，我們會隨身攜帶所有小型設備，因此我在層流櫃裡建立了臨時的接種設施。我所需要的只是一個殺菌用的本生燈，以及帶有培養基（提供水分與養分的洋菜膠類）的培養皿，然後就可以把許多菌落培養物小心地放在培養基上。

大衛擔任基尤國際真菌學研究所（International Mycological Institute）的所長已經有很長的一段時間，在他的大部分職業生涯裡，都聘請專門的技術人員來進行技術上的繁瑣工作，例如採樣、二次採樣、培養等等。相反地，我從未經歷像他這樣奢侈的工作方式，因此我一直保有身為微生物學家的實作技能。在拍攝並繪製了各種織物上的真菌生長模式後，我定義了代表性的採樣區域，並在圖紙上記錄所有最明確定義菌落的測量數據，然後我切下沙發和地毯等織物樣本，將每個菌落培養在無菌容器內，再把樣本放入另外的無菌容器中。接著，我們便帶著這些切下的發霉地毯、墊子和珍貴的培養菌飛回南方，並著手進行實驗，以理解在這座公寓裡真菌生長的含義。

第一個步驟是在相同溫度下孵育發霉的織物。四天後，當真菌菌落的外觀與我們最初從墊子和地毯上切下的真菌菌落外觀完全相同時，我們立刻就能判斷它們生長中斷，是因為某種因素停止了，原因可能是缺少可用的水。

為了測試這一點，我們用牛血把所有織物浸濕，並讓它們孵育一夜。第二天早晨，真菌的生長已達到爆炸性的程度。每個真菌菌落都散布開來，拼命爭奪空間，在任何可能的地方大幅生長，根本沒有留下空隙。因此現在我們有了一個可行的理論：公寓的溫暖乾燥讓體液迅速變乾，一旦乾掉後，真菌就無法擴散了。因此，如果我們知道各種真菌的生長速度，透過測量在地毯上生長菌落的大小，便能確定那人躺在那裡的最短時間。

因此，我們必須將每種在丹地取得的純淨培養物，放入新培養皿中進行再培養，此時真菌會從接種點中心向外生長，形成一個圓形。我們觀察、測量、計時了三個分離株的傳播過程，這三個分離株已被大衛鑑定為毛黴菌（Mucor plumbeus）、短青黴菌（Penicillium brevicompactum）和柑橘青黴菌（Penicillium citrinum）。孵化器的溫度設定為攝氏二十六度，經過兩天後，類似真菌「雜草」類的毛黴菌，如我們預期的幾乎長滿整個培養皿，另外兩個青黴菌種則花了五天，才達到與犯罪現場相同的直徑大小。這意味著血液至少是在發現屍體前五天散落在沙發上，並且滲入了地毯之中。真正讓我們感到驚訝的是，後來俯首認罪的這位凶手，是受害者的「朋友」，並且承認正好是在警方獲報前五天犯下了罪行。當時如果現場窗戶是打開的，蒼蠅便可能進入，警察也將不可避免地改為要求昆蟲學家來估算死亡時間。當各種偵辦的嘗試和測試方法燈無效時，我們再次證明了自己的方法相當管用。

——

真菌也能提供很好的原始痕跡證據，甚至為植物或孢粉學證據提供佐證支持。它們之所以有用，是因為它們可以在只有一點點食物滴濺到的地方生長（例如玻璃、紙張、木材、皮革甚至塑膠等）。真菌採用了多種生活方式，它們可以只以死去的有機物為食，這也就是為什麼果園裡果樹的葉子會自動在春天來臨之前消失。真菌還可以入侵並寄生在某個宿主上，甚至殺死宿主，以便把死者當作食物。

某些真菌會與植物形成親密的互惠關係。植物提供它們糖分，真菌則為植物提供磷酸鹽、水和其他養分。隨著真菌菌絲體擴散到土壤中，植物也可有效地擴展植物根系。我還發現有一種真菌，竟然可以同時與幾種植物形成同樣的互惠關係，養分甚至可以在整個連結系統裡相互流通，這真是太奇妙了。這就表示真菌能將多種植物連結起來，缺乏養分的植物能透過真菌被另一種養分充足的植物餵食。因此，如果一棵樹在林地邊緣處成長得很好，而另一棵在林地內側的樹營養不良時，外面的樹便可透過真菌將食物傳遞給那棵挨餓的樹。當你想到每種植物都有機會與這種互惠真菌產生關連，我們便可想像整個植被全都連繫在一起，而非表面上那樣各自分開。目前生態學家越來越常談論「木連網」（wood-wide web），真沒想到這世界竟然如此複雜、如此奇妙！

但並非所有的真菌都是善良的，有許多真菌是令人驚駭的殺手。它們與宿主的關係並不和諧，它們的孢子會飛到空中並降落在植物的葉子和莖上，或是透過在土壤中延伸的根系來入侵、殺死、食用植物，並且繼續蔓延前進。動物也同樣會從真菌受益或遭受真菌感染而受害，例如生活在動物腸道中的真菌，會協助消化不易消化的食物，分解成宿主可以利用的簡單分子。母牛、綿羊和山羊必須咀嚼成團不易消化的食物，如草、乾草和樹葉等，而牠們腸道中大量微生物幫助牠們分解消化這些纖維，若沒有微生物，牠們就會餓死。野兔甚至必須吃自己的糞便，因為牠們腸道中協助消化的微生物位於吸收處後端，這真是自然界的怪胎。

展現真菌和植物（有時還包括真菌、植物和各種細菌）另一種強大共生關係的是地衣。地衣是能在岩石、建物、牆壁、樹幹、樹葉甚至在地面上發現的鱗狀、莖狀、多葉甚至叢生的生物，經常是灰色、綠色和黑色的暗色調，看上去就像是被踩扁的口香糖，而且當它們成長時，總會讓人行道看起來很髒。地衣與植物的夥伴關係非常古老，可以追溯到幾億年前。它們的組織非常平衡，可以忍受地球上極端的物理化學條件。它們可以在南極洲和乾旱沙漠中找到，在熱氣騰騰的叢林和溫帶森林中最為多樣化。

地衣是終極倖存者，曾在火箭墜落到地面時燃起的火焰中倖免於難；橙色地衣（Xanthoria）像太空人一樣，能附著在國際太空站外部長達十八個月。換言之，它們能在宇宙和紫外線輻射及太空的真空中存活下來。

地衣古老且耐受度高，但每片地衣肯定不是一個單獨的有機體（人類也不是）。它是真菌，是一種或多種藻類和細菌的微觀群落。如同其他真菌一樣，它們可以用來說明經過了多久時間。即使是試圖估計冰河增長和下降的地質學家，也會利用它們來估計時間的變化。就在幾年前，某次我和大衛於曼徹斯特召開的一次生物衰退（biodeterioration）會議上，接到了需要一通需要我們幫忙的緊急電話。在一條與林地接壤且相距一百九十英里的安靜道路上，有個卡車司機在路邊停下來上廁所時，發現了一個可疑的提包。當時他立刻懷疑這可能是部分被肢解的身體，因為當時有樁分屍案占據整個新聞頭條，所以警方呼籲民眾特別注意身邊任何可疑事物。

後來我們才瞭解這樁案件的概況。有對男女很羨慕某位同事的財務優渥，決定謀殺他，好接管他的房屋和汽車所有權，他們天真地以為自己有辦法可以擺脫嫌疑。這位不幸的受害者在遭到專業手法肢解後，身體各個部位被丟棄的範圍很廣闊。他的頭骨在萊斯特郡被發現，身體則在赫特福德郡河流中的一個手提箱被發現，多塊手和腿在林地邊緣、林地裡和田野上被發現。我曾研究過許多身體殘肢，甚至包括頭骨，但是植物學和真菌學在這條腿上所展現的力量，讓很多人留下了深刻的印象。

當時大衛和我匆匆離開會場，以限速所允許的最高速度，開車穿過中部地區，經過伯明罕及每個交通壅塞路段，一直開到發現那條腿的地方。待我們到達時，警戒線已經建立好，犯罪現場調查人員也已經將腿移到停屍間，我們晚了二十分鐘。直到今天，我還是無法理解警方為什麼要破壞現場，而且對於這樣的事情經常發生感到非常厭倦。在傍晚時分逐漸消逝、我們卻無事可做的情況下，我和大衛住進當地一家提供床位和早餐的民宿裡，經過一整天會議和漫長開車後，感到精疲力竭而速速睡去。第二天早晨，我們煥然一新，再度開車抵達那條腿被丟棄的地點。我先進行了植被調查，評估可能的犯罪路徑，以便在一個或多個犯罪者被逮捕時，將這裡的土壤樣本與他們身上的鞋子或衣服進行比對。

據稱，那位卡車司機看到那個可疑物時，它是被藍色塑膠袋包裹起來的。司機說自己沒有碰任何東西，而是當下覺得可疑就立即打電話給警察了。然而，我看著地面時卻發現，他顯然有把袋子翻動過好幾次，而將袋子從原本位置移動了大約一公尺。我是怎麼知道的？好吧，腿的原本位置對我來說相當明顯，因為囓齒動物有咬過這個塑膠袋，蚯蚓也鑽進了下方的土壤。

這裡有幾種小型草本植物顯然被重物壓彎過，不過仍然是綠色的，也已開始恢復生長。塑膠碎屑和小野草距離塑膠袋的記錄位置約一公尺，因為犯罪現場調查人員當時仔細標記了發現腳的地點。因此我知道卡車司機稍微扭曲了事實，因為他的好奇心導致包裹移位了。觀察現場植物的狀態，我懷疑這條腿已在那裡超過警方所認為的「兩週」了，而且跟我在其他案件裡目睹的情況相比，埋進土裡的藍色粉碎塑料數量並不算多。後來警方的調查開始變得積極，因為有更多殘肢在其他偏遠地方被發現，我和大衛也去了萊斯特郡另一個地點檢查頭部，以及在赫特福德郡不同地點出現的一隻手臂和另一條腿。警方很快鎖定了嫌疑人，在嫌犯接受偵查後得出結論：謀殺是在發現最後一條腿的兩週前犯下的。因此，可以假設身體的所有部位，可能都是在兩週前被同時丟棄的。

我跪下來仔細查看受屍袋影響的植物，大衛戳了我一下，指著一根樹枝，那根樹枝靠在袋子原本位置的一株植物的莖上。隨他手指的方向，我在樹枝上看到了一些橙色地衣（Xanthoria parietina）原菌群體。這種地衣在明亮的環境下呈亮黃色，帶有橙色孢子體，在陰影下（如被壓在塑膠袋下方）則會呈現灰色和綠色。它在英格蘭南部很常見，尤其是在道路附近，因為在那裡會受到車輛排氮汙染的刺激，但這不是我們感興趣的原因。樹枝上的菌落確實是黃色的，儘管大衛不知道它們花了多久時間長成，但從野外觀察中得知，它們在樹枝下方應該會變成綠色。我們認為這點可能很重要，不過當時不知道後來它變得有多麼重要。我們從地上取下樹枝，從附近樹上也取得其他樹枝，值班的警務人員幫我們把這些樹枝搬離現場。

直到把樹枝帶回家裡的花園之前，並沒有太多事可做。我們的家位在薩里地區最大的橡樹群附近，每年年底橡樹葉都很令人討厭，不過現在它們很有幫助。我們讓一塊小花園在果園裡蔓生，好讓野狐和獾有個曬太陽的地方，或是去那邊翻滾玩耍也行，我們確實經常看到牠們的演出。拿花園來建立簡單實驗好測試想法也很管用，因此我們決定就在這裡進行實驗。大衛知道在陽光充足的地方，地衣是黃色和橙色，但在被覆蓋的時候，例如被蓋在翻倒的樹枝下，地衣就會變成綠色然後死亡。確認這種特殊的地衣在缺乏陽光的情況下變成綠色的速度，可能有助於我們確定這條被肢解的腿在林地裡躺了多久時間。

我們用鐵絲網搭建了一個小籠子，以防有任何意外的干擾。然後在地面上鋪上一層厚厚的橡木枯葉，模擬腿被扔下處那片鋪滿葉子的林地。接下來，我們取了三個小樹枝，每個樹枝上放上一個良好的地衣樣本，接著將它們置放在樹葉上。我們讓第一條樹枝完全暴露在陽光下，而第二、第三條樹枝上則覆蓋著裝滿沙子的藍色塑膠袋，模擬那條被肢解的腿的重量。

接著除了等待，我們別無他選。兩天之後，我們從第二根樹枝上取下沙袋，第三根樹枝則維持不動，直到過完整整五天。結果相當有趣，一直暴露在陽光下的第一個地衣保持黃色，事實上比以前略黃。與犯罪現場相比，它得到了更多光照，因此做出了相應的反應。第二個地衣是淡黃色的，但已經帶有綠色色調。至於第三個嫩枝在被剝奪光線五天後，地衣完全變成綠色。本案的結果顯而易見：如果這種特殊的地衣被遮蓋五天後才會變成綠色，而放置袋子地點處的地衣依然是黃色，就代表這條腿不可能放置超過五天。

當大衛和我向警方報告我們的調查結果時，警察幾乎不敢相信他們聽到的話。本來他們相信那隻腿在那裡已經待了兩週。這下人們對這案件的認知完全被顛覆了，但就像自然界的許多事物一樣，地衣不會說謊，因此這樁案件的調查速度並不警方所想的那麼快速。

大衛和我繼續為這起分屍案的調查工作提供協助，這個案件現在被稱為「拼圖案」。最後警方終於找到他的軀幹。它被裹上一條藍色大毛巾，放在一個便宜的手提箱裡，接著被丟棄在一條小溪中，距離我們檢查過的四肢只有幾英里遠。發現軀幹之後，我們立即在冰冷的河水中檢查，不過檢查的最佳地點當然是停屍間。這是大衛在鑑識生涯裡遇到的第三具屍體，但卻是他第一次到停屍間工作。回想那天我覺得有點遺憾，因為自己實在太不敏感了。大衛在許多方面都跟我相像，以至於我以為他不會受到停屍間的氣氛和活動所影響。但是，當我問他想測量軀幹上的真菌菌落，還是用熱水燙死蛆，以便為鑑識昆蟲學家預先做準備時，我看到他臉色變得蒼白，還帶著輕微的結巴……最後，他選擇了殺蟲。我還記得他在不銹鋼長椅上的邊邊處放上水壺和瓶子，顯得異常安靜。後來他承認他很討厭殺死那些扭動的小東西，尤其也殺死了那些不幸參與手提箱內集體盛宴的漂亮甲蟲。

最初是在路邊發現了一條腿，最後卻揭露了一個卑鄙的故事，可能連最富想像力的犯罪小說家都不願構思這種情節。凶手和他的女友，一位很年輕的妓女，同時也是兩個女孩的母親，受朋友邀請成為家中房客。但這兩人越來越羨慕這個房東的經濟狀況，竟在朋友睡覺時從背後刺殺他。凶手之前的工作是屠夫，而且因為曾經協助倫敦郊外犯罪集團肢解屍體而惡名昭彰。他殺了人之後再次從事自己的老本行，肢解了自己的朋友，並把屍塊分散丟棄到遠處。也許他們認為自己永遠不會被逮捕，但是正如我一次又一次所看到的，自然界中最細微的暗示，都可能指引我們正確的方向，從而實現正義。

第十章：最後一口氣

我們的身體充滿活力，並且會不斷地變化，這是因為身體會一直被我們的生物過程所建立和分解。當你呼吸空氣並吃下食物時，便是在將外界物質帶入自己的「內在聖地」。簡而言之，我們獲取所需的東西，並以汗水、尿液和糞便形式排出不需要的東西。大多數人無法意識到的就是，我們的食物和水中都帶有極少量的放射性物質，而且這些放射性物質會進入我們的軟組織、骨頭、頭髮和指甲中。世界各地都有放射性同位素的特定放射性標記，藉由這些標記，我們便能追蹤你出生後的地理運動。牙齒可以用來確定你的出生地點，股骨可以說明你最近十年的旅行情況，因為骨頭每十年會翻新一次。至於你的頭髮和指甲，則可以提供你最近去過地方的訊息。六分之一的手指甲、十二分之一的腳趾甲和頭皮旁邊一點三公分長的頭髮，大約需要一個月的生長——這意味著我們有辦法逐月追溯你的行蹤。

空氣提供了我們從食物中釋放能量所必需的氧氣，但是當我們呼吸時，身體也會保留我們所呼吸空氣的地理位置痕跡。除了放射性同位素之外，空氣中還充滿了微粒和碎屑，如果你對此有所懷疑，請思考一下在乾燥夏日裡那些眼睛開始流淚、鼻子開始流鼻涕的人們。任何患有花粉症的人，都能證明我們呼吸的空氣裡充滿了花粉粒、植物和真菌的孢子，以及其他未知的過敏原。

只消看一眼窗戶流瀉下來的陽光，就會發現上面佈滿了小微粒，它們幾乎不受干擾地漂浮和旋轉著。大多數人並不知道，我們呼吸的是所謂的「空氣散發」。* 畢竟我們鼻子上黏膜的主要功能之一，便是捕獲這些微量異物，以防它們滲透得太過深入而進入了鼻竇和肺部。但那些對花粉過敏或有其他過敏症的人，肯定受到這些刺激物的影響。這些微量異物會停留在我們鼻腔內膜上相當長的一段時間，尤其是會覆蓋住「鼻甲」骨上的黏膜，此處是分隔鼻道的溝槽狀空氣通道，並能引導吸入的空氣穩定流入肺部。我們不知道這些粒子究竟可以停留多久，也很難透過實驗來找出答案。觀察到鼻甲上實際花粉負荷量的機會必定很少，因為可以被剝離和檢查的屍體就這麼多。然而，從一些案例來看，屍體內部和外部的孢粉型態篩檢，已逐漸為病理學家在屍檢過程中所接受，因為這些被我們身體意外捕獲的東西，可以揭露犯罪並伸張正義。

時光倒流二十五年，回到馬格德堡（Magdeburg）。這座城市方高高坐落在德國薩克森—

安哈特州（Saxony-Anhalt）的易北河（River Elbe）上。比起其他相同規模的城市，馬格德堡經歷了更多歷史的跌宕起伏。在一九九四年，過去的悲慘歷史再次浮現。在馬格德堡城市中部一幢新公寓的地基在挖掘過程裡，挖出一個包含有三十二個不明身分骨架的亂葬堆。根據現場報告及受害者牙齒狀況來判斷，他們應該是一群俄國士兵。然而，馬格德堡當局對於誰該負責這些人的死亡卻意見分歧。有人認為，一個可能是一九四五年二戰即將結束時那個動蕩春天裡，蓋世太保進行了這次的大規模屠殺。但另一種說法則指向戰後總部設在馬格德堡的蘇聯情報機構「施密爾舒」（SMERSH）的情報人員，他們可能在一九五三年鎮壓當地蘇軍兵變時，殺了這些叛亂份子。如果是蓋世太保所為，那一定是在春天發生的，而SMERSH鎮壓的起義事件則發生在夏天。馬格德堡的奧托・馮・古里克大學（Otto von Guericke University）的萊因哈德・西伯（Reinhard Szibor）教授認為，如果能確定這些人遇害的季節，謎團就能得到解答。

鼻甲高掛在鼻腔中，由非常薄的骨頭以如同珊瑚礁的方式構成，並被薄薄的黏膜所覆蓋。

* 原注：空氣散發是指漂浮在空氣中的所有微粒，通常是花粉粒、孢子及有機物質和灰塵的碎片。

膜的黏性代表任何通過的顆粒都會被沾黏在其上，直到透過擤鼻涕將黏液去除為止。西伯教授決定檢查受害者的鼻甲，看看是否有辦法區分上面黏附的到底是春季花粉還是夏季花粉。經過長達一年的實驗室檢驗，似乎證明了他的理論是正確的。他請一位研究生在一整年中定期擤鼻涕，然後在一系列手帕樣本裡識別花粉粒。最終結果讓他們相信，的確可以從不同季節的手帕裡，區分出春季花粉與夏季花粉。他認為赤楊木、榛樹、柳樹和杜松花粉代表春天，而黑麥、車前草和椴樹花粉在夏天裡會更豐富。根據他的觀察結果和一系列的鼻腔花粉觀察後，他得出受害者是在夏天死亡，因此SMERSH組織應該對這場特殊的殺戮行為負責，而非蓋世太保。

花粉過去曾在考古上被用來判斷年代，但西伯教授是第一個嘗試從頭骨鼻甲上取回花粉的人。他堅信這種方法可用來證明春天和夏天之間的季節區隔，我對這件事也留下深刻的印象。但在英國廣播公司BBC向我展示這次實驗的錄影紀錄，看到他所使用的檢查技術時，儘管當時我受邀到攝影棚，並在熱門節目《明日世界》中讚揚這種判斷方法的優點，但在節目開始前於休息室看到的影片卻讓我感到不安。看完後，我對西伯教授所宣稱的「完美結果」抱持懷疑態度。西伯教授並非植物學家，所以似乎忽略了空氣中的花粉汙染問題，也忽略了花粉殘留現象。如果某一季的花粉在馬格德堡土壤中保存了四十多年，那麼所有季節的花粉可能也都留在那裡。我對土壤孢粉學努力研究過很長一段時間，在某些土壤中，花粉確實可以保存得很好。然而，土壤基質裡很可能包含了整年積累的花粉，甚至還包含了前幾年的花粉。

還有土壤裡的動物（尤其是蚯蚓）和許多微小的節肢動物，牠們會在整個土壤剖面中進行大量的翻動，所以各個季節的花粉很可能會混合在一起。因此我不得不質疑，西伯教授如何有辦法在埋進土壤長達四十年、可能已被嚴重汙染的鼻甲上，取得某個特定季節的花粉？他雖然宣稱已仔細區分出花粉，但是他取得的花粉很可能只是剛好被翻動到那個位置上的花粉。

儘管我對這件事有所保留，但我仍然認為這是一個絕佳想法。在我看來，必須完全消除在頭骨上鼻甲部位的任何汙染，而且還要將土壤對照組樣本徹底均質化，才能獲得其花粉內容的真實情況。從那時候開始，只要一有機會，我就會沖洗屍體的鼻甲，看看能否提供有用的證據。而在幾個調查案件中也確實證明了這點。二〇〇〇年，也就是我首次進入鑑識領域六年後，這項技術協助解決了在漢普郡（Hampshire）林地裡一名年輕男子被勒死的謎團。

在一個寒冷的十二月裡，也就是二〇〇〇年聖誕節過後的隔天早晨，一位出門遛狗的人，為了消除吃太多肉餡餅的影響，決定步入樸次茅斯（Portsmouth）西北約十二英里的林地裡

享受冬日宜人的空氣。當地主要為商業林地，但仍保留古老的貝雷皇家森林（Royal Forest of Bere）痕跡，由於當年可縱馬馳騁的寬闊路徑也被保存下來，因此此處也是漢普郡最容易接近的林地。這名男子的狗突然飛奔起來，消失在樹林裡，也沒有回應主人的哨聲，這很不尋常。接著他在路徑邊緣稍遠處看到茂密的灌木叢一塊傾斜的草皮上有塊空地。這裡長年潮濕，看來應該是被兔子和鹿給踩矮了，這只要從一旁有被踩矮的野草叢和莎草叢可以證明。這裡顯然是比較容易進入樹林的地方，不必掙扎通過荊棘和枯蕨叢。

那人停下來仔細聆聽，他聽到左邊傳來狗的沮喪抱怨聲，藉著聲音來源，他在一塊小空地上找到了狗，接著看到一棵巨大的山毛櫸，其下方土壤凸出一個圓形物體。這男子拉開狗，用拐杖戳了一下那個東西，當他看到圓形物體竟然有耳朵時，嚇得往後倒退。這具屍體頭部朝下，身體其餘部分則被掩埋了。

在他的墳上放了一塊大木頭，這點雖然很奇怪，不過謀殺案的凶手經常會以某種方式在挖掘的墳上做記號，當然也可能是為了讓屍體不易被發現。有許多凶手會經常重訪受害者的墳墓，可能是想來檢查屍體是否仍然隱藏良好，不過我們哪能知道這些凶手的真正想法呢？

警察很快就趕來建立了內部和外部警戒線，並安排一些倒楣的警員擔任警衛。當警方召集鑑識專家取回屍體時，受害者已從樸次茅斯的家中失蹤了六週多了。他的家人不知道他們二十四歲的兒子到哪去了，儘管有向警方報案，但沒人能給他們任何答案。大家唯一知道的是，他最後一次被看到是在十一月十一日，在樸次茅斯的希爾西・利多（Hilsea Lido）一輛白色福特 Escort 廂型車中。而在同一晚，同一輛貨車被發現於當地某個工業區裡起火後遭到燒毀。

死者想必處在腐爛的衰敗狀態中，不過冬天的低溫讓整個過程減緩許多，以致我們沒有標準的分解模型能確定他躺在那裡有多久了。病理學家很快就確定了他是如何死去的，儘管他的身體側邊有一道很深的刀傷傷口，不過致死原因卻是勒殺。凶手拿一條繩子繞在他的脖子上，然後用一根棍子穿在頸後的繩子裡，把繩子一圈一圈轉緊，直到他被勒斃為止。這種殺人手法非常殘酷，後來警方才發現他遭到謀殺的原因，是因為嘲弄了一位「同伴」，這名同伴顯然是個脾氣暴躁的人，還教唆一名共犯一起殺人。警方還確定了受害者並非一位守法公民，調查顯示他是一名業餘木匠，在靠近他住處地區附近的獨棟住宅區裡幹過多起盜竊案件。警方透過徹底的常規調查鎖定兩名嫌犯，其中一名當晚曾被看到出現在受害者的貨車上。警方對嫌犯進行例行逮捕，扣押兩名犯罪嫌疑人的鞋子，以及其中一位名下的車輛作為證物，以便尋找到任何可將他們起訴的證據。

接下來，就是我該介入案件的時刻了。

自遠古時代以來，林地一直是處理屍體的好地方，英國有些林地甚至可被視為亂葬崗。我曾參與倫敦警察廳的一樁案件，當時警方正在林地中尋找二十四名被黑幫老大殺害的受害者，而這些屍體已被掩埋多年。在漢普郡案中，在正常情況下，埋藏這位被害者的險惡之地本該是塊令人愉快的小空地。這裡旁邊有幾株大山毛櫸，還有冬青樹、榛樹和野櫻桃。邊緣處則有一堆荊棘，古老忍冬科植物粗獷、扭曲的莖纏繞並抓緊灌木與樹木所提供的粗壯支撐。光滑的常春藤覆蓋了大部分地面，在尋找光照的過程中，常春藤會設法爬上樹幹。那時是冬天，除了厚厚的山毛櫸葉、山毛櫸堅果和橡子外，地面上比較裸露。儘管林間空地周圍樹很多，但從冬季樹枝的縫隙中，仍然可以看到這裡有一個小空地。

高級調查官（Senior Investigating Officer）想要我們回答的問題是：受害者是否是在樹林中被殺害，還是有兩個犯罪現場？亦即當他來到這裡時是已經死亡，還是是在我們現在所在位置被殺害的？我們還得確定嫌犯的鞋子是否曾與現場接觸。雖然警方很快就找到兩名嫌犯，也提供他們的鞋子及主要犯罪嫌疑人汽車的踏墊和腳踏板給我，但由於罪犯們供稱有共穿鞋子的習慣，你只能說「鞋」有去過，卻無法指證某個特定嫌疑犯到過這裡。因此，我必須從犯罪嫌疑人的所有物中，檢索到個人資料的來源，以盡可能排除某人去過的其他地方。關於這樁案件，有利因素之一是雙方都是「城市」男孩，不太有機會到樹林裡散步找樂子。當然，即使如此，也無法阻止任何辯護律師宣稱這兩人只是去林地散步，所以我必須做好準備。

整個區域包括大約三分之一英里外的公共停車場，都對健行人士和遊客開放。我和負責本案日常處理工作的硬漢警長約翰·福特（John Ford），從停車場下車一起走到埋屍地點。我很驚訝地發現他對我的工作很感興趣，而且真的想跟我學習關於植被和植物的相關知識。他濃厚的漢普郡口音，讓我感覺就像家人一樣親切，但我很快就知道他有多堅強，因為他決心要收集所有可能的證據。我喜歡他的開放與直率，也知道他是可以一起共事的人。

當我們沿著林地工人為造福大眾休閒而開發的道路前進時，我驚歎於周圍景色的豐富。這是一塊很大的林地，由大林地中錯落有致的小林地所構成，每塊林地都有自己的特色和種類。有明顯的針葉林和茂密的樺木林，也有宏偉的老櫸木和橡樹，還有許多低層的榛樹、冬青樹，以及許多糾纏不清的物種裸露的莖頭，在冬天光線下無法馬上辨別。這裡也有許多可愛的甜栗樹（sweet chestnut，亦稱歐洲栗），這些甜栗樹在古代為歐洲南部提供食物，並被羅馬人帶入英國。也有個別種植的英國四種原生針葉樹——陰暗的紫杉。一塊塊拼布般的林地合併到另一塊林地中，而那些在春天會變成一片萬花筒的草本植物，此時只能讓人預想那片美景，因為現在它們處於冬眠狀態，幾乎沒有在地上出現的跡象。

一邊走路時，我也想像著每個區域可能出現的植物特徵。不過多年來我學到的一件事是新手仍然無法掌握的，那就是你永遠無法確定將會出現什麼。我當然可以做出一般性的預測：例如我知道停車場附近會有高密度的松樹和樺樹花粉，而不會記錄到甜栗樹的花粉，因為它所產生的花粉相對較少。還有，即使山毛櫸非常多，橡樹花粉也一定會比山毛櫸來得多。但是確切的數量和花粉輪廓呢？我需要進一步分析來瞭解這點，並且沒有任何現有模型能幫我取得經得起法庭審查的證據。因為每個案例都是獨一無二的，而且必須如此看待才行。

經歷了考古學和古代景觀重建方面的所有訓練之後，最初而且到現在仍然令我驚訝的一件事，就是從表層土壤中收集的每一個樣本，都可能與下一個樣本有所不同。而且與第一個樣本相比，取樣的距離越遠，差異的變化越大。事實上，在任何地方的花粉沉澱都是零散的，你只能大致預測。我們可以從光譜的角度來對比這些花粉圖案，隨著植被變化，就像一個光譜合併到另一個光譜裡。正如我多次提到的，在你比較對象和位置時，必須收集足夠的對照組樣本，才有辦法構建出此地花粉輪廓的相關位置。如果找到一些罕見的痕跡證據，該地就會變得獨特，而這會對案件很有幫助。想要在法庭上有出色表現，就不能放過任何機會。當然，也要有機會表現出來才行。如果對方律師對得起他的律師費，那些缺乏明確證據的半調子預測證據，很快就會被擊潰。而且我還意識到自己必須嚴格看待，以免被警務人員會因為期望的結果——也就是被那種「定罪」的天真熱情所影響。我會持續保持覺醒，讓自己不斷克服認知偏見。

沒有任何孢粉學分析能提供絕對的關連證明，你必須從「可能性」的角度看待一切。每次我提出建議或向警察報告調查結果時，我都會小心地加上適當的警告。必須從犯罪嫌疑人所獲得的任何個人資料裡，考慮尋找可能的替代場景；這事實上便是後來我和我的警察同伴，能在漢普郡和蘇塞克斯郡之間手舞足蹈的原因。

因為開車無法直接抵達埋屍地點，因此受害者必須是自己步行或死後被帶到此地。這意味著，我必須確定從道路上進出這個地點的最簡單途徑，並將採樣位置鎖定在犯罪者可能接觸的任何地方。當然，最主要與最顯而易見的就是這個墳墓本身，因為那是嫌犯無法避免的地方。由於得到了主要犯罪嫌疑人的鞋子、汽車踏墊和腳踏板，在與犯罪現場的樣本進行了密切比對後，我看到了重要且明顯的特定標記。我見過的所有樹木和灌木都很完整地呈現出來，這個地方的春天一定別具特色。在花粉和孢子的檢查結果上，證明這邊有很多風鈴草、毛茛、山靛（dog's mercury）、蕨類植物和此地特有的其他野草。但最引人注目的是一種我從未見過的東西——黃精（Solomon's seal）。我從顯微鏡裡還挑出了一些特殊的真菌孢子，它們看起來就像曼島國旗上的腿（Isle of Man），*但「膝蓋」沒有彎曲。事實證明這些是紫薇斑葉病菌屬

* 譯注：曼島雖為英國屬地，但有自己的國會，其國旗為三條膝蓋彎曲的腿旋接在一起。

（Triposporium elegans）的孢子，這種特別的孢子是一種感染山毛櫸堅果的微真菌。不僅如此，我還在這個茂密林地中間注意到一個乾草堆。如果不是我在那個約克郡地窖裡的經歷，以及我注意到靠近埋屍地點附近有一條馬路的話，對我來說就可能是個難解的謎題。因此很明顯地，乾草的花粉輪廓來自於馬糞。這讓犯罪現場有了高度的特殊性，就像在深邃林地裡傳來了乾草的信號。

進出埋屍地點的通道很重要，但嫌犯經常光顧的其他地方也同樣重要。因此我跟負責案件的警長約翰一起進行了漫長的訪查探視，去到嫌犯的住屋和所有他們喜歡去的地方。雖然事實證明這些過程非常辛苦，但並非沒有樂趣，尤其是在訪查樸次茅斯各地時，我們必須到城市裡的落後地區檢查一些排屋的孢粉狀況；這裡與城區生活的對比令人驚訝。我清楚記得進入第一個排屋時，要先走過黑暗狹窄的穿堂，並且要避免被前門內的掛鉤勾住大衣。這點讓我印象深刻，因為它通向一間只能被描述為寒冷貧乏的客廳。儘管在地毯上爬行的嬰兒看起來清爽乾淨，但這裡沒有任何家常的溫暖。這個房間通往廚房，然後就是一個完全被棄置、成了雜草天堂的後院。後院裡有舊水桶、被棄置的玩具和舊靴子，鋪路磚石之間生長的雜草包括羊蹄草和蕁麻，高度約三十公分。還有一條用爛釘子勾住的垂懸掛衣繩，從屋子裡鬆弛地連接到破爛不堪的棚子上，整間房子的情況都讓我感到難過。

幸好下一間排屋並非如此。這是一棟上面兩層、下面兩層的雙層排屋，外觀與其他房屋類似，但相似之處僅止於此。這間房子有延伸到花園的嶄新雙層玻璃窗。一名擦了濃烈木質香水的婦女開了門，立刻讓人知道她是有錢人，因為她臉上有專業妝容，頭髮很明亮但不像是金色，同時她還抽著菸。她身穿黑色皮褲、黑色毛衣，從頸部到腰部戴著幾條發亮的金項鍊。從她閃閃發光的平底拖鞋上，露出了粉紅色趾甲，手上長長的指甲也被修剪成尖端帶有白色指甲油的時尚外型。她的手指上戴了幾枚戒指，還包括一個大鑽石戒指。屋裡的裝飾十分華麗——鬱鬱蔥蔥的紅地毯、黑色皮革沙發和帶有毛皮墊褥的椅子，天花板上懸掛的是精美的水晶吊燈。客廳的電視就像電影院螢幕一樣大，角落的小酒吧上放著一瓶酒和眼鏡。現代化設備齊全的廚房通向外部，連到無菌潔淨的混凝土地板空間，上面放著一或兩桶來自去年夏天已枯死的花。這個房屋裡沒有任何類似屍體發現處的植被。我完全沒想到會發生這樣的情況，而且一眼就能看出，不必花時間對這些地方進行對照組樣本比對和分析。

但我仍然必須面對辯護律師那些不可避免的主張，亦即宣稱他們的客戶經常在漢普郡和蘇塞克斯的各處林地裡散步。而當你務實地從自己多年來檢查英國各處地表樣本的經驗出發，思考到底還有哪些林地可以提供出這種花粉輪廓，裡面必須包括特定的樹木、灌木、爬藤、野草、奇特的真菌孢子，以及最重要的黃精和乾牧草等，並且能符合這所有花粉的比例時，我要說我從來沒見過類似的花粉輪廓，而且我的直覺是其他地方沒有這樣的東西。但是我卻必須打一場充滿質疑的法庭遊戲。

雖然我不熟悉這塊定義區域中的林地，不過我知道有一個人很熟悉這裡——我的老師和我後來的人生導師，也就是英國帝國勳章獲獎者、倫敦國王學院的弗朗西斯·羅斯（Dr. Francis Rose, MBE）博士。他顯然是個先知，也因為在百科知識領域的卓越表現，廣受大多數英國植物學家尊敬。我帶著約翰警官去拜訪他之前，我已經分析過鞋和車輛，也產生了與對照組樣本非常接近的輪廓。於是我對他說：「弗朗西斯，你知道這個區域有任何其他林地可以產生出這些孢粉輪廓嗎？」我給他我記錄的物種清單和比例數據表。他坐回起居室的椅子。起居室內堆滿了書，桌上則鋪滿了植物標本、鉛筆、他的眼鏡和筆記本。他咬著菸斗的末端、撚著鬍鬚，以一種帶著平和笑容的慈祥模樣凝視著自己的眼鏡，然後把手伸向一個放有很多破舊地圖的書架。大約一小時後，在畫著圓圈和塗鴉覆蓋的軍械測量圖上，斜眼看了幾杯茶的時間之後，他挑出十四個可能相關的林地。我對眼前艱鉅的任務感到沮喪，被弗朗西斯迷惑的約翰則簡短地說：「那就這樣，我們明天就開始，佩特。」後來我們真的這樣做了。

我們造訪了這十四個林地，然而光是透過查看其中的許多植被，我就能刪掉大部分林地，因此這項任務並不像最初看起來的那麼糟。在我記錄的資料裡，這些林地雖然全都有橡樹、山毛櫸、松樹和許多其他植物，但只有三處有類似埋屍地點的植物群落。即使如此，經過分析之後，它們的花粉和孢子的孢粉圖案，也無法真實反映出我在埋屍地點發現的內容，或是從鞋類和汽車中收集到的孢粉圖案。其他林地也沒有發現不尋常的黃精與特殊的真菌孢子。因此令我感到滿意的就是，嫌犯與埋屍地點在孢粉圖案上的強烈相似，而與其他林地之間的相似性很弱。但是還有一個重要問題亟需回答：受害人被帶到厄運降臨的那塊空地時，到底是活著還是已經死了？我必須研究這具屍體，看看它顯示出什麼訊息。

沖洗頭髮並沒有意義，因為它已經嚴重暴露在土壤中；不過鼻甲有可能會帶給我們一些好運。於是我去到停屍間，然後遇到兩位面無表情的警官。

其中一位說：「抱歉，佩特，停屍間的工作人員把屍體放在冰櫃裡，他現在就像冷凍雞一樣堅硬。」

他們期待我臉上出現難以置信的皺眉表情：為什麼他們在我離家之前不先打電話告訴我？不過我只問他們：「有吹風機嗎？」結果十五分鐘之內立刻有兩個吹風機擺在桌上。我們輪流朝受害者的頭骨和臉上吹熱風，大家都覺得很無聊，因為即使頭骨裡面已經沒有大腦了，我們也都知道解凍頭骨需要花上一點時間。那位一直盯著我的警探用一張撲克臉般的驚悚幽默，學他兒子的聲音說：

「爸拔～快告訴我，你今天都做了什麼工作啊？」

我笑得快要跌倒了。我們當然不鼓勵開玩笑，你必須尊重死者，保護他們的尊嚴。最後在我們齊心協力下，死者頭部的狀態終於足以讓我開始沖洗他的鼻甲骨了。從謀殺受害者的屍體中獲得孢粉的型態，確實不是一件簡單的工作。

想像一下，現在受害者的屍體躺在實驗室平檯上。我最早開始嘗試從受害人鼻腔中獲取孢粉殘留物時，會先把一根有彈性的管子穿進鼻孔，然後把管子往上伸至鼻甲部位。這根管子連接一個較大的熱稀釋洗滌劑注射器，可以沖洗黏附在鼻甲上的孢粉。我們的鼻子只是整個呼吸道的可見部分，鼻孔內部會直接通向一個由垂直隔板（隔膜）分隔的兩個腔室。鼻子的主要功能是在空氣被吸入肺部之前，對空氣進行加溫和潤濕，並過濾掉空氣中的任何異物。在鼻孔裡的鼻毛是許多老男人的剋星，也讓很多女性倒胃口，但卻有助於防止異物進入太深。而鼻甲膜的大量血液供應，可加熱由鼻孔吸入的空氣；鼻黏膜表面微小擺動的纖毛則會捕集任何外來的顆粒，將它們往下移回鼻孔，以免進入呼吸道。從鼻孔到肺的整個呼吸道都會分泌黏液，這有助於捕獲異物。然而，從鼻孔接近鼻甲是個奇怪的動作，除非臉部和鼻孔乾淨到無可挑剔，否則在導管沖洗鼻甲的過程中，水中經常會充滿了汙染物。鼻孔可以吸附任何汙垢和微粒，特別是對開始腐爛或已經腐爛的屍體來說，採樣被汙染的風險很高。甚至病理學家在常規清洗屍體時，也可能把花粉汙染物噴入鼻腔內。

我將當初西伯教授使用的技術做了全面性的改良。在以前的案件裡，無論如何我都會取下鼻子，有時甚至移開整張臉，好在注射器沖洗之前去除掉多餘的物質，不過結果仍然不甚理想，因為這種方法實在太粗糙，不符合我的精確要求。後來在解剖學和人類學家蘇・布萊克（Sue Black）的建議下，我改用不同的方式接近鼻甲。

屍體在林地中正面朝下趴了長達六週，整個頭部自然被邊緣的土壤和腐殖土壤所覆蓋。因此，與其直接進入鼻孔、冒著發現的任何東西都可能被汙染的危險，不如接受建議，從篩狀板（cribriform plate）沖洗鼻甲。我是第一次認識這種特殊的骨板，它上面開有小篩孔，以便嗅覺神經進入大腦。我非常欣賞人類鼻腔這種高度演化的構造，這可說是一種位於鼻腔上方、把鼻腔與大腦額葉分開的完美小結構。然而要看到篩狀板，代表必須移除顱骨頂部以及頭部和臉部的皮膚。這些部位通常在病理學家移開大腦進行檢查後會被放回去，因此再次移除也不算是件難事，現在我只要輕輕地把它們從頭骨上抬起即可，而在工作結束之後也很容易放回去，這應該是最聰明的作法了。

檢查過程裡最困難的部分就是調整屍體的方向，使其鼻孔直接位在我的不銹鋼腎形盤上；這個盤子這是我使用二十多年最珍貴的財產之一。要讓屍體對好位置通常要花很多力氣，因此需要停屍間技術人員的幫忙。我會先用一束不吸水脫脂棉布堵住屍體的喉嚨，然後用手術刀在篩狀板左側打一個洞，接著將一個裝有大約二十毫升熱抗菌洗滌劑溶液（其實就是我忠實的僕人——藥用洗髮精溶液而已）的注射器插入孔中。當我輕輕沖洗時，溶液會從細小的鼻甲骨珊瑚礁狀結構中湧出，並帶著所有黏附的顆粒一同流入腎形盤。然後，我會在鼻子另一側重複這個過程，再把兩組沖洗液合併成一組懸浮液。充分混合後，將取得的懸浮液樣本分成兩份，這樣萬一檢驗時遺失或遭到汙染，還有一組備份樣本可用。兩個試管經離心處理後，就會看到小團顆粒出現在每根試管的底部。

有時回收的微粒數量很少，以至於用肉眼看時幾乎什麼都看不到，但即使如此，也必須對樣本進行處理研究。我知道在某些案例中，僅靠單一粒子便能提供重要的關鍵差異，而改變我們對案件的理解。因此即使是很小的東西也很重要，這些樣本代表了受害者最後的呼吸，並且可能可以告訴我們最後呼吸的地點在哪裡。

原先我的期望並不高，但從這個受害者鼻甲中回收的樣本比我想像的豐富。通常從鼻腔中取出的孢粉數量很少，在我進行過的許多檢查裡，屍體從鼻甲洗出的孢粉數量，每四十毫升溶液多半不足十粒。但這次當我完成沖洗工作後孢粉數量一直增加，直到最終計數時我們已確定了七百三十九個分離孢粉，以及三十五種孢粉學分類單元。而且，鼻甲的花粉輪廓與埋屍地點周圍的表層土壤非常相似，完全不像更深處的土壤。

土壤的內容相當豐富，它是由部分礦物質和部分有機材料所組成，裡面充滿了細菌、真菌和各種動物。它們大多都在土壤頂部幾公分處活躍，而隨著土壤變深，生物體的數量及活動也越來越少。在大約八公分的深度時，存活的生物數量會急劇下降，在約二十公分處又會下降得更多。孢粉型態也有同樣的情況，它們在地表相對豐富，在土壤更深處，由於進入土壤的時間更長，更可能出現腐爛的狀況。因此隨著深度增加，花粉類群的數量通常會減少，而且微粒本身會變薄、被腐蝕或被壓碎。這次我從受害者身上得到的所有東西都保存得很好，這代表這些花粉來自靠近地表的土壤，也代表這些是最近的花粉，很有可能是前一年的花粉。

土壤顆粒被吸到鼻甲骨裡面這麼遠的地方，表示他進行過非常沉重的呼吸。試想一下，如果把你的臉被推進土壤表面然後嘗試呼吸的狀況。你一定會用口鼻大幅喘氣，以遇難時自動產生的緊迫感大口呼吸。因此現在我可以確定：這名年輕男子在被勒死時曾掙扎著呼吸。由於鼻子靠著土壤，因此無法避免地將土壤吸入鼻道深處，甚至吸到離鼻孔很遠的內部。花粉和孢子不可能因為在樹林裡漫步就輕易地抵達鼻道深處，如果他是先被勒死後再被棄屍在這裡，就不可能吸入類似目前計數比例的孢粉。無論如何，屍體鼻道中的花粉和孢子型態與地上土壤非常相似。我現在幾乎可以完全肯定，這片林地就是他遭到謀殺的地方，警察並沒有其他犯罪現場需要擔心。

經過一段時間之後，這兩名殺人犯被定罪，而且都開口要求減刑，兩人就此各自展開供詞。兩人都將謀殺歸咎於對方，也都宣稱在用繩子纏繞被害男子的脖子後，他才嚥下最後一口氣，所以內心很害怕。凶手可能具有足夠的鑑識證據意識，因此把貨車開到一個僻靜的地方後，縱火摧毀了與謀殺案相關的任何證據。不過他們並不瞭解，在他們把那名遇害男子拖到林地裡時，林地也把自己的痕跡留在他們身上；凶手也不知道當可憐的受害者趴在那裡時，由於脖上纏繞著繩子、臉被壓在土壤裡，因此用力吸進了花粉和孢子的微粒，所以這兩個凶手最後一定會被判終身監禁的。

——

這個案件發生在我任教於倫敦大學學院（事實上是考古學院）期間，而我正提議在該學院建立考古鑑識學（Archeological Forensic Science）碩士課程。當時，考古鑑識學已經流行了一段時間，伯恩茅斯大學（Bournemouth University）已開設了這門學科的碩士課程，有許多年輕的考古學家都迫切希望能參與刑事調查。

由於健康狀況越來越差，我提早從研究所退休。在各種天氣條件下進行工作，對我來說負擔太重。我還記得某個聖誕節前夕，我的大腿站在一條充滿冰水的溝渠中，天快黑了，我一邊發抖一邊流汗。我的頭很痛、後背疼痛，甚至連呼吸都覺得痛。好不容易回到家，我已經深陷肺炎的症狀中了，後來花了很長的時間才得以康復。我的醫生對我說，夠了，就是夠了，不要再繼續懲罰自己吧。

他說：「你只要退休就可以了。」

「什麼？」我一邊喘著氣一邊說，「我辦不到，還有太多事情要做！」這件事讓我心煩意亂，因為儘管看似成功辦了許多案件，我仍然持續在學習、開發鑑識準則以及法庭正義所需的技能。

研究所所長雖然很難相處，但他似乎對我感到同情。

「我可以跟你談交易。」他說，「你可以在系上開碩士課程，我會為你提供實驗室和所有司法鑑定工作的相關設施，只是不要期待有薪水……。」

我認為這是一個很棒的提議，因為我可以從警方那邊獲得報酬，這種工作方式並不需要到各地考古現場工作時所需的體力負荷，而且還可以得到需要的幫助和後援。因此，這門碩士班課程就出現了。開設這門課程的大部分時間都是愉快的回憶——教導我打從心裡想教的科目並且仍然可以參與案件研究……是命運讓我再次成為了一位老師。

我決心要讓自己的課程涵蓋面廣泛，因此邀請許多其他領域的專家，讓這門課程變得更加生動。我還設立了一個輪值班表，學生們可以輪流陪我去犯罪現場和停屍間，這種作法可以把學生優劣區分出來。女生的表現通常比較出色，這點讓我覺得有點好笑，因為在現實情況裡，男生竟然比較虛弱。好吧，應該說是真正站在死亡面前的時候。我甚至可以寫一本關於攻讀這門學位經歷的書，內容會涉及跟隨過我的所有獨特年輕人，以及與他們緊密相伴的喜悅和失落。我的學生會參加常規講座和實作課程，也會接觸犯罪現場、警察局、停屍間、驗屍過程和法院等。這是一門全面且多樣化的課程。

第十一章：「一具空軀殼」

每個堅強獨立的女人背後都有一個破碎的小女孩，因為這個小女孩必須學會如何重新站起來，而且永遠不要依賴任何人——其實我只是在網路上看過這句話，並不知道是誰寫的，不過套用在我身上確實如此。

我們村裡的生活多年來大都一樣。我的祖母仍然會在去到各地的旅行巡迴中和我們住在一起。我的肺臟仍然很虛弱，經常會出現肺炎、胸膜炎和支氣管炎。後來幾年裡，我和我最好的朋友也疏遠了，我們在分班考試後被送往不同的重點中學，她進了我們村莊附近蒙茅斯郡的一所學校，我則被分配到較遠的格拉摩根郡的另一所學校。校車沿著山谷和村莊周圍蜿蜒曲折行駛，經過長途的跋涉後，來到縣城一側的下車處。不管天氣如何，我們都必須走下陡峭彎曲的道路，穿越萊姆尼河（Rhymney River）大橋，然後爬上最高、最陡的小山，抵達你所能想像最嚴格、最可怕的地方——路易斯女子學校（Lewis School for Girls）。走下巴士後，你並不會質疑這種長途跋涉的辛苦，只會默默承受現在孩子們不必忍受的那種過程。

我很快就認識了其他的朋友，包括來自格拉摩根郡的朋友。無論我們的父親是在煤礦工作的「真正男人」，或是以其他身分在礦區工作，大多數孩子共享著煤礦文化。我們使用的分班概念，完全是透過考試結果來進行。整個社區對教育充滿熱情，我們的父親也很幸運，在礦工福利機構（Miners' Welfare Institute）的幫助下，他們可以在閱覽室裡安靜閱讀幾個小時。我父親是我認識的人當中最喜歡閱讀的人，他總是可以就任何話題發表有力的言論。他也教會我如何辯論，當我們在報紙上討論某些問題或遇到其他問題時，母親往往發現辯不過我們兩個。辯證是一種很好的遊戲，就像擊劍一樣（掏劍和還擊），主要原則是把客觀性和主體性分離。我一直喜歡聆聽這些有條不紊的理性辯論，就像巴洛克音樂和荷蘭黃金時期的繪畫，都是我最喜歡的藝術形式一樣，精確的細節總會令我著迷。

我在重點學校的老師們就像老蝙蝠（old bat，諷刺愛化濃妝的老女人）一樣過得很輕鬆。我不喜歡這間學校，對比起在小學裡的快樂時光，這裡讓人感到厭惡。所有女孩（女校沒有男孩，除了教堂裡有很多有趣的男孩以外）都很聰明，身穿黑袍的老師從不會碰到問題學生，或在教學傳遞訊息和概念時遇到困難。不過，女孩們卻因此得到友情的補償。

我們這些女孩們建立的友情是非常強大而真實的，直到現在每年還是大約有十四位同學會一起在加狄夫灣（Cardiff Bay）聚會，一起聊新聞、分享各種觀點和意見。我後來才知道自己並非唯一一個對當時學校生活不適應的人，許多人都覺得自己的精神在強大紀律的壓迫下受到折磨。學校幾乎從未培養過我們的才華，回想起來這裡的教學就像狄更斯筆下人物的生活一樣。不過裡面還是有些亮點：例如每年三月初，學校會舉辦一年一度的艾斯提德法德藝術節（Eisteddfod），*每個女孩都會被分配隸屬於某間房子，而房子都是以當地某座山來命名（除了路易斯房，它是以學校創辦人的名字來命名）。我屬於貝德威爾提（Bedwellty）房，我們的顏色是黃色。直到今天，我仍然記得哪個女孩屬於哪個房，因為在詩歌音樂節這一整週裡，她們既是我們的合作夥伴，也是我們的競爭對手。

這所學校的精神是要我們在所有事情上都表現卓越，因此每個人都必須服從命令並努力工作，或接受讓人感到屈辱的懲罰。其中一種令人討厭的懲罰是必須整夜學習，死記硬背某首難解的詩歌，然後隔天在全班同學面前背誦出來。我打從心裡認為這樣無法學到任何東西，而且我並不喜歡詩歌。雖然我能接受詩歌裡蘊含的優美和深刻意義，不過對我來說這仍然是一種懲

* 原注：威爾斯傳統的詩歌音樂節，為了紀念各種表現形式的藝術文化。

罰，因此我從未選擇在詩歌音樂節裡朗誦詩歌。但無論是朗誦、唱歌、跳舞、繪畫或寫作，每個人都必須參加表演。就公平的立場而言，所有活動都應該盡可能包含在內，好讓每個女孩都有機會在某個項目中脫穎而出，就算是擅長在碗裡種植水仙花鱗莖也可以。學校生活裡的每個階段都充滿了競爭，而且學校行程排得很滿，甚至在藝術節過沒幾週，就要進行艱難的大考。

——

一九五八年四月的某個週三晚上，就在我進行O級考試（O-level exam）*之前，我在浸信會教堂的社交活動中玩得很開心。我很喜歡這種小教堂的活動，會在週日參加兩次活動（有時週三也去）。我們玩得很開心，而且有許多長得很帥的男孩會去那裡，所以除了做禮拜以外，這裡有很多吸引人的地方。

就在那個週三晚上，我的世界撞上了一堵牆，在這堵牆被刺穿之後，空氣從裡面噴發出嘶嘶的聲音。當天，我母親的一個朋友來到教堂，把我叫到外面去，我完全不知道發生了什麼事。

「嗯，佩特，你今晚不要回家，你得去梅（May）阿姨家。你母親離開了你父親，就這樣。」

我僵在那裡。「你說什麼？」

「我會帶你去見你阿姨，她正在等你。」如果是在今天，以這種殘酷的方式粗魯地把孩子從家中推出去的可能性並不大，現今的社會告訴我們，應該多關心孩子們的情緒健全問題。然而，當時我身上穿著去教堂的綠色連身裙，而且沒人告訴我，我的藍白相間水手校服和我的課本，此刻正被送到我的阿姨和叔叔家，地點離山谷有幾英里遠。打從我有記憶以來，我從來都不喜歡和母親或父親一起生活。他們的情緒不穩定，很容易衝動，而且總是不停地為最瑣碎的小事吵架。

他們之間的戰鬥是個性之戰，而非理性之戰，而我總是莫名地陷入兩人的戰火之中。我母親離開我父親了嗎？這真的很難想像，因為那個年代的家庭就是不能破裂，他們也應該要堅持不懈，因為在他們的觀念中，婚姻是一輩子的束縛。我所能想到的只有隨即到來的恥辱，我的臉紅了，也感到噁心、不安和恐懼。媽媽為什麼不來接我？事情為什麼這麼突然？為何我不得不承受其他人的同情呢？他們家沒有孩子，他們的房子收拾得乾乾淨淨，讓人感覺既光滑又冷漠。

我什麼話也沒說，甚至當我被送到希望只是臨時的新家時也沒有說話。我沒問媽媽怎麼

＊原注：英國國中畢業生參加的普通程度考試、類似進入高中的檢定。

了，也沒問父親在哪裡。事實上，我當時對所謂成年人的行為感到羞愧、恥辱和厭惡。我總是比他們兩人中任何一位都來得成熟，而且習慣用挑剔的眼神看他們。就跟以前一樣，他們總是把自己的感受放在第一位，他們的感受最重要，必須不惜一切代價加以維護，甚至不惜犧牲自己的子女。但我心裡的某部分也為父母的分開感到高興。只有愛是不夠的，而且這兩人彼此間的裂縫已經存在太多年。

不用再捲入他們兩人之間不間斷的戰爭，從很多方面來看都是一件幸運的事，但這件事也伴隨著詛咒。在十六歲那年，我覺得他們的分開就像是把汙名穿在我身上一樣。而且我永遠也不會忘記或原諒母親堅持要我陪她到法院，而且還要在法庭上被告知，從這個時刻起我必須與她同住。回顧這段痛苦的過程，我的父母做了所有在現代會被認為傷害孩子的心理健康的許多事情，如果發生在現代，應該算是虐待兒童吧。這些事情對於一個「好」人家的女孩來說，應該完全無法想像。最糟糕的是我的外婆當時不在身邊，因此我沒有任何庇護所。她人在約克郡，剛好輪到她最小的兒子和他的家人陪伴她。

我悄悄地向一個特別的朋友透露了父母分居的情況，由於她的父母打從她有記憶以來就一直處在冷戰中，所以她很同情我。我一直認為父母和老師是地球上最有影響力，也最危險的人，我深深感到自己是這兩種人的受害者。父母和老師完全有機會摧毀或強化小孩，他們有能力創造出受害者或受監護者，在他們勢力範圍下的孩子根本沒有權力，無論如何都不可能反抗。

母親讓我搬進的公寓根本不能算是個「家」，永遠都不會是，因為家是我擁有書籍和隱私的地方；家是有外婆待著的房子，她會在我身邊讀書，並在我生病時照顧我。現在的新生活看起來沒有光明，如果我曾經以為母親不再和父親吵架後就會變得軟弱，那我就大錯特錯了。也許吵架已經成為她的習慣，因此她就像以前一樣霸道和壞脾氣，一切都必須依照她的方式來做。然而最重要的是，這表示我再也看不到我的父親了。他當然還活著，也經常出現在我們附近，但我的母親禁止我與父親有任何接觸。她不僅禁止我詢問跟他有關的任何問題，甚至還禁止我在她面前談論他。這一切並非因為父親是個壞人，而是因為他犯了不可原諒的事——他對她不忠實。

如果是在今天，這點肯定不是孩子不能見到父親的理由，而且我知道他很想見我，他一直在努力。但從那一刻起，我的母親卻表現得好像他不存在了。我到現在仍然對他們分開的最後導火線一無所知，到後來也不想知道了。現在我不可思議地回顧這一切，可憐的爸爸，他有漂亮的頭髮和帥氣的外表，相當有魅力，但由於我被迫只能跟隨父母其中一方生活，且最後被判決要跟著母親，因此父親成了我生活中一個遙遠如幽靈般的存在。透過我的經驗，我體會做父母的千萬要當心：如果你試圖對孩子貶低你的另一半，你就永遠會成為家庭的叛徒，孩子對你的愛會大幅減少。

當我的母親逐漸老去，獨自一人住在貝德韋利山頂的喬治亞風格大房裡，四周被壯麗景色和羊群包圍時，醫生告訴我她只需要簡單的照護，不需要住到醫院裡。

「我不會去任何療養院，像個老太婆一樣被困在小角落裡。」我知道如果有任何照顧者與她同住的話，沒有人能待超過五分鐘，而我永遠都得去尋找能照顧他的人。

還有一種方法，就是她搬來跟我一起住，住進我在薩里的大房子裡。那時，我獨自一人和心愛的貓咪米奇住在一起，於是接下來開始了三個月的地獄生活。她總要有個人在附近使喚，因此打從一開始，我就成了她的女僕。這段日子不算長，但我一直在工作賺錢，而現在還必須照顧她，幫她洗衣服並確保她可以準時吃飯，我變得非常疲累。

「你要去哪裡？」「你要去多久？」「跟你講電話的那個人是誰？」

彷彿是 déjà vu（既視現象），我又變成少女時期的那個人了。但是慢慢地，她開始瞭解到我是個很有同情心的人，而且擁有她所缺乏的知識。她看到我跟警察討論事情，並且我到亨頓（Hendon）的警察培訓學院講課時，會跟在一旁陪著我。她遇到我的一些朋友，也受邀跟我一起參加聚會。她彷彿開始意識到在瑟豪威谷區（Sirhowy Valley）之外還有各式各樣的生活；

而過去她在那裡，彷彿小池塘裡的大魚一般。

過了大約三個月的地獄生活後，她逐漸意識到我很友善，讓她感到舒服。我也意識到她很聰明，變得非常有趣。這大概是為什麼她有這麼多朋友和熟人的原因！當她模仿我們認識的人和他們說話的樣子，常常會讓我放聲大笑。雖然她仍然常常發怒，說話也依然傷人，但她是個有深度的人，例如她可以用鋼琴直接彈奏聽到的音樂，也會做精美的刺繡、精湛的手工藝品。她的作品不僅漂亮迷人，而且總能吸引別人的目光。這也許是我第一次對自己的母親有所瞭解。經過三個月以後，我們相處得很好，兩人的關係裡不再只有吵架。在我們一起住了六個月之後，有次我不得不去紐西蘭參加會議，在這段無法陪伴她的期間當中，我讓母親去威爾斯的療養院。我已經安排好在我從紐西蘭回來後，她就會回到我身邊，但就在我回來的當天，她摔裂了骨盆，從那以後她的健康每況愈下。

經過將近六個月，在節禮日（Boxing Day）後一天，她在我的懷裡過世了，死前說的話是「我從未發現自己有個如此漂亮的女兒」。我哭了，並不是因為她走了，而是因為失去了我們可以成為朋友的歲月。原先我以為她無法原諒我成了外婆的最愛，並帶走所有本來可能屬於她的愛和關懷。她可憐的母親一直忙於確保家人生計，而乏於公開表達自己對子女的情感。不過，我也永遠無法原諒母親粗心大意所造成的傷害，在我一生當中她忽略了對我表達感情，而且不斷侵犯我精神上的隱私，以致過去在她面前我總是無法放鬆自己，這點相當可悲。

父母離婚之後，我和母親一起度過的生活非常痛苦，因此當男友說他在英國找到工作時，我頓時想到自己也可以如此。所以我的A級考試（大學程度考試）一通過，我便在薩里的公務員學院申請了一份實驗室工作。結果我不僅得到這份工作，還找到了住所。當然，我母親試圖阻止這種情況發生，但她不得不屈服，因為我下定決心，還因為從她手上奪回的新自由感到興奮，就像逃離了這個家一樣。

回顧搬到薩里的那段期間，同住的人都相當友善。但天哪，他們對我來說是如此陌生。我雖然吃了健康的菜餚，也有溫暖的房間，但是我很想家。就在我剛剛才說完自己在那個家裡經歷的生活後，各位或許很難相信我會想家，但是我對山谷、對朋友和所有熟悉的事物，都生出了鄉愁。薩里市的平坦程度令人難以置信，完全沒有一座像樣的小山，這邊的水也鹹得可怕，完全比不上從山上流下甜美柔軟的水。而除非你伸出手，否則公共汽車絕不會為你停下來。在威爾斯時，只要你站在公車站前，大家都知道你在等公車。但是在這裡，當一輛又一輛的公車疾駛而過時，我完全嚇壞了，直到我看到有人在對面的公車站招手，公車停了下來，我才知道要招手。此外，那裡的一切看起來都一模一樣，到處都是成排的白楊木（poplar tree）。

我也驚訝地發現，一瓶瓶的醃黃瓜和果醬標示著價格，還有小包裝分裝的餅乾。我以前從未見過事先包裝好的東西，不禁認為這裡的人很市儈。在家鄉時，我們的乳酪是用鐵絲切開的，餅乾總是散裝在大罐子裡，糖果也會放在大罐子裡，還會把培根放在帶有致命旋轉刀片的機器上，切成薄片。健康和安全？這裡不存在這種問題。更令人驚訝的是，英格蘭的煤炭是從煤場買來並分裝在小麻袋裡。而我過去只看過成噸的煤塊被扔在屋外的道路上，有些煤塊幾乎是扶手椅的大小。父親們會把煤塊打碎成小塊，然後努力把閃閃發光的無菸煤搬到煤房，之後用一桶肥皂水清洗街道。鄰居們會在這種時候互相幫忙，工作結束時總是會送瓶啤酒來當謝禮。

我還記得看著父親用大錘子分解煤塊時，我們兩人會在那些大煤塊深處尋找植物化石。我們找到很多化石，大部分是蕨類植物，但也有一些巨大的莖梗，我現在才知道它們是木賊屬植物的始祖。回想那些日子，在升起營火的夜裡，也就是我們在父親的房子後面一塊空地上舉行煙火晚會、玩得很開心。尤其有一年特別令人難忘，因為一個嫉妒心很強的小男孩，朝另一個誇耀自己很強壯的男孩高舉的巨大煙火箱裡，丟進了一個小煙火。他製造的這場煙火非常壯觀：煙火朝各個方向上飛舞，鞭炮在女孩的裙子上跳躍著，「凱瑟琳的輪子」（Catherine wheels）在地上漫無目標地狂亂旋轉，響亮的劈啪聲和爆炸聲伴隨著可怕的吶喊聲和尖叫聲，每個人都往不同的方向奔跑。回想起這件事真的很有趣，證明了在教堂裡所聽過的話：你不可以嫉妒或自誇。這件事很適合說明犯下這兩種罪惡會得到什麼樣的報應。在這裡有很多人會把雞放養在自己的土地上，我們隔壁家放養的可能是鵝，我仍然記得父親吃過一種鵝蛋做的超大煎蛋捲。沿著這條街繼續走下去，接下來那塊地可能被用來養豬。當豬隻被拖到屠宰場時，我會聽到豬的尖叫聲。當隔壁的雞脖子要被扭斷當成晚餐時，會發出伴隨狂奔和尖叫的咯咯聲。我雖然討厭這些，但生活裡的這些情節確實很有趣。我猜父親也很想讓我經驗這一切。

離開威爾斯後的那幾年，我過得很不開心，覺得悲慘又孤獨，但我也決定不走回頭路，所以再也沒回去過。人們常會取笑我的歌聲和發音，而且隨時會貶低威爾斯和威爾斯語。這並不只是針對威爾斯人的偏見，人們對於愛爾蘭人、蘇格蘭人和北方人，甚至來自西方國家的人都會這樣開開玩笑嘲諷一下。儘管現在因為政治的正確性，這些嘲諷狀況得以緩和，近半個世紀整個國家也有了大幅變化，然而我慢慢可以瞭解這些生活在礦鄉、與世隔絕的本地人。由於我這一生大部分時間都在薩里度過，因此我在「故鄉」何在這件事上好像陷入困境。當我回到威爾斯時，總覺得自己有點像外國人，因為會很敏感地意識到我所擁有的強烈口音，以及在態度和文化上的差異。我這輩子大部分時間都處於某種邊緣困境裡，不論是從威爾斯到英國，或是從英國到威爾斯都一樣，這就是移民的命運吧。

我嫁給一位高大英俊的英國人，他的童年與我的童年沒有多大的不同。他的父母、他們的房子和他們的生活方式，都讓我想起一則阿華田廣告：父母坐在戰前舒適的別墅裡溫暖的篝火旁，身上穿的睡袍像禮服一樣整齊，彷彿還可以聽到廣告裡的叮噹聲。對我來說，他的童年似乎就像伊妮・布來敦（Enid Blyton）兒童文學裡的內容，他的父母對生活、對世界和宇宙的態度，都是經典的傳統概念——媽咪確實在家裡廚房烘烤甜點，爸比則戴著他的硬頂圓禮帽和直捲傘進城，當他要搭的火車駛入滑鐵盧車站時，他也完成了《泰晤士報》（*The Times*）上的填字遊戲。

這種理想的田園風光被戰爭和撤離到鄉下的政策給破壞了，我的公公幾乎有五年的時間，都見不到他的妻子和兒子，因為他是重要的政府人員，擔負著戰爭的重大職責，因此必須長駐在曼徹斯特。漸漸地，這種生活變成由許多小片段所組成，因此可以看出他們的家庭關係並不像表面上那麼安穩。我的丈夫跟他的父親關係比較不好，他大部分時間跟母親在一起，母親也很喜歡他。但是，我卻跟他的父親相處得很好，而且也不怕戳破他時常誇耀的豐功偉業。我還記得我母親邀請他們兩人一起到她山坡上的房子度假，我公公對山谷裡的一切都那麼乾淨、景色那麼優美，以及人們那麼慷慨有趣，表達了全然的驚訝。從別人的角度來看，他對此地的評論聽起來似乎是出於好意才那麼說的，但我知道他是真心感到如此。我丈夫曾對我說：「你是他一直想要的女兒，」然後嘟著嘴說，「而且還是老師呢。」再一次，我是否又無辜地被人嫉妒了啊？

我公公一生中的大部分時間都有很重的菸癮，因此退休不久後，雙腿就陷入了無法避免的動脈栓塞與糖尿病綜合症狀，並為此所苦。他在我們現在認為還很年輕的年紀就去世了，享年七十二歲。現代醫學似乎給了我們永恆生命的希望，現在的六十歲幾乎等於過去的四十歲。我還記得他躺在病床上的景象，我坐在他旁邊，看他穿著整齊的睡衣，頭髮、鬍鬚都修剪得整整齊齊。我握住他的手，專心地把手指放在他的脈搏上。我對他脈搏的節奏和力量的不規則很感興趣。經歷最後一刻的快速跳動時，他重喘了一口氣，並且凝視著我。隨著這最後一口氣，所有的生命活力都離他遠去了。

這個變化讓我迷惑了一段時間。他是一位父親，也是一具屍體。事情發生在一瞬間，我從未見過這樣的死亡場景，這讓我意識到他的精神已經離開了，只留下一具空的軀殼。

幾年以前，我成為了「簡化論者」，堅信所謂的靈魂、精神、存在，都只是一組複雜的物理、化學反應而已。我們都是大腦化學和個人經歷的受害者，你的「天性」是聖人或精神變態者，大致上不會受到你的控制；你只能祈求緩和自己的行為。不過，你的「想法」是你自己的，而且也是你所獨有的。對我來說，親眼目睹生命的盡頭是件令人安慰的事，因為現在我確信他不會再受苦了。所有可能引起疼痛的事情，他都不會有任何反應了。

大約三十年後的二〇〇五年，就像我在前夫的父親過世時所經歷過的一樣，我的母親在我的懷中過世了。從生到死的突然轉變都一樣地戲劇性，但是我對兩位老人的逝世所具有的興趣，是非常與眾不同的，那是一位好奇科學家所特有的。我經歷了兩次喪親的痛苦，以及珍惜過的每隻貓的逝去。

——

很難相信我和我的丈夫是在結婚四十二年後離婚的。不過我對丈夫的瞭解，比起將近五年正式且溫柔的談戀愛期間，並沒有變得更深入。這幾十年來，從情感上而言，我們一直像是一對衛星，彼此繞行但很少接觸。他擁有很多嗜好，除了是一位出色的攝影師，同時也是水肺潛水員，還是固定翼飛機和直升機飛行員，而且是一名好騎士。後來他沉迷並專精於電腦，總要擁有最好的電腦設備，而且不准任何人碰他的電腦。我一直以為我們的日子過得很富裕，我們曾經擁有一輛保時捷，後來又買了一輛法拉利，兩輛車我都很愛開。我們還有一架雙引擎八人座的塞斯納（Cessna）輕型飛機、兩匹馬，天知道還有多少台電腦，以及其他各種奇幻炫麗的電子設備。由於生性謹慎，我也學會了飛行，因為我怕萬一在五千英尺高空上，丈夫心臟病突發、倒在儀表板上，自己得面臨那種孤單無助的情況。我們曾一時興起飛越歐洲，住在可愛的飯店裡。坎城一直是我們最喜歡的度假勝地，難怪許多朋友都認為我們很有錢。

就在我六十歲時，當我期待舒適而富有地退休時，醜陋的真相突如其來地直接打在我臉上，我一頭霧水地發現，多年來他一直以各種方式背叛我。我們從未有過真正的口角或分歧，可能是因為我們不夠親近吧。當我正忙著自己工作上的興趣時，他也忙於各種嗜好，不過後來我才發現他的嗜好就是征服其他女人。所以不管有多難過，我還是禮貌性地要求他離開，在經過同樣很禮貌的抗拒後，他答應了，事情就是這樣。

分居大約七八年後，我們離婚了。此後我不得不自行謀生。原來我們一點也不富有。他純粹享樂主義的行徑，幾乎花光了我們所有的積蓄，只剩下我和兩隻貓獨自留在這個大房子裡。不過這也表示我從不覺得孤單，事實上我幾乎沒感覺到他已經離開了。離婚帶來的一個明顯差異是，我不必每天洗襯衫和煮晚餐了。我當然不會把錢浪費在離婚律師上，在律師侄女的建議下，我自己打了離婚訴訟。整個過程要花好幾百英磅；我甚至要求他必須償還這筆費用，他也答應了。那段時間很痛苦，但肯定不會比過去發生在我身上最糟糕的事情還糟，我到底如何在這種身心痛苦中倖存的呢？

——

在我世界裡的第一場災難是個令人難過的消息，也就是我心愛的外婆在車禍中去世。這件事讓我難以接受，因為這是我生命中第一次感到孤單、恐懼、震驚和迷惘。更糟糕的是，一年之內又發生了第二次——我那充滿歡樂的孩子，她就像是我生命中的陽光，也是我生活的依託，我整個生活裡都是她。我藍眼金髮的女兒香恩（Siân），在她生命最初的九個月裡都非常健康、強壯，同時也是個精緻的孩子。我們非常親密，我會用我的威爾斯披肩讓她靠著餵奶，將她裹在我的身上對她唱歌，把她抱在胸前，我們兩人都喜歡這樣。我也一直留著那條披肩。

人們都說壞事接二連三而來，果真是如此。有天早上，香恩非常不安分，在她受到最輕微的斥責時，她突然爆發出洪水一般令人心碎的眼淚，我們嚇了一大跳。我帶她去看醫生，醫生卻認為我是一位神經質的新手媽媽。即使確實感受到有哪裡不對勁，我仍被視為一個大驚小怪的家長。不久之後，她的背部突然被大量的紫色小斑點所覆蓋，我現在知道這是皮下出血所致，這是紫斑症。但當時沒有網路可以諮詢，只有家庭醫生可以提供我們意見。這次他把我當回事了，香恩被緊急轉給兒科醫生會診。我不想仔細說明後來幾個月的細節，但她最後被確診得到何杰金氏淋巴瘤（Hodgkin lymphoma），本質上是一種血液癌症。這麼小的孩子就得到這種病，當地醫生並沒有足夠的專業知識來治療她，因此倫敦的聖托馬斯醫院成為我們未來幾個月看診的醫院。直到最後醫生才發現之前是誤診，香恩罹患的是一種極罕見的自體免疫性疾病，稱為勒雪氏病（Letterer-Siwe disease）。接下來的十個月簡直就像是地獄，每當我來到她的嬰兒床前，都害怕她會死掉。她的紅血球數量太少了，而我是全適捐血者（O型Rh陰性），可以捐血給她或任何人。然後可怕的醫療行為和外科手術不斷進行，我現在大概可以瞭解，醫生其實不知道該怎麼治療。

現在唯一遺憾的是她沒有死得更快一點。如果更快一點，她就不用受到那麼多痛苦了。即使過了這麼多年，我一樣會哭泣，每天都想著她。如果她正常長大，會是什麼情況？我會有孫子嗎？她的個性會更像我還是更像她父親？我再也沒有其他孩子了，也不知道自己是否會成為一位好母親。我一直希望每個人盡力而為，透過各種嘗試讓自己脫穎而出。我知道自己很難搞，很可能不會成為一位「傳統」的母親。或許香恩也會像我不喜歡自己的母親那樣討厭我，但我知道我永遠會把她放在第一位。我為她的存在感到高興，也拼命想要保護她，但在那個寒冷的一月天裡，她不再是香恩了。我像是突然觸電一般，用失去知覺的懷疑凝視著她，覺得自己的內心被抽乾了。並不是所有離開你的東西都有機會再回來，有一種巨大的空白是這個世上的任何東西都無法補足或填滿的。

當護士小心翼翼地把我帶走的時候，我才意識到能發生在一個人身上最糟糕的事已經發生在我身上了。世界上沒有任何災難或不幸能產生同等的影響，也沒有任何東西能帶給我帶來更大的傷害。從那天開始，我就像受到魔法保護一樣，再也不會受到任何人的傷害。對我而言，這個世上沒有任何東西比香恩更重要。我很慶幸曾經有過一個女兒。

受到這種保護能讓人變得異常堅強。在多數情況下，我確實已經不在乎別人對我的看法，這也造成我直言不諱的個性。我再也不害怕任何東西了，也許這就是為什麼我在鑑識科學的職業生涯裡，能夠應付這麼多可怕的景象和令人震驚的事件。我也知道，自己之所以會對受虐和被忽視的兒童和動物產生強烈的關心，是因為它們跟我女兒以及她的痛苦和死亡聯繫在一起。我知道有些人認為我的個性很強硬，但事實上在我脆弱的外表下，內心像棉花糖一樣柔軟。那些真正瞭解我的人永遠不會怕我，不過我也學會用某種表情來阻止人們走偏了生活路徑。

——

失去香恩之後，我變得很瘦，呼吸問題也變嚴重了。有一天，在我工作的醫學院裡，教授站在一瓶從病房收集來的尿液旁，對我的咳嗽發表了評論。

「哦，我一直都有點咳嗽。」

「嗯，我認為你應該去做個檢查。」然後他們就真的對我進行檢查了。

在那些日子裡，他們把我放在可以往各種方向旋轉的桌子上，然後把管子放入我的鼻子裡，接著將阻隔放射線的液體倒進我的肺部，在桌子上不斷旋轉直到肺部完全被液體覆蓋，然後進行多次X光照射。我記得即使覺得自己快被淹死了，我還是沉迷地看著螢幕。要清除那些白色物質的唯一方法，就是把我翻轉過來、猛擊我的後背，直到把痰全都咳出來為止。這種過程被稱為支氣管造影術（bronchogram）。值得慶幸的是，後來斷層掃描取代了這種過程。現在沒有任何小孩或成年人必須經歷這種折磨，那整個過程就像被一群太空船上的白衣外星人折磨一般。

診斷結果相當迅速，我的右肺已經完全塌陷膿腫，左肺也好不到哪裡去。我在女兒去世的那家醫院裡住了一個月，就住在大笨鐘正對面右側的病房裡。誰會相信呢，才過了一段很短的時間之後，你就不會意識到頻繁響起的鐘聲了。後來我的右肺葉大部分被切除，當時的麻醉和止痛效果並不算好，所以我對那段時間的記憶非常深刻。我不斷被痛苦折磨著，唯一的緩解就是注射嗎啡。那種被高高抬起、遠離痛苦的欣慰感真是神奇。剛開始因為打這種針很痛，我還有點反抗，但後來卻變成我要求更多嗎啡時還會被醫生拒絕。顯然院方必須衡量緩解疼痛和嗎啡成癮的可能性。我完全能體會來一針強烈鴉片劑，如何能成為那些飽受苦難和絕望困擾者的存在理由。當被針刺一下所得到的獎勵是幸福和快樂時，你很容易就會屈服了。

雖然花了很長時間，但我確實康復了，也重新開始上班。我的靈魂和瘦小的身體雖然受到太多打擊，但我在精神上是堅強而健壯的，只要我有相匹配的體力即可。

第十二章：毒藥

在我通過入學考試、進入那所令人討厭的重點中學之前，我都還很喜歡上學，只是因為身體狀況無法像同學一樣持續不輟地上學。學校裡有表現出色且為人友善的校長戴維斯先生，以及我們的老師「矮個兒」（Shorty）瓊斯，他們都有著非凡天賦。瓊斯先生把最好的一切帶給學生，從不偏心，也不讓任何孩子被邊緣化。六十年後在一場同學會裡，有位老同學告訴我，雖然我自己沒有意識到，但大家都知道我是校長最鍾愛的學生。她轉著眼珠、慧黠地告訴大家，校長總是向我尋求問題的答案，或是當大家正為某個簡單概念苦惱時，他總是讓我起來教導大家。我的智慧幾乎全都來自百科全書，這是我最喜歡的讀物，因為那裡面充滿故事，而且除了深具啟發性之外，也是知識的重要來源。當別人在外面玩耍和進行各種冒險時，我花了很長的時間躺在床上看書，即使這是不得不然的結果，卻帶給我知識上的回報。

我最特別的朋友是珍妮．布魯頓（Jeannie Bruton）。每當我覺得身體不錯時，我們就會一起出發去探險，走到離村莊外空曠山坡地不遠處，那裡有綿羊和山地小馬自在地漫遊著。我們會去一整個下午，由馬麥醬（Marmite）或果醬三明治陪同……不過前提是沒被小馬搶走。這些山區小馬有時候很像一群暴徒，渴望獲得比山坡草皮更有趣的口味。珍妮和我是好夥伴，為了讓風鈴草散發香氣，我們把風鈴草放進沖淡的醬油瓶裡。我們知道要去哪裡找蛙卵，好追蹤那些果凍般的卵裡面黑色小逗號的形成過程；這些逗號最後會孵出蝌蚪。如果把生肉放進水裡，甚至還可以抓到精美的小青蛙。我們捉過一種蛇蜥（slowworm），把牠放進大廳窗台上的大罐子裡，儘管我母親最後把牠從玻璃監獄裡解救出來，我還是大吵大鬧說她沒有先跟我商量就做了這件事。當時我最大的願望，就是擁有一把小刀，這樣珍妮和我就可以挖出山核桃果（pignut）。這種山核桃果屬於胡蘿蔔科，在土壤深處會長出美味的小塊莖。我們知道某條小路邊緣的草地上，大約在四英寸的深度可以挖到它們，對這種植物來說，這算是長在很淺的地方。當我們最終挖到一些山核桃果時，任何看到的人都會以為我們挖到了寶藏。我們會先擦掉上面的泥土，用小摺刀刮去表皮後，吐口水在上面，再用衣服下擺摩擦一下，即使上面還有些許沙礫也大口吃掉。這種塊莖有一種迷人精緻的味道，讓你覺得辛苦挖掘非常值得。

吃完之後，我們還會爬上山坡採摘大家都喜歡吃的威姆莓，然後帶著藍色的嘴巴、手指、膝蓋和屁股回家。跟其他人一樣，我們也是從九月開始採摘這類黑莓，而這種從小就具備的採摘黑莓相關知識，後來也曾幫助我告訴警察屍體埋入藏屍處多久了。這些童年時代親近自然野生事物的簡單記憶，對我後來的許多案例研究有很大的幫助。

廣大的野外提供許多安全可食的零食。山楂的嫩葉味道甜美，當季的漿果有著奇特味道和口感，不過吃太多對人體有害。灌木叢中的漿果幾乎沒有味道，但若跟蘋果一起煮，就會給燉蘋果染上迷人的顏色：當地人稱它們為吉普賽人的小葡萄乾，因為它們常被當成製作蛋糕時的替代材料。而大多數人都知道的黑刺李果實富含單寧酸，是我每年都一定要收集來釀製黑刺李杜琴酒的材料，這種酒喝起來相當美味。若直接吃新鮮黑刺李，果實中的單寧酸就會與唾液中的蛋白質結合在一起，瞬間讓你的口腔變得乾燥。這種感覺很可怕，因為它會讓你覺得舌頭再也嚐不到任何味道了。冷凍或加熱黑刺李或者把它們浸泡在酒精裡，它的細胞結構就會被破壞，以致單寧酸失去功效。這件事肯定發生在我的黑琴酒中，雖然我每年製作出的風味不太穩定，但喝起來總是很棒。我和珍妮知道在何時何地尋找這些小點心，看到今日的孩子被電動遊戲和社交軟體給迷住了，無法進行這種冒險，我就會覺得很可惜。

正如前面所說的，野外總有許多安全可食的野生植物，當然也有許多植物是一定要避開的。雖然動物和植物一起演化了幾百萬年，不過動物始終沒辦法生產自己的食物，因此某種程度上必須依賴植物，這下子植物若不演化出避免動物食用的某種防禦能力，就會被肆無忌憚地咀嚼吸食。某些植物的防禦機制非常精良，向我們展示了自然界如何實現平衡。它們的保護機制可能是機械式的、化學式的或是兩者的結合，有些還涉及與動物之間的互惠關係。

例如蕁麻的幼葉可以做成營養豐富的優質湯品，但為了保護自己免於受到過多掠食，蕁麻演化出綜合機制和化學防禦措施。蕁麻葉上的特化毛經過複雜演化，可以把甲酸（formic acid）、組織胺（formic acid）、乙醯膽鹼（acetylcholine）和5-羥色胺（serotonin）的混合物注入其中。接觸到這種混合物會引起疼痛和灼熱的皮疹，甚至曾有過小狗因為跑過大片蕁麻地而中毒的紀錄。還有其他植物，例如野生的歐洲防風草（parsnip）和巨大的豬草（hogweed），若在陽光下觸摸到它們，就會引發起囊泡的皮疹。有害植物的相關書籍和論文數量眾多，大家應該要對它們有基本的認識。

在競爭激烈的世界中，這種防禦機制能大幅提升植物的生存能力。許多玫瑰家族所生的刺，就像是長而鋒利的匕首，而山楂或火棘的籬笆就像帶刺的鐵絲網一樣。荊棘可以阻止動物覓食；而某些相思樹種（Acacia）的尖刺被螞蟻挖空後，螞蟻會住在裡面並產生甲酸，而讓被尖刺刺到後的痛苦持續很久，藉此保護樹木免受長頸鹿等動物或其他害蟲侵害。在世界各處的林地、熱帶草原和叢林中，都有許多這類優雅的動植物共生實例。

然而，與那些為了生存和傳播、不斷發展出化學防禦機制的植物相比，具物理防禦機制的植物數量相形見絀。植物所產生的一系列化學物質常令人困惑，有許多似乎是為了保護自己、防止昆蟲或其他動物嚼食，或是防止寄生蟲進入體內的屏障，還有一些功能科學界尚未釐清。植物、真菌和細菌是地球上最驚人的有機化合物工廠，它們可以為世界上的其他生物提供食物，但它們也能製造引起生物不適甚至死亡的化合物。素食動物和素食主義者（也就是非人類和人類）都證明了植物供養其他生物的能力，但還有很多例子證明它們有害，甚至會致命。

縱觀人類歷史，毒藥常常被用來犯罪，也公認為女性首選的謀殺武器。有關盧克雷齊亞·波吉亞（Lucrezia Borgia）的傳說和醜聞即為一例，*她是羅馬教宗亞歷山大六世（Pizza Alexander VI）的私生女，一四八〇年出生；還有羅馬第一任皇帝奧古斯都（Augustu）的妻子莉薇婭（Livia），據傳應該是在公元十四年毒死了奧古斯都的外甥。

什麼是毒藥？它跟毒素或毒液有何不同？無論如何，這些東西都可能危害一個人的健康，有時甚至會致人於死。「毒藥」（poison）是一個通用的名詞，包含任何會改變人體正常機能的化學物質。無機元素如砷元素或氰化鉀化合物，都可能是致命的毒藥；蛇、蠍子和蜘蛛等動

* 譯注：相傳她手上戴了一個中空戒指，用來下毒。

物釋放的毒物被稱為「毒液」（venom），它們的化學性質非常複雜；而多數植物、細菌和真菌所產生的毒物被稱為「毒素」（toxin）。不過很諷刺地，如果用正確劑量服用，毒液和毒素都可能有益於人體，只在濃度過高時才對人有害。這類例子如強心苷（cardiac glycoside）、毛地黃苷（digitalin），最初是從毛地黃屬植物中提煉的。該屬會產生一系列會致命的心臟和類固醇糖苷，在適當劑量下，毛地黃苷（digoxin，地谷新）可調節心跳，但在大劑量或不受調節的劑量下，就可能導致致命的心跳速度減慢或加速，讓人神智錯亂、噁心甚至產生幻覺。我們可以從這點看出在醫學相對原始、藥理學尚未發達的年代，看似無害的毛地黃如何被用來謀殺，而受害者可能只會被診斷出某種心臟衰竭。即使是在整個地中海地區都能看到的灌木，也就是開著漂亮的粉紅色和白色花朵的夾竹桃（oleander），也含有類似的化合物，就算只吃了一片葉子也可能導致心臟驟停。

毛地黃和夾竹桃的毒素，分布在整棵植株的所有部位；但有許多植物的毒素可能只集中在植株的特定部位，或是在一年裡的某些時刻才會產生毒素。例如紫杉「漿果」的紅色果肉部分沒有毒，但中間的黑色種子卻會致命。大黃的葉柄煮熟後相當可口，但葉子本身充滿草酸，而草酸帶有劇毒。我母親以前常常會在舊鍋子裡煮大黃的葉子，讓鍋子變得閃閃發光。

有許多植物的毒素已進化為專門對付動物的防禦能力，尤其是對抗那些在地球上到處爬行和掠食的成群昆蟲，這無疑是萜烯（terpenes）扮演的角色。漆酚（Urushiol）就是一種萜烯，是一種真正可怕的油性物質。我拜訪人體農場時曾不經意掃到毒藤，我的腿部立刻生瘡流膿。萜烯也存在於有毒的橡樹中，萜類毒素苦艾腦（thujone）被認為是大苦艾草（wormwood）組織中能讓人改變精神狀態（類似興奮劑）的物質，苦艾腦也是苦艾酒（absinthe）的基本成分，而苦艾酒是巴黎人在「美好年代」（La Belle Époque，約在十九世紀末到一次世界大戰開始之前）時期沉迷的酒精飲料。儘管它可能會導致失明和瘋狂，但它卻是梵谷（Van Gogh）、高更（Gauguin）、詹姆斯．喬伊斯（James Joyce）、土魯斯—羅特列克（Toulouse-Lautrec）、畢卡索（Picasso）、奧斯卡．王爾德（Oscar Wilde）、普魯斯特（Proust）、埃德加．愛倫．坡（Edgar Allan Poe）、拜倫勳爵（Lord Byron）、歐內斯特．海明威（Ernest Hemingway）的最愛。喔，當然還有薩爾瓦多．達利（Salvador Dalí）。苦艾腦是否在藝術的發明和表現中發揮了作用？這點相當令人懷疑，不過那時代藝術家的某些想法和所創作的藝術作品，確實相當瘋狂。無論如何，不管是在視覺、書寫或音樂上，某些藝術家能有如此表現都還算正常，因為人類社會中總會有一些人從被理性壓制的自我中，挖掘出深刻的秘密異象和思想。縱觀整個歷史，許多富創造力的知識份子，很可能都沉迷於植物毒素，藉以將內在的自己解放出來。這也讓我們這些凡夫俗子，更能瞭解他們的內在世界。萜烯也可以透過其他方式來改善我們的生活，例如我們都熟悉的尤加利精油、樟腦、松節油、生薑、肉桂和無處不在的大麻等，可能是治療早期失智症和精神分裂症有關的毒素。即便有這些奇怪的作用，大麻還是受到許多人的熱切追捧，一些很有創造力的人也承認自己曾屈服於大麻的誘惑之下。

天然毒物和毒素之王是生物鹼（alkaloid）。它們是由細菌、真菌和植物所產生，甚至存在於某些動物身上，例如毒蛙和蟾蜍等。儘管這些兩棲動物是從牠們吃下的螞蟻獲取毒素的，而螞蟻應該也是從牠們收集食用的植物材料中獲取毒素的，不過青蛙能從植物身上獲得毒素的這種演化優勢，的確令人讚歎。

生物鹼是從蛋白質的組成部分衍生而來的，許多生物鹼有著我們熟悉的名稱，例如阿托品、尼古丁、嗎啡、仙人掌毒鹼、腎上腺素、麻黃鹼和奎寧等。換言之，各式各樣的生物鹼已被用於藥物的開發。然而，毒藥和治療藥物之間的界限，很可能只是濃度或劑量而已。番茄、馬鈴薯、茄子、胡椒和辣椒，都是很棒的食物，但它們與致命的茄屬（nightshade）植物在同一個植物家族中，其中誘人的黑莓和曼陀羅（又名吉姆森雜草，Datura/jimson weed）均帶有美麗的白花，同時也都含有龍葵素（solanine）這種生物鹼。儘管有些超市管理者在管理上可能有所疏忽，但只要看到馬鈴薯變綠，就要知道已經產生這種毒素了。茄鹼是很有效的殺蟲劑，可以保護植物免受病原體的侵害，但通常對昆蟲、寄生蟲或真菌有毒的東西，也都不可避免地對人體有害。

番木虌鹼（Strychnine）是一種著名的生物鹼毒素，來自馬錢子屬的樹木和灌木，原產於印度南部。它是一種很有效的神經毒素，因為常在克里斯蒂（Agatha Christie）等作家的謀殺謎團裡當作殺人毒藥，因此廣為人知。番木虌鹼算是現代謀殺裡的知名毒藥，但毛莨科的植物如翠雀花（delphinium）、芍藥（peony）、耬斗菜（aquilegia）也在植物組織裡積聚了致命的生物鹼，可能就乏人知聞了。二〇〇九年在倫敦西部，一位名叫拉赫維爾・考爾・辛格（Lakhvir Kaur Singh）的女子，被另一位更年輕的女子拋棄後，將同樣是毛莨科的一種美麗紫色花朵「附子」（又名烏頭，monkshood/Aconitum）加入對方的咖哩中。附子植物的每個部位都含有劇毒，其中一個作用是造成行動遲緩和癱瘓，最後會干擾心臟和肺部功能。因此就像番木鱉鹼一樣，它也具有很長的謀殺歷史。辛格的受害者在吃完咖哩後開始嘔吐，失去視力和四肢行動能力，最後在抵達醫院一個小時內死亡。

烏頭屬植物大約有兩百種，曾被用來消滅古羅馬帝國的罪犯和敵人，並在中世紀的戰爭裡為箭頭染毒。辛格用烏頭為受害者的咖哩加料，最後因蓄意謀殺而被判處無期徒刑。自一八八二年喬治・亨利・拉森（George Henry Lamson）醫生造訪寄宿學校，以一片有毒的鄧迪蛋糕（Dundee cake）毒害他十八歲的妹夫珀西・約翰（Percy John）以來，辛格是第一位因這種毒素被判謀殺的人。

——

真菌產生的化合物最令人困惑，其中有許多是有毒的，但也有許多對我們很有幫助。真菌是許多抗生素的來源，這些抗生素可以有效殺死細菌。在自然界中，真菌透過這種方式防止細菌聚在自己體內，從而防止細菌吸收食物。如果沒有真菌帶來的好處，所有動植物幾乎都無法生存，因為真菌是獲取食物的重要關鍵，對於人類大多數食物的生產不可或缺。不過請注意，最毒且沒有解藥的真菌，許多都屬於真菌裡的鵝膏菌（Amanita，亦稱瓢蕈屬）。一般稱作毀滅天使（destroying angels）的英國毒光蕈（Amanita virosa）和美國白色鵝膏菌（Amanita bisporigera），以及有死亡帽（death cap）之稱的繖形毒蕈（Amanita phalloides）都特別危險，因為它們類似於食用菌。凱撒蘑菇（Amanita caesarea，橙蓋鵝膏菌）則是既安全又美味，迷人風味備受人們喜愛。在歐洲和美國，鵝膏菌占所有蘑菇中毒死亡人數約95%，而死亡帽要負責其中約50%。

真菌中毒的問題在於，它在六到十五小時內不會有明顯症狀，在某些種類的中毒案例中，甚至長達一週或更長時間毒性才發作，然而到了那時，想要治療也為時已晚，醫生什麼也做不了，死亡則隨之而來。所以，某些真菌似乎成了一種神不知鬼不覺、暗中謀殺的完美媒介。這讓人聯想到在過去的年代，植物和真菌一直是毒藥的豐富來源，並被使用在邪惡的目的上。克勞迪烏斯（Claudius）皇帝死時的劇痛，說明他的第四任妻子阿格里皮納（Agrippina）遵循家族傳統，在丈夫的食物中下毒。她用的是蘑菇，可能是杯傘屬（Clitocybe）或絲蓋傘屬（Inocybe），它們的生物鹼毒蕈鹼含量最高。

許多真菌都會產生生物鹼，麥角真菌（Claviceps purpurea）可能是其中最著名的生物鹼。它會感染草和穀類花朵的雌花，尤其是黑麥的雌花，並產生稱為「菌核」（sclerotia）的深色物體，該物體會取代植物的所有種子。菌核的行為跟種子一樣，並會散布在穀粒中，與麵粉混合進入麵包。真菌會產生生物鹼化合物的複合物，有些具有引起強烈的宮縮作用，在十七和十八世紀時人們便利用這個特性引起流產。某些生物鹼還會引發精神混亂和血管收縮，尤其是讓手腳的血管收縮，從而產生灼熱感，即所謂的聖安東尼大火（St. Anthony's fire，丹毒）。在醫生為了進行墮胎而使用菌核的情況下，有時會因為用了太高劑量而導致婦女死亡或截肢。

真菌還可以合成ＬＳＤ（麥角酸二乙醯胺，一種迷幻藥）的前身麥角酸（lysergic acid）。不幸的是，不管是不小心食用或故意食用的人，都會受到幻覺的困擾。有人提出在一六九二到一六九三年間的塞勒姆女巫審判（Salem Witch Trials）中的荒謬指控，是因為人們吃了受感染的麵包所產生的結果。整個歐洲有大量人口死於麥角菌病，包括公元九四四年在法國阿基坦大區（Aquitaine）死亡的四萬人。這種疾病的第一次相關記載是在大約公元前六〇〇年的亞述石板及公元前三五〇年的印度。那裡的人種的是小麥而非黑麥，相對較為安全，因為小麥對真菌的抵抗力較強。

刻意下毒在現代可能很少見，但潛在的中毒危機可能無處不在。吞入鐵杉屬（hemlock）植物毒參（Conium maculatum）裡的少量生物鹼毒芹鹼，人體神經肌肉連接的工作便會受到抑制。這種生物鹼首先會讓你的雙腿癱瘓，接著向上擴散直到肺部，最後就會殺死你。蘇格拉底（Socrates）當時一定死得很難看。

所有植物中最有效的一種植物毒，來自蓖麻油（castor oil）植物的種子，因為它含有高強度的蓖麻毒素。這是另一種類型的毒素，一種會阻絕其他生物產生蛋白質功能的蛋白質。只要四顆蓖麻籽就會造成嘔吐腹瀉，並在短短幾天內造成多重器官功能衰竭，而導致嚴重死亡。事實上，由於蓖麻毒素的威力如此驚人，它已成為戰爭武器，同時也被一九七二年《禁止生物武器公約》（Biological Weapons Convention）歸類為受管制物質，還被各種恐怖組織用來暗殺美國政客。一個著名案例是，一九六八年叛逃到西方的保加利亞劇作家格喬治・馬可夫（Georgi Markov），在倫敦滑鐵盧被保加利亞秘密警察暗殺，那名警察使用的是一把經過改良的傘，藉此把裝有蓖麻毒素的小球射進他的腿中。

儘管植物毒素並不是現代凶手可能會選擇的武器，但有很多情況都是警方在毒物分析失敗後，才邀請鑑識生態學家來協助檢查植物和真菌殘留物。有些毒素會對人體產生毀滅性的影響，其他毒素則可能被用來改變人的精神狀態，甚至還有人會為了消遣而服用。自史前時代以來，植物和真菌就未能讓人們精神亢奮而備受推崇。

帶著白色斑點的紅蕈（鵝膏菌）會產生鵝膏蕈氨酸（ibotenic）和毒蕈胺（muscimol），其化合物的作用與麥角酰二乙酰胺（LSD）相似。甚至馴鹿也喜愛這種漂亮的真菌，大概因為牠們也從食用中獲得愉快的體驗。那些在凍原上舉行儀式的人，很早就有食用這種真菌的習慣。這些致幻化合物帶來的影響之一，就是在其毒素的影響之下，你可能認為自己會飛，因而許多需調查的死亡事件，都與食用者伸開雙臂從建物上跳下來有關。甚至於穿著紅衣、駕著馴鹿在空中飛翔的聖誕老人，可能也與這種真菌崇拜有關。許多蘑菇邪教儀式由來已久，直到今天仍然存在，其中有些只是簡單體驗快樂的感受，另一些則與宗教體驗有關。某些宗教甚至文化行為的基礎，似乎就是源起於食用某種蘑菇或其他食物後產生的致幻體驗。在古代壁畫中，常會見到真菌的標誌和描繪。

在流行的電視影集中，CSI鑑識調查人員總是能無懈可擊地辨識出劇情裡的某種神秘化合物。不過令人震驚的是，直到今日除非分析人員對疑似藥物有所瞭解，否則光憑毒物學知識仍無法完全確定毒素的來源。我們當然可以使用複雜的分析技術來判斷，但只要想像一下比對成千上萬未知物質的化學結構，將需要多大的參考樣本庫，就知道這有多困難。然而，涉及的若是植物、真菌組織或孢子，便可以透過顯微鏡直接觀察來做出判斷。因此面對這類案件，有經驗的植物學家或真菌學家必不可少，不過從事我們這一行的人正日漸減少。

熱帶雨林原住民部落和他們的古代文化一直延續至今，他們對周圍植物和真菌都有深入的瞭解。在熱氣騰騰的森林中收集真菌和植物做為精神治療藥物的特效藥，仍是他們生活的一部分。這些真菌和植物在部落凝聚力和結構中扮演重要角色；雖然植物多半有毒，但那些被選出的長老、女巫和巫師經過數年的學習後，能使用正確濃度和組合，讓毒素的不良影響降至最低。釀製各種熱帶植物的葉、莖甚至根並加以組合，可增強人們的愉悅感，讓他們興奮、感到幸福，並引發宗教上的體驗。這就是為什麼某些原住民人民對安全劑量和發生特定經驗所需的物種混合物，具有豐富的知識。認真想像一下，是否有可能某個約克郡的木匠或吉爾福德的汽車推銷員，也有能力成為巫師？好吧，也許看起來很怪，但在英國的確有某些人（當然別的地方可能也有這類人）透過混合這些能影響精神狀態的物質，來增加自己的收入。

某個下午，我接到一位聲音有點亢奮的警察打來的電話。他拘留了一位與十六人共享特調精釀的男人，他們在二〇〇八年某個夏夜舉行了薩滿儀式。這個群組中的大多數人，共度了一個完全可以預料的愉快時光，不過其中一人突然變得激動不安，甚至精神錯亂起來。喝了相同飲料的其他十五人，並沒有任何不良後果，只得到了他們想要的幻覺和愉快經歷。

薩滿祭司釀造的液體被稱為「死藤水」（ayahuasca），這是南美原住民以各種形式（甚至可能經歷幾千年）使用了數個世紀的釀液，可用來引導治療、引發幻覺和靈魂出竅的體驗。這種死藤水釀液，通常以兩種熱帶雨林攀藤植物的浸漬液調製而成，而且就像雨林中的許多植物一樣，即使這兩種植物彼此並無關連，看起來卻很類似。釀液中總是含有南美卡皮木（Banisteriopsis caapi），能按照薩滿祭司期盼的達到不同的釀造效果。其他植物也常被使用，如靈魂卡皮木（Chullachaqui caspi）。但通常這種混合物的最佳夥伴是綠色九節木（Psychotria viridis），而這就是本例當中被選擇的另一種植物。

南美卡皮木中所包含的生物鹼，可抑制腸道中分解5-羥色胺（serotonin，快樂激素）的酶。這些抑製劑統稱為駱駝蓬鹼（harmala alkaloid，包括harmine、harmaline、tetrahydroharmine）。5-羥色胺會讓我們心情愉快，有助於提升我們的幸福感、食欲、記憶力和睡眠。當你在臨床上判斷出憂鬱症時，有可能是因為你的身體過度去除了這種自然激素而造成了問題。因此醫生會開給你一些抗抑鬱藥物，透過防止5－羥色胺被過度去除，讓快樂激素可以抵達你的大腦活動中心。

而在死藤水中，是由第二種植物綠色九節木，提供有效的精神活性成分二甲基色胺（DMT，dimethyltryptamine）。這種化合物讓你有靈魂出竅及其他各種非凡體驗。釀造過程裡的第一種植物，可保護第二種植物的化合物，不受到人體破壞酶的傷害。

酶抑製劑必須以混合物形式存在，否則植物中的其他活性成分無法在腸道裡存活，也無法進入血流並通過血腦障壁（blood-brain barrie）。儘管傳統的薩滿巫師可能有其他更奇幻的解釋，但DMT確實會讓你的大腦產生超凡脫俗的幻覺。而5－羥色胺突然出現的作用，便是參與者感到快樂的主因。

雖然你可能有管道買到改變精神狀態的化學物質DMT，不過它屬於A類迷幻藥，比LSD或迷幻蘑菇（magic mushroom）的作用更強。也就是說，藏有、贈予或出售此藥物都是非法行為，持有DMT的最高刑罰是監禁七年。這點非常不利於在英國林蔭鄉村小鎮中營業的薩滿巫師。

在二〇〇八年那個決定命運的夏天裡，這個年輕人犯了嚴重的錯誤。為他和他的朋友準備死藤水的這位薩滿巫師，遵循以前使用過的相同配方，但是這個年輕人的幻覺狀態似乎與其他人的不同。他不斷怒吼，當朋友把他從儀式中心帶走、讓他平靜下來，他卻陷入了昏迷狀態。他這樣過了四天四夜。這段期間當中，他的身體仍有一點作用，但因為無法控制肌肉，他開始尿失禁，他的朋友只好用他們手邊找得到的任何東西當成尿布，把他包起來，讓他盡可能乾淨和舒服一點。

原住民社會可能認為嘔吐和腹瀉是死藤水儀式的必然結果，或許也是受歡迎的結果。薩滿祭司提供他們的釀液，主要目的就是要透過幻覺，讓人清除惡魔的思想。這種混合物還可以清除腸道，並且清除在腸道中居住的寄生蟲。因此原住民社會呼籲大家藉此得到淨化和嘔吐，以保身體的健康。但是這個年輕人並沒有從原住民的經驗中受益，而是死去了。因此這些朋友別無選擇，只能在他死後打電話報警。

我第一次聽說死藤水，是在跟那名警官交談的時候。這種案件並不會每天出現，逮捕巫師的新鮮感顯然給他留下了深刻的印象。他已經送出樣本去做ＤＭＴ分析，結果果然是陽性。但是，這名年輕人的死因仍舊無法確定。警察知道他的體內有ＤＭＴ，但當天晚上還有十五個人也喝了相同的釀液，並沒有出現明顯不適。毫無疑問，如果警察對他們進行同樣的檢查，在他們體內應該也會發現ＤＭＴ。因此我們面臨的問題是：為何是他？為什麼這個年輕人死了，而其他人活著？有其他東西引起他的負面反應嗎？

當他們要求我介入此案時，警方已在調查中取得進展。這群沮喪的年輕人承認，他們這位朋友經常沉迷於迷幻蘑菇，因此警察對這名男子的房間進行搜查，結果發現了各種燒瓶、餅乾罐和一個塑膠容器。在他臥室的一個抽屜裡放著一個完整的乾蘑菇。他收藏的是什麼蘑菇？這些容器和燒瓶是用來做什麼的？這些東西是否促成了他的死亡？

我的任務便是提供這些問題的答案。

等我的丈夫大衛看過這個蘑菇之後，就可以開始拼湊整個拼圖了。他鑑定這是半裸蓋菇（Psilocybe semilanceata），並且透過顯微鏡檢查孢子後證實了這個判斷。這是最普遍的迷幻蘑菇；事實上，它偶爾會出現在我家後面的草皮上，也是ＬＢＪ（little brown jobs、前面提過的小褐作業）之一。對大多數人來說，這可能不容易準確識別，不過那些想要食用它們的人似乎總有辦法辨別。

我知道我們一定可以認出在這些容器裡的東西。作為一名環境考古學家，我最傑出的成就就是辨識出一個「酒過濾器」，這是在兩千年前左右在科爾切斯特地區，被德魯伊（類似祭師階級）之類的醫事人員放進一位濾酒師的墳墓中。它裡面含有艾科植物（mugwort）艾蒿（Artemisia vulgaris）製成的混合物，而這是一種很普遍的野草。艾蒿與艾草有關，長期以來一直使用為草藥。艾草和艾蒿含有各式各樣生物鹼、單萜和許多其他化合物，在過去擁有多種醫藥用途。人和家畜會服用艾蒿茶來麻痺腸道寄生蟲，讓牠們更容易從腸道中排出。寄生蟲感染是古代人的生活現實，透過古代廁所沉積物經常可以發現寄生蟲卵，便可得知他們腸道的受難線索。從現場資料和實驗室分析中得到的結論顯示，這位住在科爾切斯特、生活在鐵器時代的醫生，一直在用艾蒿液治療病人，以預防他們受到腸道寄生蟲侵擾，或是解決細菌感染問題。由於這種植物很苦，所以他在藥物中添加蜂蜜。這種說法很可信，因為儘管偶爾會發現穀類、牧草或雜草的花粉粒，以及濾網中含有大量的艾蒿花粉，但我發現其餘所有花粉都來自「蜂媒植物」。這些蜂媒植物的花粉不太可能只是偶然飄進，一般來說蜂媒植物的花粉不會飛入空中，也不會遠離花的本體。另一方面，由於蜂蜜富含植物花蜜，也因此富含能吸引蜜蜂植物的花粉。

為了找出這人到底在容器裡裝過什麼，我用了跟發現德魯伊過濾器相同的程序。有個空燒瓶的瓶頸上有乾燥的硬皮物質。我把它沖洗下來後，繼續進行處理。當結果開始從顯微鏡下顯現出來時，我感到非常困擾。其中一個燒瓶裡裝有濃密的大麻花粉和薄荷花粉，好像是倒入大麻和薄荷當作飲料一樣。另一個燒瓶則裝有極濃密的迷幻蘑菇孢子懸浮液。這再次證明了這些真菌似乎已經經過某種食用準備。抽屜的樣本也非常有趣，它不僅包含了大量迷幻蘑菇孢子，而且從花粉輪廓來看，蘑菇很可能是從林地附近的草地收集來的。

從我的檢查結果可以看出，這名年輕人不僅養成參加死藤水儀式的習慣，而且也有沉迷大麻和迷幻蘑菇的習慣。但這些結果會以任何方式促成他的死亡嗎？我們對某些藥物「一起服用」時，人體到底會如何反應知之甚少。我們知道某些人若將菸草和大麻一起使用，可能會誘發出精神病。我們也知道喝酒可以幫助DMT不受阻礙地透過血液流進大腦。但是對於無數的其他藥物放在一起服用時，無論這些藥物是天然或合成的，我們的相關知識都是片段而零碎的。

瞭解這個人的真正死亡原因相當重要，因為那位薩滿巫師已因過失殺人的嫌疑被捕，他的自由與否懸而未決。如果沒有證據可以證明死亡男子的腸道內，還有除了死藤水之外的其他活性成分，警方便能強化其論點，要巫師完全負責這項儀式造成的可怕結果。另一方面，如果死者幫自己添加了其他成分的話（也就是會跟死藤水產生交互作用的藥物），那麼薩滿巫師就不算是過失殺人，威脅他自由的罪責指證便能減少。

在這種情況下，直接做出結論是不可行的。事實上，無論薩滿巫師是否因蓄意謀殺、過失殺人罪或其他次要罪行遭到起訴，對我個人或我的發現都沒有影響，但我必須自始至終完全依據事實、何人、發生何事、在何時、何地等問題做出解答，也就是必須針對具體問題找到具體的答案。而這些問題的答案，可以在死者的腸道內容中找到。

在驗屍期間，病理學家通常會採集腸道內容物樣本。在大多數的情況下，他們的制式作法讓我覺得有些困惑。一些病理學家只是簡單地把廚房長勺放入胃中，並假設長勺裡挖滿了東西，就是腸道的內容物。在我看來，這是完全不夠的。你不該認為胃裡面的內容是均勻的，也不該認為所有內容物都會均等地分布在整個胃裡。透過這種收集方法，關鍵證據就很可能會留在胃中。在某些情況下，尤其是餐後很久才死亡的人，取得的樣本會很少。但如果胃是飽脹的，就比較能對胃裡的內容進行更全面的研究。

在這場特定的驗屍中，我對胃部進行了採樣。我前面已經放置了一個裝滿不透明黃色液體的罐子，表面上帶有漂浮的小脂肪團。它散發出強烈的柳橙氣味，這可以證明男子死前的昏迷期間，曾被餵食橙汁來維持生命的說法。我拿到的這罐淡黃琥珀色液體，只是整個故事的開始，然而在第一次研究它之後，我就意識到它不太可能提供我想得到的訊息。因為這人在昏迷四天之後仍然繼續排便，這就表示他的胃腸蠕動（迫使食物沿著消化道長度的波浪狀肌肉收縮）在他逐漸衰弱的過程中仍持續進行。因此對我來說，他在儀式上或儀式前吃過或喝過的任何東西，顯然都在四天活動結束之後，出現在他的下消化道中。換言之，如果我們想知道他可能還服用了什麼，便要繼續往下研究。

我說：「我需要迴腸的樣本。」也就是從結腸到小腸的十英尺樣本。「可以給我從結腸的近端到遠端，以及直腸的樣本嗎？」

為了使病理學家相信我還需要其他的腸道樣本，我花了些力氣說明。不過最後我只得到了六個樣本，四個是迴腸中的樣本、一個是升結腸中的，還有一個是橫結腸中的。這些必須夠用才行，於是在標準的準備程序後，我開始熱切地在顯微鏡下進行檢查。

毫無疑問地，這人已經很久沒吃飯了，禁食可能也是薩滿儀式的一部分。他腸子裡有很多東西已經排出體外被尿布吸收了。胃裡只剩橙汁，小腸裡什麼也沒有。直到我看到結腸時，才迎來我的頓悟時刻，那裡面有很多東西可以報告。

一開始那看起來只是一個橘色小點，考慮到他的朋友為維持他的生命，徒勞地餵他喝了很多果汁這件事，這一個「點」好像不足為奇。但後來我卻發現裡面充滿了我所期望的東西——大量迷幻蘑菇孢子與大量的大麻花粉。它們在橫結腸裡比在升結腸裡更多，可能是因為前者更接近直腸。這名男子似乎在死藤水裡吸收到能改變精神狀態的ＤＭＴ，同時也在大麻裡吸收了能改變精神狀態的大麻素，而且他似乎還一直在喝可能含有賽洛西賓（psilocin，迷幻蘑菇所產生裸蓋菇素的前藥）的燒瓶裡裝的迷幻蘑菇「茶」。在腸道中，它們又分解回賽洛西賓，後者便是幻蘑蘑菇中的致幻成分。真是一杯特調的迷幻雞尾酒！這些似乎夠令人頭疼了！不過接下來我看到的內容，又為這位死者增加了一項重大經歷。另一種種子的數量多到讓人不敢相信，還不是一般的種子，而是罌粟（Papaver somniferum）的種子。

麵包師傅也會用罌粟種子點綴麵包和麵包卷。你可能還記得有一個很受歡迎的調查類電視節目，他們在節目中對一位著名記者兼電視節目主持人安吉拉・李彭（Angela Rippon）進行過測試。故事是有名電廠工人遭到解雇，理由是在電廠的常規健康檢查中發現他的血液含有鴉片成分。他辯稱自己無罪，並說可能是因為他一直在吃罌粟種子裝點的麵包。於是這個節目檢驗了這項假設，也就是測試吃麵包捲是否可以在血液中產生可測量到的鴉片類藥物。在吃了三天的罌粟種子麵包後，安吉拉・李彭的血液分析證實了這點。罌粟種子只含有非常少量的鴉片，但當你吃的越多，吸收到的量就越大。事實上，罌粟種子中的鴉片含量，取決於植株的生長條件和收割方法。不過毫無疑問地，如果吃了罌粟種子，鴉片就可能會在體內出現。罌粟種子通常每公克含零點五至十微克的嗎啡（鴉片生物鹼產生的），而醫學上規定的劑量則介於五千至三萬微克之間。因此，罌粟種子麵包是世界反興奮劑機構認定的實驗室問題，如果在尿液中，尿素的含量高於每毫升一點三毫克，運動員可能就會在嗎啡檢測裡出現陽性反應。在一般需要藥檢的工作場合，這已經成為一個大問題。因此在美國，藥檢主管部門已將嗎啡的耐受水平提高到每毫升二微克。

死者的結腸裡有太多種子，因此整個故事似乎浮現在我眼前，現在我可以想像當時的情景。在儀式前的某個時刻，這名男子將自己的大麻和薄荷茶混合物沖泡喝下，然後再喝下迷幻蘑菇懸浮液。他可能還不滿意，因此又吃了一大堆罌粟種子，接著就出發去參加薩滿儀式以享受死藤水。他完全不知道自己體內在有如此數量和組合的毒素之後，當他把杯子放在嘴唇邊，這種死藤水成為他人生清醒的最後一刻嚐到的味道。

在這件事之後，來自北歐的鑑識毒理學同事告訴我，有越來越多歐洲人食用罌粟種子。也許我的生活太忙碌了，以致無法想像或渴望某些人所渴望擁有的那種「靈魂出竅」體驗，也許我根本打從心裡害怕。不過我的大腦還是很難想像，為何有些人會為了體驗必須靠化學誘因才能實現的心理狀態而竭盡全力？這些人竟然會沉迷在大量的各種有毒物質中，包括常用的生物鹼——咖啡因、尼古丁、可卡因、海洛因和嗎啡，以期讓自己脫離尋常和平凡。

不過即使是我，偶爾也會服用一些可待因（codeine）藥片來消除頭痛。

據說DMT能讓你迅速進入強烈的替代現實（alternative reality），要從這種經驗裡復原，可能需要很長的時間。而如果你有任何精神問題的話，還可能會加劇症狀。有些沉迷其中的人說，他們會不斷回溯這些經歷，所以毫無疑問地，這種強大的藥性會瞬間改變人的思想，有時還會造成長期的思想改變。有人說他們見到了上帝，有人說他們造訪了外星世界，並與外星生物交談。很多人提到自己能用一種奇怪的語言與貓頭鷹交談，也有人說他們「下了地獄」一趟。

生前所犯的罪要在死後受到懲罰，這在宗教中是相當普遍的概念，歷史上的藝術家也都將地獄描述為永恆的痛苦之地。耶羅尼米斯・波希（Hieronymus Bosch，十五世紀荷蘭畫家）和布勒哲爾（Brueghel，文藝復興時期畫家）描繪夢幻般的混亂景象，一般認為畫的可能就是地獄。他們的想像是否是某種化學藥劑下的影響呢？沒人可以證明。後來超現實主義藝術家一些同樣離奇的作品，很可能是受到苦艾酒和（或）其他改變精神狀態的物質所啟發。任何理性的人應該都不會認真地認為，這些人關於地獄和詛咒的概念有什麼真實的意義。就我個人的觀點來看，每個人的地獄都是個人的，是由個人本身的恐懼所組成。這個在死藤水儀式上尋求刺激或幻想、最終致死的人，可能就是在那種激動和狂歡下，處於自己本身的地獄中。當朋友們努力壓制並固定他時，他看到周圍旋轉著什麼幻覺呢？他的尖叫聲和瘋狂舉動，可能表示他正在受苦。而朋友們的任何照顧，都無法抵消各種植物和真菌毒素在他大腦中激盪的影響，因為人類最終就是一堆化學分子的組成而已。

死藤水釀液裡的DMT，很可能就是這名年輕人所食用的「致死混合物」中的一種重要物質，但由於他的體內還找到許多不同種類的致幻植物花粉、孢子和種子，因此很難把死亡的責任完全歸咎於薩滿巫師。在法庭上，他並未被指控要為此項罪行負責，相反地，他被判的是持有A級毒品的罪名，這等於跟死藤水「儀式」毫不相干。他被判處了刑期短暫的監禁，不久之後便出獄了。我最後一次聽到他的事，是他仍然在舉行這類儀式，仍在調製他的致幻啤酒，也就是仍然在為那些來到他身邊、渴望「靈魂出竅」體驗的人，打開通往「其他世界」的大門。

人們想離開自己的現實去體驗另一個世界，這點對我來說似乎有點感傷。也許我們擁有的這個世界，包括這個世界裡的所有自然美景、所有我們看得到和看不到的東西，對這些人來說還嫌不夠。就我而言，我知道自己無論是在虛擬的或是在其他情況下，都不想去一個叫做地獄的地方。對於我們，包括你和我以及所有人來說，死亡都會來臨的，但在此之前，最好先好好活下去。

第十三章：蹤跡

在新年元旦的晚餐後，我放棄戒酒的決心，喝了杯酒讓自己安頓下來。我的大腿上躺著我的貓米奇，並準備好當晚要看的電視節目清單，這時大廳傳來了電話聲響。

「你好，佩特，新年快樂！我們這裡有個案子要拜託你；明天早上六點可以到總部來嗎？」

打電話的人是赫特福德郡警察局的ＣＳＩ高級調查員道吉·貝恩（Dougie Bain）。

「你可以聯繫專家並組成一個調查小組嗎？我們希望你明天早上六點可以出現在這裡，我們在林地裡發現了一具骨骸。」

一模一樣的老故事，也就是一隻狗跟主人散步時，發現了一位被謀殺的受害者屍體。這種事經常發生在還醒著的倒楣鬼身上。為這份工作選擇合適人選很容易，而且幸運的是，匆忙間掛上電話後，我立刻找齊了能派上用場的人。

第二天早上，M25道路上的車輛很少，我不到一小時就到達了韋林花園市的警察總部。為了讓自己看起來聰明且熱情，儘管缺乏睡眠而感到頭昏眼花，我還是在簡報的案情介紹裡仔細聆聽了案情細節，然後乘車出發前往發現骨骸的地點。

「我按照你教過的程序做了安排，佩特。你先進去調查，然後是昆蟲學家，再來是考古學家，最後再由其他鑑識學家和病理學家進行他們的工作。」

這是從植物、土壤、動物、真菌、受干擾的植被和足跡中，獲取最大量證據材料的完美策略，可以確保所有類型的潛在證據都被保留下來；每位專家也都能檢索到最多的訊息。我們邊踩邊踢，穿過鋪滿林地的紅褐色葉子，然後滑下陡峭的河岸。一條小溪沿著小山谷底部蜿蜒而下，在某一點上分成了兩條更小的溪流，這兩條小溪流繞過一座小島，在另一側又合併成同一條。島中心這座異常整齊的土墳，看起來確實與眾不同，對於我們這種經常在面對屍體掩埋現場工作的人來說，這座土墳顯然是罪犯精心挑選的地點，為的是讓人容易找到。正如我之前提過的，凶手經常無法抗拒重新回到他們埋藏受害者的地點，可能是為了檢查或為幸災樂禍之故。有時會把木頭放在墳墓上作為標記，或是埋在獨特的地標附近。在這個案子裡，小島便是那種容易找到的地點。

我離開其他人，越過小溪走近那座土墳，眼前襲來的景象至今仍歷歷在目。毫無生氣的腳從看似淺泥浴的地方穿了出來，咧著嘴笑的空洞頭骨，凝視著本來應該是肚子的泥濘水坑。蛆蟲和其他食腐類動物在清理骨頭方面做得很好。我獨自一人過來觀察這個不幸地點以及周圍環境，其他人則都在遠離河流的另一側踩踏著腳保持溫暖、抽菸、笑著、吃著巧克力……。

鑑識科的工作人員和病理學家，向來認為他們的工作在犯罪現場具有首要地位，但是我對這些警官進行了教育，如果他們不修改常規就可能會錯失證據。畢竟，屍體並不需要鑑識病理學家先確認過，因為這具被鳥類和老鼠清理乾淨的頭骨所有人當然已經死了。法醫可能因為法規要求必須宣布死亡的發生，但他並不一定要先站在墳墓旁，否則他們很可能會干擾能提供重要線索的自然環境，所以程序一定要改變一下。

天氣真的很冷，我穿了很多衣服，再加上特衛強（Tyvek，杜邦材料防護衣）的全副包圍套裝，讓我很難移動。暴露在冷空氣下，我不斷流著眼淚和鼻涕，防護手套內的手指也凍到僵硬，以致無法拿到手帕，我整個人相當不舒服。

每個人都想得到的第一個問題是：屍體在這裡待多久了？在這種情況下，植被通常可以提供第一個線索。因為挖掘土墳會擾亂整個島上生長著的蕨類植物，因此仔細檢查這些蕨類植物相當重要。我在離土墳不遠處挖開蕨類周圍的土壤，一直到達地下莖。這些地下莖被切開了，但仍有休眠的芽，可以長出來代替受損的葉子。是的，芽還在那裡，而與莖上的其他芽相比，它們已經膨脹並開始伸展了。

土壤裡也有微小的綠葉碎片。葉綠素是一種迷人的分子，從活著的植物上過早脫落後不容易分解，必須經過很長的時間才會分解。新鮮的葉子可以在土壤中保持青綠好幾個月，而原先的植物卻可能已變為褐色，並且死亡了很長一段時間。現在發生的情況便是如此。從地下莖桿上的芽及土壤中的綠葉碎片來看，我瞭解到這些是在去年夏天某個時刻造成的損害，而且一定是在初秋之前，因為秋天會讓這些蕨類的葉子變黃。

我搖搖晃晃地站起來，呼叫那些等待的人群：「我很確定這是夏末的土壤。」遠方響起一陣歡呼聲。現場情報最重要的部分之一，就是事件發生的時間與日期，因為這可以用來幫助調查人員根據日期來檢視嫌犯的不在場證明。

我的下一個步驟，是要從土壤周圍與墳墓本身的土壤，以及沿著犯罪者可能走過的任何途徑，收集對照組樣本。如果幸運的話，稍後我便可以將這些區域的花粉輪廓，與從可能的嫌疑犯那邊取得的任何鞋類、車輛和工具進行比對。考量到單一蕨類植物在一個季節內就能產生三千萬個孢子這點，我非常希望這種植物能為獲得此地的證據拼圖作出重要貢獻。

準備採集土壤的樣本時，我先把口罩戴上。因為不想冒著咳嗽、打噴嚏，甚至把自己的DNA噴上屍體的風險，也不想冒著我頭上任何毛髮掉進土壤的風險。「穿防護衣」的鑑識科作法，不僅可以保護犯罪現場免受其他人汙染，還可以防止從屍體上撿到任何討厭的東西。我被防護衣包成繭狀，與外界完全隔絕。刮下樣本後，我將它們放在一個單獨的聚乙烯袋中，並列出我在現場看到的所有植物種類，也對可能相關的任何事物拍照存證，並確保所有樣本均已正確標示和記錄下來。這似乎要花上一整年才能做完，因為除了手指冰冷之外，我的手上還罩著防護衣的手套。

「好了，小伙子們，過來吧。」我對彼得．墨菲（Peter Murphy）和盧克．巴伯（Luke Barber）大喊。

彼得跟我一樣是名環境考古學家，但他的工作地點是在東安格里亞大學（University of East Anglia），而盧克則在由倫敦大學學院管理的蘇塞克斯考古部門工作。我們一起蹲下，他們迅速移除了上面覆蓋的許多東西，結果現場讓大家都吃了一驚。當他們從表面刮除泥漿並露出底下更密實的土壤時，我倒抽了一口氣。

「我錯了！這不是夏天挖的墳墓！」

當我瞭解到這座土墳在秋天或冬天時又重新被蓋滿土的時候，我做了個鬼臉。因為顯而易見，墳中填滿的棕色葉子碎屑是在不久前才鋪上的，就像現在在溪流的另一側，被其他團隊成員毫無目的地踢開的落葉一樣。夏季土壤中雖然可能含有一些綠色葉子和碎屑，但絕不會有這麼多皺縮的褐色葉子碎屑。我怎麼錯得這麼離譜？不過，這些到底是在這個冬天還是去年冬天填滿墳墓的呢？受害者看起來好像已在地下躺了很長一段時間，葉子也許也已保留了一年。於是，我彎腰繼續仔細檢查，用精確快速的專家手法，熟練地清除這些堆積物。

考古學家和生物學家對土壤的看法向來不同。在挖掘過程中，考古學家會用「年代背景」的觀點，來描述土壤顏色和質地的變化，亦即每個直接或間接代表人類活動的事件或情節；生物學家則會根據自然過程形成的視野來考慮土壤剖面。兩者都是有效的概念，有助於我們對土壤的擾動和發展形成各自的結論。在最近土墳的挖掘動作裡，回填的土壤看起來一團糟，但我們仍然可以從填土中所含的物質，以及它們與潛在「天然」物質的不同來尋找證據。考古學家和土壤學家已做好鑑識工作的準備，精心安排時間、定位、測量和記錄每個項目等動作，這簡直就是他們的第二天性。但最悲慘的可能是，從潮濕又散落著泥土的筆記本上，破譯那些在墓地時似乎寫得很清楚、回到實驗室裡卻完全難以理解的內容。

隨著更多身體部位的出現，我們越來越不敢大聲喘氣。鳥類和嚙齒動物已經把從泥浴中伸出的頭骨和腳清理乾淨，讓人有種受害者在這個異常明顯的墓地中已經死亡很久時間的印象。而且，幾乎沒有證據表明大型食腐動物會對此地感興趣，因此所有人都認為，我們可能正在檢視一具完整的骨骸。

彼得喊道：「天啊！真慘！」

他沒有料到泥沼下面是黏稠、蒼白、保存完好的人體，而且他只習慣看到古老的骨頭，像一般挖土機在工地挖到骨骸那樣。而盧克因為曾經有挖掘戰爭墳墓的經驗，感覺比較放鬆。我們的目光透過隔離衣相視，萬分同情可憐的彼得，他正因惡臭增強而作嘔。

我收集了混合的墳墓土壤及整個土墳邊緣周圍的地表樣本。沒有人在處理這個屍體的同時，有辦法避免沾帶到這裡的土壤，因此這種土壤會形成許多的痕跡證據。經過幾個小時的緊張作業後，屍體的整個身體都暴露出來了，鑑識小組的其他成員可以進入警戒線內部收集自己所需的證據。最後，法醫病理學家便可宣布受害者已經死亡。

殯葬業者來了。讓人感到驚訝的是，他們可能經常出入犯罪現場，不管屍體在何處，他們都能將受害者的遺體運回停屍間。看到三位穿著正式黑色西裝、領帶、白襯衫和閃亮鞋子的男人順著岸邊滑下來，試圖保持尊嚴和尊重的舉止，和現場情況相當不協調。

屍體被安靜的黑衣人裝入屍袋後帶走，接著跌跌撞撞地爬上陡峭的河岸。屍體走了，大多數警察和溪流另一邊的其他人都可以解除任務了，有些人可能會很開心，因為終於可以回到溫暖的停屍間了。

在過去的年代裡，警方會盡可能地挖出屍體，讓殯葬業者會將屍體帶走，之後鑑識小組再為各種目的進行取樣。但現在完全不同，因為犯罪現場是提供犯罪線索的重要場所，必須對現場進行非常徹底的檢視和搜索，也必須聘請考古學家以盡可能詳細記錄的方式來取回遺體。考古學家總會堅持要找到墳墓的原始切口，而現在墳墓已經空了，因此彼得和盧克不停地工作，試圖找到切口。墳墓的最底處保留了挖掘者的腳印和工具樣式，透過對這些腳印和工具標記進行測量，可與犯罪嫌疑人的特徵進行比對。

持續努力不懈地挖掘到後來，揭示了極為可惡的事。即使還沒有挖到墳墓底部，屍體下方土壤就已經不見葉子的凋落碎屑。這只代表一種可能，那就是原來我的判斷沒錯，墳墓是在夏天開挖的，但又被重新填滿了。換言之，在之後的某個時刻，也就是當樹葉落下並覆蓋地面的時候，墳墓又被挖開，但這次沒有挖到原始土壤的底部。受害者是被放在重新開挖的洞裡，此時用來填滿它的土壤與這時節的落葉相互混合了。所以這起凶殺案是預謀殺人；墳墓一開始就是「預備」受害者死亡而挖掘的。

在所有事物都被警察記錄下來並拍照之後，我們對樣本和紀錄的便條紙非常滿意，因此我們越過溪流，爬上濕滑的河岸，儘管天氣很冷，我們都喘著氣出汗。當彼得和我繼續到停屍間工作時，盧克也回到了蘇塞克斯。像往常一樣，我穿上實驗服並準備好一切設備，但卻沒有多少能做的事。屍體的正面朝上的景象令人嘖嘖稱奇——這不是一具骨骸，而是一個雙手被反綁在背後、幾乎完整的人體。他正面覆蓋的土壤被雨水沖走了，這讓食腐動物的清除工作得以順利進行，但這僅限於他的臉、四肢和胸部。寒冷和潮濕讓他身體的其餘部分得以完整保存，我們甚至還能從他的手上獲得一套完美的指紋。我們從很早就開始進行工作，所以到了下午三點，全國自動指紋識別服務機構有了確定的識別。通常如果資料庫裡有匹配的指紋，大約在十五分鐘內就能得到回覆。現在辨識出來的對應指紋，是屬於住在倫敦的一位年輕且完全合法的阿爾巴尼亞移民，他也是一名已知罪犯，因此指紋被記錄在資料庫中。

他的死因非常明顯，他的胸部有很深的刀傷。警方密集展開調查工作，迅速找到了他的住處、同夥以及他被謀殺的原因。我們也看到了他的照片。他是一位很英俊的年輕人，不禁讓人思考，在這麼短的時間內，死亡如何能改變這種好看的表情和活力。死者一直在為非法的阿爾巴尼亞同伴洗錢，但就像大多數情況一樣，他受不了金錢的誘惑。他沒有讓這筆錢順利寄回家鄉，而是自己拿去度過了愉快時光。所以這宗報仇是計畫性的，而非盛怒下的臨時起意。埋屍地點也經過精心挑選，因此很容易再次找到。它就在溪流裡的一個小島上，蜿蜒的溪流穿過那片美麗林地裡的小山谷。對殺人犯而言，這裡似乎又遠又安全，但他們並沒估算到英勇的英國遛狗人士。

我穿著超大號的靴子進入更衣室，穿回溫暖舒服的運動褲和網球鞋，然後聽著鄉村音樂開車回家。我沉浸在煩悶而漫長的思緒裡，這真是漫長的一天。我在黎明前的黑暗中出門，在同樣深冬的夜裡回到家，米奇正在等我，我倆一起吃晚飯，我在烤麵包上放了豆子，米奇則吃水煮鱈魚。我閒著無聊一邊思考，除了現場報告和對土壤地層的解釋之外，是否還能提供其他有用的東西？沒過多久我就找到答案了。

幾天後，電話再度響起。

「佩特，我們知道他的車子回到了阿爾巴尼亞，而且知道它曾經被用來把屍體載到林地，我們也從這幫傢伙那裡沒收了許多鞋和衣服讓你檢查。」

「太好了，道吉。我會盡我所能將衣服、鞋子跟林地樣本進行比對。」

「還有，我希望你也能去看一下車子。」

「別傻了，道吉。它已經穿越了整個歐洲，駕駛一定也進出車子無數次了。」

「嗯，我們想試試看。」

我認為這麼做不切實際。雖然我已經多次展示了孢粉學痕跡證據的力量，但這有點過頭。不過我也無力爭辯，因為不久之後，鑑識科的首席科學家彼得．蘭姆（Peter Lamb）就帶我一起飛往義大利米蘭的馬爾彭薩（Milan Malpensa）機場，我們在那裡跟阿爾巴尼亞的首都地拉那（Tirana）官方取得了聯繫。

在那裡待過一段時間的一名調查隊成員，向我們打了招呼。他已經習慣了豪華的酒店服務，並且知道很多門路。大家見面時都愉快地聊天、開著玩笑，但彼得和我已經累了，因此吃完一頓豐盛的晚餐之後，很早就回房休息。

第二天，與「隨時會為我們服務」的阿爾巴尼亞警察見面時，真是大開了眼界。這些人看上去都很高大，除了我第一次見面時就不喜歡的指定翻譯之外，沒有人會說英語。這位翻譯看起來有點賊眉賊眼，而且我們很快就瞭解到，他完全有能力圖自己方便而扭曲事實。最初大家幾乎完全忽略我，直到道吉向大家介紹我是這場環境行動的負責人時，他們臉上露出震驚的表情——這個矮小的女性竟然能指揮事情，而且還能直接在現場進行操作。

彼得必須先檢查汽車，希望能找到纖維、血液、DNA或任何其他痕跡證據，這些證據可能會與他從幫派成員衣服上取得的樣本，或從受害者身上取得的樣本相互匹配。另一方面，我也需要土壤樣本，才能把黑幫成員經常光顧的地方從赫特福德郡林地的孢粉輪廓中消除。首先，要開始比對的地方是主嫌在倫敦的住所，然後是其他幫派成員的住所。很顯然地，警方在各處都發現了鞋和衣服，包括臥室、客廳甚至車棚裡都有，這裡一雙鞋、那邊一件夾克，他們蒐集了所有可能相關的東西。由於這些成員經常共享衣服和鞋類，在這種情況下提高了分析人員的工作難度。要建立這些物品所有權的一種方法是進行DNA分析，這適用於鞋的內部，甚至還可以用混合輪廓來識別出一個以上的使用者。如果該物品上的痕跡證據與埋屍地點相符，便可以從那裡開始進行下一步工作。這群傢伙的住處與衣服和鞋的存放一樣複雜。到底是誰於何時住過那裡呢？與犯罪的非法移民打交道總是相當困難；他們已經學會如何掩蓋自己的痕跡。我們本來可能要花上很長的時間從事大量的工作，因此警察決定使用「奧卡姆剃刀」（Occam's razor）法則，將程序簡化，先把注意力集中在汽車上。

我永遠不會忘記進入那個阿爾巴尼亞警察大院的情況（為安全之故，監獄也是同一個入口），那就像吸血鬼恐怖片中的場景一樣。大門很大，上面的飾釘也很大。打開以後是一個大院，旁邊堆滿垃圾，有些車輛沿著大門同一側牆，停在臨時車庫裡。那輛紅色汽車就停在那裡，在我們開始工作之前，必須先禮貌性地打點招呼。於是，我被帶到在搖搖欲墜車庫旁的辦公室，房間裡似乎擠滿大個子，大家全都彎下腰來對我微笑，炫耀他們潔白的牙齒及金色牙齒，並用帶著大蒜味的菸味讓我感到難受。

他們看上去確實很像外國人，他們都是又黑又粗壯的人，不過倒是非常客氣。他們還堅持要向我展示他們的驕傲，也就是他們的「指紋系統」。他們採用的並非西方系統，而是來自俄國的系統，甚至有些英國官員也認為這套系統比我們的更優越。我當然無從判斷，不過留下我的指紋倒是很有趣，因為他們要向我展示從過去的墨水到現在的數位照片的指紋採集過程之演變。

結果我的指紋很淺，幾乎看不到，這讓他們感到驚訝。他們透過翻譯告訴我，我顯然做了太多家事，才讓指紋變淺了。我想我對清潔劑和漂白水的熱情，跟我的紋脊和紋谷消失有很大的關係。儘管人類從未對全世界所有人的指紋進行採集，不過目前為止從未有人發現過兩組相同的指紋，甚至連同卵雙胞胎的也不相同。很顯然地，遺傳會對指紋產生一定的影響，但指紋的形成與胎兒皮膚裡一層夾在真皮和表皮之間的基底細胞的關連更明顯。隨著基礎組織不斷增長，手指的細胞被擠出皺摺。而在生活中使用手指的方式，以及皮膚上的大量小傷痕，都會造就我們指紋的獨特性。

阿爾巴尼亞警察很少有機會見到西方人，所以他們渴望我們展現出西方式的工作範例。而當我們經過院子往主樓走去時，我抬頭看見從監獄柵欄窗戶裡伸出來的臉孔和雙臂，這讓我知道為什麼這麼多囚犯都要俯瞰院子。突然鈴聲一響，外面的門打開了，大批衣著單調的女人夾雜著偶爾出現的男人，提著蓋滿衣服的籃子如洪水般湧入。他們匆匆穿過院子，消失在大樓裡。

「怎麼了？」我問翻譯。

「吃飯時間到了。」

「吃飯？」

「他們的家人送飯來。」

「沒有家人的人怎麼辦？」

他聳聳肩，繼續走向大樓的大門。這點跟我們對待囚犯的方式相當不同。

在院子另一側，我們像貴賓般被引進一個沒有窗戶的大房間，房間裡排滿了長桌和我見過最多的槍枝證物。這些槍看上去凶惡且令人恐懼，都是在積極打擊犯罪活動時查獲的。它們帶來的死亡可能性，讓人感到不安。一個高高瘦瘦的男人畢恭畢敬地出現，向我們詳細介紹了每種武器，我很有禮貌地聽著，因為槍枝的各種技術訊息經過翻譯，會自動從我的左耳進右耳出。我像機器人一樣反覆微笑、點頭，而且出於禮貌，偶爾也透過翻譯問問題。我唯一認得的槍枝是卡拉什尼科夫自動步槍（一般稱為ＡＫ系列），在這裡相當多。當我想像它們發射的時候，感到不寒而慄。它們還讓我想起了以前在某處聽過的一個冷笑話：「英語就像卡拉什尼科夫，可以帶你去任何地方。」不過，我認為這句話在某種程度上是正確的。

長桌上的這些槍還讓我想起了祖父。除了跟我圓滾滾的威爾斯可愛祖母說話以外，我的祖父很少開口。我覺得自己除了幾句禮貌的問候，好像從未跟他交談過。不過即使我的堂兄認為他脾氣暴躁，我卻覺得祖父相當有趣。播放新聞時，大家都不許發出聲音，我們只好像小老鼠一樣爬行，就怕被祖父責罵。他的葬禮上沒人放聲大哭，而且好像也很少有親朋好友想起祖父。

後來我才發現，他曾在一次世界大戰中擔任機槍手，經歷過一段難捱的時光。我想他一定曾用那種過時、類似卡拉什尼科夫自動步槍的武器殺過許多人。真是可憐的靈魂，也難怪他的情緒偶爾會陷入低潮吧。我現在很希望以前有機會可以多跟他聊天，我所知道的祖父曾經是一名演員，演過英國有史以來上映的第一部電影，當然那是無聲電影的年代。他曾經待過一家很小的電影公司，跟著這家公司遊走在威爾斯山谷各鄉鎮，在帳篷裡播放電影。他在當地以迪克．圖爾平（Dick Turpin）的角色聞名。每次《迪克．圖爾平到約克》（Dick Turpin's Ride to York）這部電影放映到結尾時，他都會做壓軸表演，戴上面罩、拿著槍、騎馬跳上舞台。後來他擄獲了我祖母葛蕾迪斯．布洛德文（Gladys Blodwen）的芳心，跟她結婚並開了一家雜貨店。

接著，我們被帶到文件分析部門參觀。雖然我肚子很餓而且背很酸，不太想來，但他們展示的成果非常奇妙。他們展示了詐欺犯在偽造文件方面的創意和獨特性；這些假貨全都來自過去可能是毫芒畫家的藝術家以及具高水準印刷技術的技師。不過，鑑識調查人員的科技通常更領先一步。他們接著又展示了如何在顯微鏡下檢測數字、字母和圖像的細微變化，這些讓我印象深刻。

我很想開始進行工作，但是彼得．蘭姆仍然在認真檢查車輛的每個角落。後來我才知道，即使在英國實驗室工作了幾週，他也沒能找到死者與參考樣本和汽車之間的任何關連。在等彼得一起吃飯的時間當中，原先溫和的飢餓感更強烈了。儘管已經說好要吃午餐，現在卻趕不上午餐了，所以有個人先出去買披薩。披薩買回來後，我去了披薩坐在院子裡的一個木箱上準備開始用餐，這時一隻非常瘦的小貓靠近，接著是一隻更小的貓，然後又來了另一隻。天哪，這是我最害怕的情況。我從披薩上撕下奶酪，小貓感激地接受後立刻吞下。我又給了她另一片，然後再給了一些麵包。我舔掉所有番茄醬，以免對她們產生不良影響。沒過多久，她和她的小貓把我的午餐都吃光了，我只剩下一些被番茄染上顏色的披薩餅殼。阿爾巴尼亞人驚訝地看著我，好似餵食動物不會在阿爾巴尼亞人的優先名單上。這點讓我很難過，我沒忘記過那隻小貓。

最後終於輪到我檢查車輛。在這個院子裡對汽車的腳部空間進行大量採樣，過程可能會有點複雜，所以我請現場警察把所有腳踏墊放進袋子裡，並記錄下來作為證物。我也從離合器、油門和煞車踏板上拆下了橡膠墊，接著用小硬毛刷刷了整個腳部空間。每次對不同表面採樣，都必須使用新的刷子，在將樣本分類標記後，我就會連同刷子一起丟進貼有標籤的塑膠袋中。我也檢查了包括行李箱在內的整個汽車內部，並在我認為可能有機會沾帶痕跡證據的任何地方進行取樣。我通常會檢查底盤，但此時這種作法毫無意義，因為車輛並不在犯罪現場附近。當死者埋在英格蘭東南部那片林地深處的小島上時，這輛車只是停在遠處的一條道路上。

整個下午，我盡可能地從這部車裡採集樣本。警察們一直在四周升起的香菸雲霧裡到處亂逛，顯然覺得很無聊，希望我快點前進到下一個地點。最後當我宣布準備出發時，大家都開心地微笑了。下一個障礙是當地警察，必須克服他們對我們細心進行採樣的抵制。我方警察已經通知他們，我們會去主嫌阿爾巴尼亞的住所收集樣本，以便將那地方與原始林地墳墓做出區隔。由於花粉和孢子的輪廓很容易重疊，因此獲得住所的樣本相當重要，這有助於從各種證據裡判斷出正確結果。

對阿爾巴尼亞這樣的國家來說，鑑識調查的世界與我們大不相同，說服地方警察相信我們方法的重要性，結果演變成一場令人不安的爭論。他們拒絕把我帶到嫌犯住處的偏遠村莊。在謀殺成為英國重大新聞之後，他逃回了自己家鄉；死者家人離嫌犯家只有幾百公尺遠，現在他們之間已結下致命的深仇大恨，大家都知道在遙遠的地方發生了什麼事。

他們的抗議如冰雹般不斷落下：「那邊有好幾英里遠；道路不通；不必這樣做啦；我們不相信你可以到那邊跟墳墓建立關連；這是不可能的，你在發神經；這要花一整天……」、「我們乾脆將帶她去鎮上繞幾圈，這樣她就會迷失方向，她不會知道其中有什麼區別……。」

道吉笑了。「哦，她一定看得出來。」

因此這個保養不善、破破爛爛的警察車隊，約好第二天早上一起去到那個位於內地的封建村莊。

我不知道他們到底要帶我到哪裡去，但我確實知道這趟旅途顛簸到讓我快失去求生意志。當這個奇怪的車隊穿過村莊的泥濘小路碰撞搖晃時，一團團淺黃色塵埃跟在我們後面滾滾而來。當地人從田野裡轉過頭來、眼睛從窗戶後窺探出來，或站在門口專注地觀察我們。最後我們終於抵達主嫌的家，此時他正被關在我們前一天離開的監獄裡。我在吃飯時想到他，因為這個村莊距離監獄相當遠，我懷疑會有訪客送飯給他，那他要怎麼吃飯呢？不過這個想法沒有困擾我太久，因為當我們抵達一個布置精美的整齊小農舍時，我覺得非常驚喜，農舍周圍都是葡萄樹，前院種了很多蔬菜，而且不知從哪冒出了一群人。

有幾名不同年齡的婦女，看起來飽經風霜、工作疲倦，在一群橄欖色皮膚的孩子陪同下，默默地向前走著。所有人都由一個年紀較長的男人帶領，他看起來約莫五十幾歲。每個人都穿著日常工作服；男人穿著褪色的棉質褲、舊 polo 衫和寬鬆的皮革背心，女人穿著長的棉質裙，上身則是寬鬆的褪色上衣；她們都戴著頭巾，頭巾蓋住了頭的後半部與長頭髮。這是一個穆斯林國家，人們希望婦女全身都隱藏起來，但在田野上辛勤工作，穿戴遮住全身的衣服似乎不切實際。孩子們穿著各式各樣的舊衣，顯然大多是哥哥姐姐傳下來的，所以大小並不相稱，也沒有任何協調或偏好的問題。若將這些安靜的小男孩與我所認識的都會時尚小男孩相比，其中的區別相當明顯。這些家庭過著自給自足的生活，骯髒的指甲證明了他們生活的辛苦。我現在似乎可以理解，當那些非法移民本來想寄回國的錢被自己同胞擅自揮霍時，感受到的那種絕望與憤怒。

因為謀殺鄰居兒子而被判入獄的長子，讓這家人深陷哀愁。他們擠在我們四周，父親則建議我們移到主間，以方便解釋一切。我們為什麼在這裡？這跟他們有什麼關係？這家的兒子、兄弟和叔叔都被關在監獄中，但「他沒有做錯任何事……」。當這位一家之主被告知我想問的問題時，出現了令人不安的停頓。透過臉部和肢體語言，我立刻知道我就是問題的癥結所在。因為「女人」並不被允許與男人一起坐在主間裡討論事情，但我也知道如果沒有我，現場沒有人知道要收集什麼，我是唯一知道哪些問題需要解答的人。對這一家人解釋狀況之後，他們終於同意授予我「男子氣概的榮譽」（honorary manhood），成為他們的座上賓。男子氣概的榮譽……我在心裡嘆了口氣。

越過門檻之後，房子內部看起來就像醫院一樣乾淨，每個表面都閃閃發亮，甚至連地板都閃閃發光。在我們面前的桌子上，覆蓋著一塊古老而美麗的繡花蕾絲布。接著杯子出現了，不久後又端出一杯咖啡。我很驚訝他們竟然還特地為我煮了茶。英國和阿爾巴尼亞警察、這位父親和我，都坐在這個特別的小房間裡，而婦女和兒童擠在門口，不敢越過門檻一步。

阿爾巴尼亞軍官、翻譯和這位父親之間進行了直接的交談。我們完全不知道他們在說什麼，但可以看到很多生動的手勢，憤怒似乎正在持續上升。我在翻譯的怒罵之間插話了，這男人的頭突然一晃，顯然女人的聲音令他吃驚。

「我只是想在這裡找到真相。如果你的兒子是無辜的，那麼我可以證明而讓他不被定罪。我不是站在警察那邊的，我完全中立。」

當然，這些話是絕對正確的，而且我認為那天是因為我的真誠才安撫了所有人。父親看著我，我說的話很明顯地在他心中產生共鳴。他說他會幫助我們，「好讓我們發現他的兒子是清白的。」我的胃裡一酸，而且當天後來的時間裡都是那樣的感覺。

我向他們解釋我需要在花園中取樣一些土壤，以便與犯罪現場的土壤進行比對。他們對兒子的無辜充滿信心，因此盡最大的努力來幫助我。當我蹲在花園裡那條破舊不堪的小徑上，孩子們緊盯著我的一舉一動，並且依序走近我，臉上掛著微笑，每個人都像朵花似的可愛。我再次感受到那種酸楚，但這一次已經從胃裡到達我的喉嚨。他們是如此可愛、單純而努力，這個家不同於我在城市或在監獄裡看過的人。我很少跟個案的家庭互動，怕有可能會因此就同情並偏袒嫌犯，這很可能會導致認知上的偏見。因為在潛意識裡，我會希望他是無辜的，所以必須不惜一切代價來避免這種情況。雖然很難，但公正是最重要的。

當我有足夠的樣本來呈現該地樣貌時，我也問了最近的林地位置。嫌犯父親把手指向地平線上那座陡峭的山脊。順著他的手臂望去，那似乎在很遙遠的地方。因此現在的當務之急，就是要在距離房屋較近的林地，列出所有植物種類的清單。根據我被告知的情況，這裡的物種清單是無法從當地大學取得的，而我嘗試在網路上搜索該國的植物學，或是植物群落的分布訊息，也已被證明是徒勞無功的。

因此沒有別的方法了，我們必須去到那邊，才能進行環境評估。跟這位陷入困境的焦慮父親禮貌性地道別之後，我們這隊覆滿塵土的老舊車隊，陸續駛向遙遠地平線上的山脈。這趟旅途似乎無窮無盡，而我的眼睛一直在掃描植被。山裡的環境令人愉悅，我本來期待這趟旅途如同在一個輕鬆而孤獨的植物園裡度假，但事實上我只被載了幾哩遠，而且只能偶爾下車查看。但是，當我回來時筆記本上已經寫得滿滿的。最驚人的結果便是在那個整潔小農場的合理距離內，完全沒有任何與英格蘭犯罪現場周圍植被相近的組成。

我已經完成了所有能做的事，只除了一件。為了刪除地點，我還需要這家人的鞋子，以便將鞋上的植物輪廓，與從被捕的幫派成員、主嫌以及犯罪現場收集到的植物輪廓進行比對。在翻譯的協助下，道吉詢問這家人是否可以跟他們購買在農場及日常活動中常穿的皮鞋、運動鞋或靴子。後來，主嫌的姐姐給了我們一雙骯髒的鞋，她得到的補償金額，可能夠買一雙 Manolo Blahniks（馬諾洛・布拉尼克）或 Jimmy Choos（吉米周）的鞋。現在我有了另一組重要樣本供處理和分析了。不過，我可以消除任何可疑地點嗎？是否有出現任何與對照組樣本相似的內容，需要我進行更詳細的檢查呢？

初步掃描證明了樣本的效果還不錯。所有鞋類都與犯罪現場沒有相似之處，因此可以忽略不計。花粉和孢子本身的狀態以及準備好的背景材料，都可以用來過濾各地採集的樣本。如果所有微粒在一種土壤中被完整保存，但在另一種土壤中遭到嚴重腐蝕，那麼兩種微粒的來源便不太可能相同。來自內燃機裡的灰燼顆粒或大量真菌菌絲，或者殘留的纖維素和木質素，都可以協助為樣本定性。花粉和孢子並不是唯一重要的位置標記，載玻片上的背景「髒點」也都有可能提供許多訊息。

有些樣本並不需要充分的分析，但有些樣本確實呈現了溫帶落葉林地與蕨類的混合情形，所以接下來便要就其內容進行繁瑣的計數。

最令我感到驚訝的是從這輛車上採集的樣本，它顯然保留了一個非常像犯罪現場的孢粉痕跡，而且幾乎沒有任何部分類似我在阿爾巴尼亞訪問過的地方。不過我很擔心，因為地點的圖像變得有點奇怪。最令人疑惑的是嫌犯姐姐賣給我們的鞋，到底是如何產生與汽車和犯罪現場相似的結果？理論上她每天都會接觸到的阿爾巴尼亞土壤樣本，卻都沒發現到那雙鞋上的孢粉痕跡標記。因此我需要有更多的樣本，於是我要求向這家庭的另一位成員再買一雙鞋，然後把這雙鞋從阿爾巴尼亞帶到英國。新買的這雙鞋顯然從嫌犯父親的花園沾帶了花粉和孢子，因此與赫特福德郡的林地沒有任何相似之處。

當我向警方報告了這件事之後，經過他們的詢問回覆，得到了一些有趣的訊息。這位姐姐說，警方最初買的這雙鞋是弟弟給她的，所以最後一塊拼圖拼上去了。弟弟應該曾經把鞋穿到土墳處，即使經過了很長一段時間，鞋子仍保留了林地的孢粉輪廓。我也懷疑在他把鞋子交給姐姐之後，她可能只在房子附近穿過這雙鞋，或者根本就沒穿過。

若非如此，我應該會在鞋上看到更多阿爾巴尼亞農場典型的孢粉痕跡。我們只能推測，在離開犯罪現場的林地後，嫌犯可能上車開回倫敦的住處，接著沒過多久就回到阿爾巴尼亞。根據我的經驗，在歐洲長途開車並渴望快速抵達目的地的趕路情況下，人的雙腳通常只會踩在城市街道、鋪過的馬路和柏油路面上，最多再踩進地毯或室內地板。這類地面都不會提供豐富的花粉，所以幾乎任何類型的鞋，都能在原來的縫隙中保留原始的孢粉輪廓。

我為警方提供了一個基礎的結果，雖然在某些方面有點零散，但仍然可以清楚看出主嫌跟幾個同夥的鞋，要不就是去過犯罪現場，要不就是去過類似的地方。從林地中收集到的這些生物學痕跡證據，可以證明有沾帶到將受害者運送到處決地點的那輛汽車踏板和踏墊上。此外，我還可以解釋大量與林地有關的訊息，包括有幾名阿爾巴尼亞人參與謀殺。由於在犯案之前就挖好墳墓，然後必須重新挖掘埋屍的土穴，所以至少有一個人曾到那裡兩次。藉此，我們把幾雙鞋和一輛車，與犯罪主嫌、共犯和犯罪現場聯繫起來。沒有人能說這些花粉和孢子是從阿爾巴尼亞沾帶到車上和鞋上的，因為孢粉輪廓與當地土壤並不相符。

這名嫌犯已被關在地拉那監獄，而幾乎所有證人都不願意去阿爾巴尼亞作證，因此審判只好在英國進行，不過是由四名阿爾巴尼亞法官主持。當這四名法官進入房間時，我已經站在那裡準備作證。有三位法官（其中一位是女人）的舉止非常嚴肅，另一位穿著閃亮的藍色西裝、戴著浮華領帶的法官卻面帶微笑，看起來很有魅力。後來我才知道他是資深法官。四個人的身材都有點矮胖，穿著過時，而且會在訴訟過程裡頻繁點頭。三位不笑的法官看來態度越來越強硬，表現得一派嚴肅。

由於我提供證據的過程緩慢而乏味，同時必須透過翻譯仔細、準確地傳達所有內容，因此我也受到許多問題轟炸。顯然孢粉學、植物學和土壤學被拿來當成呈堂證據，完全超出這些法官的經驗。雖然沒有陪審團陪審，但最後判決是「有罪」，嫌犯也被判處很長的刑期，但裡面還是有些地方不太對勁。在我離開法庭後我才意識到：雖然我受到詢問，但並不是被律師盤問，因為現場並沒有辯護律師。後來我才知道，其中一名男法官代表被告，不過他並沒有向我提出任何質疑，這在法庭上是相當超現實的。從孢粉學角度來看，非法阿爾巴尼亞移民的犯罪證據相當充分，但我走出法庭卻因為似乎太輕易就定罪而感到不舒服。我的法庭舉證技巧是因為在法庭上屢屢遭受質疑與打擊，才逐漸磨練出來的，而且還必須鍛鍊心靈來對抗聰明律師的各種心理戰術。在英國，絕沒有任何一項司法裁決會這麼容易就被判定。

——

我回想起那個溪流穿過寧靜林地的小島。凶手計畫好他的復仇，而非憤怒的報仇而已。為了容易再次找到，藏屍地點經過精心挑選，並且在謀殺案發生前幾個月就事先挖好，為這項罪行預作準備。對於殺手來說，這個地點人跡罕至，可惜他忽略了無所不在的英國遛狗人士。

即使結果如此，當我驅車離開法院時，我的心思仍飄回了地拉那的監獄，以及那些為關押在裡面的親人準備食物的婦女。非法移民的處境如何呢？我懷疑並不會比那隻小貓好多少。

第十四章：結局

我們這一行光靠讀書是永遠不夠的，對生態學家來說，最重要的訊息來自於野外。而我從小就有許多來自野外的美好回憶，例如躺在石楠花或長草叢中，邊觀看邊驚歎幾乎是從高沼地垂直飛起的雲雀叫聲，牠們在最高處歌唱後會急劇下降回到地面。或是看到紫色高地草（purple moor-grass）如海洋般、隨著微風吹拂而形成同步的波浪。在強烈日照下溫暖的石楠花叢裡，身體周圍都是四處覓食的昆蟲嗡嗡作響……。而在實際工作時，我整個人經常在防水裝裡瘋狂流汗，有時從水平方向橫掃而來的雨水，會滲入防水裝上的每個小縫隙，讓我的頭髮緊貼在頭皮上，讓我的襪子浸在靴子裡被擠壓、濕透而難以辨認。在這種情況下，你還能期待從現實中看清楚什麼呢？

詮釋的關鍵在於真實地點的體驗，並透過在沼澤、溝渠、田野和林地中散步、爬坡、登山和涉水，來磨練和創造出自己的技能。我花了幾年時間參與了從哈德良長城到龐貝城的考古挖掘工作，並設法從那些坑洞、溝渠或任何可能提供訊息的物品中採集有價值的樣本。這些雖然都是亂七八糟的地方，但總有一些熱心的年輕人想來學習新技能，透過教學與指導他們的過程，我可以得到想要的東西而且還不會弄髒自己。第一次跟學生一起工作時，我穿了一件白色毛衣，成了工作現場的笑柄。但我離開現場時，毛衣還像新的一樣。

在發現還有其他人也在從事孢粉鑑識工作之前，我已經獨立發展出自己的鑑識生態學分支學科，也成功處理過好幾個案件，為這種鑑識工作的各個層面建立了最佳實踐作法，而且還撰寫並出版了我工作內容的相關書籍。然後我發現了這領域裡的其他人，我很高興，並且設法與他們取得聯繫。最令我驚訝的是，我在英國認識多年的同事托尼．布朗（Tony Brown）也接手過一些案件，但他實際上是一位忙碌的大學教授，有更重要的事情要忙；回顧過去，我們沒有把力量整合在一起實屬遺憾。另一位是在紐西蘭工作的達拉斯．米爾登霍爾（Dallas Mildenhall），他從事法務工作已有數年之久，後來透過他的介紹，我還認識了德州的沃恩．布萊恩特教授。最有趣的是，大家的作法都不一樣，經手的案件也大不相同。多年來，我們已成為親密的筆友，而且我們會盡全力幫助對方。我去過紐西蘭找達拉斯，他也來過英國幫我幾次忙。雖然我從沒見過沃恩，但我把他當成很熟的朋友，經常互相通信。

我也發現，自己是唯一經常走訪犯罪現場和停屍間的人。如果警方想從犯罪現場收集到盡可能最多的訊息，我就會迅速前往那些地方，以免環境裡的一切被改變或遭到汙染。而由於天性中的強迫習性，我一直堅持從頭到尾親自「動手」，並用這種方式在鑑識學的眾多領域裡，建立了龐大的警方協同網路，甚至也包括鑑識科從業人員。警方對這點並未抱怨，接受了我的建議，如此一來，他們也在一定程度上促進了鑑識科學的發展。我在國外的同事似乎從未與犯罪調查者打過交道，我懷疑這是因為每個國家的警察組織和設置方式有所不同。也許我們各自扮演的不同角色和個性也產生了某些影響，例如我似乎是唯一一個「胃」足夠強壯的人，能在各種腐爛和殘害的狀態下，面對最恐怖的景象、氣味和可怕屍體都不作嘔。我一直將死者視為極具價值的證據來源，並開發出可以在屍體上取得最多可靠證據的技術。而更重要的是，我在個性上足夠堅強，可以忍受對我有敵意的警探、檢察官和對方辯護律師，並且可以應付英國皇室法院那種嚴峻而令人厭煩的風格。

我是如何一步一步走到這裡的？回顧過去，我覺得一切都很模糊。我從未規劃過生活中的任何部分，雖然很多人不相信，但我確實不是個「有抱負」的女人。因此發生在我身上的這一切，向來是被動而非我主動要來的。我已經準備好成為生態鑑識學家，並且擁有來自實驗室、田野和各種文獻的必要知識與技能。我大部分的學術生涯都花在大學教學上，因為老師可以從學生那裡學到很多東西，這種說法完全正確。在倫敦大學全職任教的過去六年裡，我開設了鑑識考古學碩士課程，除了理論上的嚴謹之外，這門課程還需要大量的實作內容，因此我開設了輪值操作的課程；輪到的每一對學生，可以陪我到犯罪現場和（或）停屍間擔任助手。他們也能因此獲得第一手經驗，這無疑可以過濾掉那些「不能」忍受這個行業的人。碩士班的教學對我來說充滿了挑戰與樂趣，我認為對學生來說也是如此。現在回頭看開課的草創時期，彷彿已是很遙遠的事。現在我依然在英國的大學裡授課，但也會在世界各地舉辦研討會，並在二十三個國家／地區授課。在過去幾年裡，除了去過兩次中國，也去了秘魯、哥倫比亞和印度。

從事這一行開始到現在，我一直過著令人難以置信的充實生活，但可能太過充實了，所以我幾乎沒時間沉迷於自己想做的事——彈鋼琴、縫紉、手工藝、繪畫、烹飪和園藝，這些都是占據我大部分時間的繁忙會議之解毒劑。每天我都告訴自己，要花一整天好好放鬆一下，不過最後通常還是會把時間花在電腦螢幕前，處理其他各式各樣的問題，因為我總有許多工作需要完成與發布。隨著年齡增長以及葬禮的陸續出現，專業學者開始承擔各種責任，如編輯期刊論文、審閱專業書籍和論文，也就是檢查其他人所寫的文字等。我的新任務則是在地方政府任職，而最令我驚喜的是我在地方選舉中，竟然能獲得這麼多票數而成了獨立議員，現在也是當地地方議會的內閣成員。我永遠不會站在任何一個政黨的旗幟下，因為我想表達自己的觀點並反映選民的觀點。尤其當桌上放的是「環境衛生與服務」的公文夾時，你很難隨便應付，因為它涵蓋了從垃圾桶、許可證、空氣汙染、水汙染和土壤汙染，到鴿糞汙染的內容，以及跟這些問題有關的衍伸問題等……而且過程中會認識許多人。

雖然我很討厭自己上過的重點中學，但它似乎賦予我一定的教育和技能，讓我這個人變得夠有趣，可以受邀成為電視上節目的訪問主題。當年的學校禮儀甚至還教過如何行禮，在我受邀與女王和菲利普親王共進午餐時，這點相當有幫助。那間學校也向學生灌輸了過度的「責任感」，我經常和老同學們碰面後發現，他們似乎也跟我一樣有責任感，因為我們都是那個「純真年代」的人；而且很幸運地我們都保留了這份純真。我自己的生活與多年來面對的罪犯和受害者生活，形成了鮮明對比。我對某些人感到同情，因為有些人的生活起點很差，另一些人則是沒能力掌握從教育中獲得的財富，還有一些人是家庭和環境的受害者，或是愛錯了人，或面對無情的權威，還有一些似乎天生就是愛犯法或本性邪惡的人。

在過去十年左右的時間裡，政府的變革改變了英國的鑑識調查格局。我們曾經擁有政府營運的鑑識科學服務（Forensic Science Service，簡稱ＦＳＳ），理所當然地處理了幾乎所有的警察案件。後來政府做出決定，允許「良性競爭」，因此一些原先在鑑識科學服務部門的人，出來成立自己的公司，首先是為面對罪行指控者提供較好的辯護措施，後來也擴展到起訴的工作上。這些早期的創業家們努力吸收任何新學科與新技能，作為常規使用的標準科學技術之補充。他們也委託大學的研究人員，以及任何在法庭分析中擁有非凡知識或稀有技術的人。

後來政府明智地決定，官方的法證科學服務部門也必須具有競爭力，並成為一家上市公司，但政府是背後的大股東。哦，天啊，這真是一場災難。本質上，他們試圖把公務員制度商業化，但FSS卻帶有政府部門那種「繁文縟節」的包袱，根本無法迅速做出回應。因此科學家陸續離開，許多人成立了自己的公司。結果現在的情況是，我們有兩三家大型鑑識供應商，目的在成為與警方簽約鑑識服務的一站式商店。

當然這些供應商可能無法負擔全部技能的經費，因此他們會委託給能為他們提供服務的人。在簽約文件上，警察只會看到提供的專業人員名單後面，注記了這些人有能力進行調查，但是他們的素質如何，就另當別論了。有時候他們會雇用一些沒經驗的人，而我將這些證據評估結果提交給辯護律師後，常常會遭到駁回，理由是證據力不足。我看過一些關於孢粉鑑識學和土壤分析的報告，只能說相當離譜。警方後來決定自己進行鑑識工作，某些警察部門現在也在自己的實驗室裡雇用前FSS人員，可想而知那裡充斥的只有「起訴」心態。我想知道這些在警方內部工作的科學家，是否曾經承受過尋求「正確答案」的壓力？因為警方可能會太過熱衷於定罪，以至於產生人們擔心的「認知偏見」。我希望不會有這種情況，我認為所有鑑識科學家都需要接受提供「公正」報告的培訓才行。

美國電視影集CSI深受歡迎。當然，其中許多劇情都很夢幻，犯罪現場守則、實驗室分析、時間線和結果等，經常是非現實且愚不可及的。不過這個節目無疑引起了大眾的關心，許多大學很快就意識到，要使用「鑑識化學系」而非只有「化學系」來招生。鑑識科學已成為一個非常「性感」的名詞，而且世界上也正產生比以前更多的「鑑識科學家」。在撰寫本文時，我和幾個同事發現英國整個司法鑑定工作所面臨的沮喪情況。有幾百種不同的大學課程，都冠上「鑑識」這名詞，那麼基礎科學如植物學、動物學、化學、生化和數學呢？目前在英國，幾乎沒有單純「植物學」學位的學程，而在海外如中國、印度甚至西班牙，這些都是不可少的基礎學程。因此，我們越來越需要從海外招募從事植物科學的資深人員。

現在每個人都瞭解DNA的作用，但即使如此，也可能產生嚴重的錯誤。因為在實驗室裡就可能出現一些錯誤，但是這類操作錯誤比起「解釋錯誤」來得少。這些年來，由於對DNA結果的解釋力不足，導致一些嚴重的司法誤判，這點相當令人恐懼。更糟糕的是，DNA技術的進步也可能讓它成為自己成功之下的受害者。

現在已經有高敏感度的蒐證技術，只需幾個細胞即可獲得DNA圖譜。因此可以想像，如果混雜進一點點其他內容或是汙染，DNA檢驗就會出現問題。即使實驗室技術無可挑剔，但得到某個人的DNA，也不能就完全確定他出現在犯罪現場，因為DNA非常容易轉移。

因此最大的問題是瞭解何時從主要來源轉移到次要來源，甚至轉移到第三來源上。當我們遇上朋友，或是被迫搭上擁擠的地鐵，很容易就會進行DNA交換，因此很容易看到一些無辜人士被牽扯到犯案中。DNA結果應該要經過複雜的統計技術，並使用電腦程式來執行數據分析才行，不過它們也會產生問題，例如必須當庭解釋DNA結果的人，很可能不知道數據分析到底如何產生結果。DNA技術無疑是項高度先進的技術，可以用來鍛鍊許多聰明人的頭腦，但人們也逐漸意識到，DNA並非總能提供百分之百可接受的結果。

當DNA或指紋證據無濟於事時，總會需要用到孢粉鑑識學。指紋、DNA和纖維是鑑識科學中最重要的三種痕跡證據。花粉、孢子和其他微觀顆粒，則提供了另一種痕跡證據。如果產生孢粉輪廓並經過正確解讀的話，它們所能提供的證據是非常有力的。但我也很想知道這種工作是否會繼續存在，是否將來會成為鑑識科學上的重要武器？然而，目前在英國的大學裡，並沒有受過廣泛鑑識訓練的植物學家或真菌學家。

我經常收到海外學生以及經驗豐富的科學家們寫來的電子郵件和信件，詢問我是否可以給予指導？或者是否可以和我一起工作，以便學習鑑識的方法。但是，當我要求他們需要具備植物學博士學位或植物學相關技能，並擁有多年的工作經歷時，提出的要求就變少了。在我意外參與到這個行業之前，我已經從事研究和擔任講師多年，也已經制定好一些策略，並一直遵行到上法庭為止。我本身並不是一個「學習者」，我只是簡單調整了自己學習過的內容。而且我在德州和紐西蘭的同事們，他們原先一輩子都是科學家，只是在職涯後期進入了鑑識科學領域。他們可能都已經超過退休年齡，儘管很難相信，但我也是這樣的年紀了，所以這種工作確實不太適合初學者。

我永遠都不會認為自己已經退休了。對我來說這是個奇怪的概念。如果還有事情要做，那就應該去做。我擁有了這些有用的知識和技能，能共享這些知識和技能，是很美好的事。有時候我也覺得自己已經做得夠多了，雖然我仍會接手處理案件，但不再如過去的拼命程度，賠上自己的生活來與警方一起工作。對了，生活？我沒有生活啊。在那種情況下，我甚至不瞭解我的鄰居。事實上，我因為太努力工作，甚至懊惱自己的親密好友很少。

鑑識生態學或任何一種生態學之所以令人著迷，是因為你永遠不會停止學習。每個樣本都會帶來一些驚奇或驚喜，從載玻片托盤到顯微鏡載物台，這整個過程伴隨著腎上腺素激增，驅使我持續進行更多的調查。因為總是會有更多要看、要記錄、要衡量與解釋的內容；因為自然世界似乎無窮無盡。在我職業生涯的第一個階段，我尋找的是「過去」的環境，這意味著要挖掘沉積物和土壤。後來從事的法務工作，則主要是關於「目前」的事，且證據大多存在於地面表層。唯一可以預測到的是大自然的「不可預測」，一個人可以作出事前規劃出執行特定工作的最佳實踐作法，但永遠無法建構出一個可靠模型，把某個案件使用的那套方法照樣搬到另一個案件上。一切操作程序永遠都必須重新規劃過。

人到了一定的年齡時，普遍會產生的一個幻想，就是希望能有機會重新生活，這是因為時間漸漸多到讓人無所適從。這已經成為陳腔濫調了嗎？但是就像這些陳腔濫調一樣，發生在我身上的情況是如此真實。我從未計畫過任何事情，這些生活就只是發生在我身上而已，但如果能事先知道我現在的狀況，我會做一些不同的事嗎？是的，我當然會。在我還是一個愛作夢的年輕人時，我認為自己可能會是芭蕾舞演員、鋼琴演奏家或是做研究的科學家。我想我完成了三者中最容易達成的那個夢想。不過回顧我的一生，也許我應該學習法律，成為皇家御用大律師（Queen's Counsel），穿上絲袍。我不想只當一名普通律師，因為無論資歷如何，他們都只被稱為「初級」律師。御用大律師才是領導案件的人，並負責協助陪審團做出無罪或有罪判決。在英美和大部分聯邦國家裡，法律制度是對抗性的，雙方都在爭取勝利，而且根據我的經驗，完全不會顧及對方情面。控方藉由警方案件來對被告提訴訟，而辯方則試圖抵擋任何追究性的問題。如果你知道自己做得很好，而對方律師試圖使用貶低你誠信度的伎倆，這代表你的證據很有力，因為他們已經無計可施了。

我一直很喜歡法庭辯論，這些辯論會仔細審查和質疑證據，因此必須「三思而後行」；律師攻擊，目擊者抗辯，然後律師再回擊。有時這些遊戲會持續一段時間，通常取決於證人的信心和穩健程度。也有的情況是遇上聰明的律師，光是用開場白就能摧毀證人的可信度。

幸運的是，這種事並未發生在我身上。經驗豐富的專家證人，總是會預想好最糟糕的情況。最好的律師是會事先做功課的人，或至少擁有勤奮的初級律師來為他們做好準備，然後他們會充分擬定「一劍斃命」的招式。但如果你是真正的專家，他們便永遠無法做好準備來對抗你的知識，而且我經常在案件裡遇到律師根本沒做好充分準備，這點也常讓我感到驚訝。

有些律師好像完全搞不清楚案件內容，只會根據他們從控方證人得到的證據來提出「主要證據」。而最好的情況是在我提交報告後，律師要求開會並與我一起研究證據，然後才上法庭的情況。最糟糕的經歷則是御用大律師在我進行法庭宣誓之前，完全沒看我的報告。我進行過速度最快的一次報告發生在奧卑利（Old Bailey）的一起謀殺案中。在進行盤問之前，我不得不在交互詰問前五分鐘，在大廳向律師解釋了我報告裡的複雜發現。我是花了幾個月時間進行的鑑識工作，因此這種情況讓我覺得困惑與憤怒。一位律師並不會因為自己不勤奮而入獄，但是被告卻可能因此入獄。

我目睹過許多不同類型的死亡——絞死、中毒、刺傷、窒息、肢解，以及屍體在不同地點和條件下被處置的後果。這些帶給我最大的體悟便是：屍體只是一個空軀殼，裡面並沒有留下任何可以使它成為一個人的東西。毫無疑問地，某「人」已經成為某「物」。因此，當我們把一個空軀殼扔進大自然的回收箱時，除了是在保護地球免受汙染外，並不需要有其他的想法。雖然從史前時代到今天，發生過許多以同樣方式處理屍體的事件，不過我們的社會規範要求我們在處置屍體時，要進行複雜的儀式。而無論與死者的關係如何，我們也都該遵守這些規則。

過去幾年，我失去了許多好朋友。每當我沉著靜默、口中讀起讚美詩、低頭祈禱時，我常常自問對於躺在棺材裡的這個身體有多關心呢？關注棺材裡這個人的回憶、過往與他的關係以及在一起的時光，被認為是理所當然的。但是，對於這具軀殼呢？事實上並不多，不過也有例外的時候。過去我曾經非理性地拼命關心我的孩子、我的外婆和每隻寵物貓，想知道他們那具身體的命運。為什麼會這樣呢？我想是因為我非常瞭解他們的身體、氣味和感覺，而且他們對我來說相當珍貴。雖然是非理性的，但我無法否認這些感覺的存在。

死亡以後，身體會分解成以往攝入食物所累積的分子。人將其他有機物的分子轉化為自己的分子，這些分子現在即將再度釋放，之後被其他生物接受並延續生命的循環。遺留在地上的屍體，會比細心埋葬的屍體分解得更快，而被火化的人將在幾分鐘內還原成礦物質灰燼。如果將這些灰燼撒在林地裡，這人便等於進行了真正的轉世循環。灰燼中的元素將被細菌、真菌、無脊椎動物和植物的根部所吸收。一個人便可以散布到整個林地裡，變成許多物種。他同時會成為風信子、橡樹和可愛甲蟲的一部分，這點真是太奇妙了。無論你喜歡與否，這種轉變肯定會在大自然裡發生。

我覺得這個概念很吸引人，而且我也知道我丈夫的分子和我的分子會混合在一起。我們的骨灰將散布在同一個地方，我們甚至可能會變成同一棵樹或同一株風鈴草，這真是太棒了！而當這棵樹或風鈴草死亡、屍體遭到分解時，我們的分子會再次被釋放出來，然後又被其他生物吸收。只要地球持續圍繞著太陽轉，原先構成身體的這些元素，就會一直生生不息地循環下去。

不過對我來說比較感傷的是，我對後來發生的這一切事將一無所知，我也不再是我這個人了。我不會有實體的紀念墓碑，也不會很驕傲地認為在我走了之後，有任何人會以「我最親近的人」或「我最親愛的人」來記得我。教堂裡不會有聖歌頌讚，也不會有公祭的場合。雖然我覺得格雷的《輓歌》（*Elegy*）頗具情感，但我並不是詩歌的愛好者，我的墓碑也不存在，因此無法感動任何人為我寫詩。我想我的紀念碑將是以我的工作和出版作品為代表。我說過的話會繼續存在，不過並不是墳墓上常見的那種多愁善感的墓誌銘，比較可能會是在某個塵土飛揚的舊圖書館中找到我存在過的證明。

我經常被問到，那麼頻繁接觸死亡、強暴和其他犯罪案件的經歷，是否會影響到我？這一生中影響我最大的兩次死亡是女兒的死和外婆的死。我仍然想念外婆的智慧和她存在時所帶來的安慰，我的女兒也是，而且那一直是深埋在我心中持續的痛。即使經過這麼多年，我每天都還會想起她。毫無疑問地，她們的死亡讓我意識到：我所遇到的每一具屍體，可能也有人對他們有相同的感受，因此這些屍體會得到我的尊重和照顧，無辜的受害者更是如此。儘管停屍間桌上的身體對我來說可能沒有多大意義，但對其他人卻可能深具意義，我必須始終牢記這一點。你要保持客觀，否則很難完成有用的工作，但一定不能忘記屍體曾經是一個真正活過的人。

這一生中我所接觸過的犯案，讓我學到了什麼教訓呢？我當然學到一些罵人的話，並且發現在內心激盪時，還能維持面無表情。我想我已經學會了在遇到問題時要很務實，而且在這些困難變得棘手時使用「奧卡姆剃刀」簡化法。儘管有些真正瞭解我的人知道我內心和善，但我表面上卻始終以堅強和無動於衷而聞名。我不喜歡傷害任何人或任何東西，當然也不會沒必要地殺死任何東西。我對那些懶惰、不誠實、自私和善於操弄的人很反感，我也會力求自己做到誠實。我真的很想成為一個好人，但是否確實實現了這個願望，可能要由旁人來評價。我希望人們會因為我的細心、勤奮、樂於助人，最重要的是「善良」而記住我。不是藉由墓誌銘，而是我這個人本身就足以讓人尊敬。

我不知道我的死亡會是什麼樣子？我當然不會舉行一般的哀悼葬禮，但一旦受暗示生命即將終結，我便會開始把我的告別整合成簡報式的演示文稿。我只希望我大腦中的灰質細胞能夠繼續運作，然後以最小的痛苦和不適，在自己的家裡、自己的床上、在親愛的丈夫懷抱中過世。

自從遇到他以來，他一直是我生活上的支柱與快樂的泉源。

致謝

在追求卓越的鑑識生態學工作上，我要感謝許多人。這份清單很長，首先必須感謝我親愛的丈夫，CBE的大衛—霍克斯沃思教授，他在各個方面都給予我鼓勵和幫助。然後，我怎可能不讚揚合作多年的朱迪・韋伯博士呢，她在花粉鑑定方面的傑出才能，促進了孢粉鑑識學的發展。同時也要感謝我的長期朋友、同事及最嚴厲的批評家凱文・愛德華茲（Kevin Edwards）教授，他協助我維持自己的高標準。還有最親愛的朋友兼同事彼得・墨菲，儘管他對參與其中感到不安，但還是忍耐地為我做了許多工作。我要感謝倫敦大學學院的考古研究所，為我提供良好的設備，還包括出色而博學的桑德拉・龐德（Sandra Bond）的技術幫助，以及我在那裡的同事們，尤其是理查・麥克菲爾博士和已故的戈登・希爾曼（Gordon Hillman）教授，感謝他們在智慧上的支援，以及他們帶給我的無比樂趣。而作為學生和講師，我絕對不會忘記在倫敦國王學院的輝煌經歷。我從學校老師那裡獲得了教育啟發與仁慈善意，為我開啟了許多扇智慧之門，尤其是彼得・摩爾（Peter Moore）博士以及比爾・布拉德畢爾（Bill Bradbeer）教授，還有已故的弗朗西斯・羅斯博士，以及已故的亞瑟・貝爾（Arthur Bell）教授，他在成為基尤皇家植物園主任後還持續幫助我。

我還要感謝格洛斯特郡大學的法蘭克・錢伯斯（Frank Chambers）教授和約翰・丹尼爾（John Daniell）博士，以及南安普敦大學的東尼・布朗（Tony Brown）教授，他們都為我的工作提供了協助。接下來要感謝我教過的學生，雖然當中有些人特別聰明，但所有學生幾乎都能讓我學習到很多東西。最後特別要說的，就是我要感謝多年來與我一起工作過所有聰明機智的警察們，尤其是為我提供第一份工作的總警司保羅・多克利，警探中的比爾・布萊登和道吉・貝恩，謝謝他們對我的工作充滿信心，當然還要提到警探總監雷・希金斯，他是一位最善良的男人。

ALPHA 43

每具屍體都會留下痕跡：

微物證據會說話，鑑識生態學家帶你進入案發現場

The Nature of Life and Death: Every Body Leaves a Trace

作者　派翠西亞・威爾特希 Patricia Wiltshire
譯者　吳國慶

總編輯　富察
副總編輯　成怡夏
執行編輯　成怡夏
行銷企劃　蔡慧華
封面設計　莊謹銘
內頁排版　宸遠彩藝

社長　郭重興
發行人兼出版總監　曾大福
出版發行　八旗文化／遠足文化事業股份有限公司
地址　新北市新店區民權路 108-2 號 9 樓
電話　02-22181417
傳真　02-86671065
客服專線　0800-221029

法律顧問　華洋法律事務所／蘇文生律師
印刷　成陽彩色印刷股份有限公司

出版　2020 年 4 月（初版一刷）

定價　420 元

國家圖書館出版品預行編目 (CIP) 資料

每具屍體都會留下痕跡：微物證據會說話，鑑識生態學家帶你進入案發現場／派翠西亞．威爾特希 (Patricia Wiltshire) 作；吳國慶譯．-- 初版．-- 新北市：八旗文化出版：遠足文化發行，2020.04

面；　公分．-- (Alpha；43)

譯自：The nature of life and death : every body leaves a trace

ISBN 978-986-5524-06-7(平裝)

1. 威爾特希 (Wiltshire, Patricia E. J.)　2. 法醫師　3. 傳記　4. 刑事偵察　5. 個案研究　6. 英國

548.6941　　109003596